国家级技工教育规划教材
全国技工院校医药类专业教材

# GMP 实务教程

张云坤　黄　璇　主编

中国劳动社会保障出版社

**图书在版编目（CIP）数据**

GMP 实务教程/张云坤，黄璇主编. --北京：中国劳动社会保障出版社，2023
全国技工院校医药类专业教材
ISBN 978-7-5167-5864-9

Ⅰ.①G… Ⅱ.①张… ②黄… Ⅲ.①制药工业-质量管理体系-中国-技工学校-教材 Ⅳ.①F426.7

中国国家版本馆 CIP 数据核字（2023）第 079858 号

**中国劳动社会保障出版社出版发行**
（北京市惠新东街 1 号 邮政编码：100029）
*
北京市科星印刷有限责任公司印刷装订 新华书店经销

787 毫米×1092 毫米 16 开本 14.5 印张 313 千字
2023 年 6 月第 1 版 2024 年 12 月第 3 次印刷
**定价：43.00 元**

营销中心电话：400-606-6496
出版社网址：http://www.class.com.cn

# 《GMP实务教程》编审委员会


**主　　编**　张云坤　黄　璇

**副 主 编**　卢鹏伟　周　宜　胡冬梅　陈瑞云

**编　　者**　**（以姓氏笔画为序）**

卢鹏伟（河南医药健康技师学院）

帅玉环（杭州第一技师学院）

李佳俐（湖南食品药品职业学院）

杨　睿（云南技师学院）

何　颖（江西省医药技师学院）

张云坤（湖南食品药品职业学院）

陈瑞云（深圳技师学院）

周　宜（湖南中医药大学第二附属医院）

胡冬梅（山东药品食品职业学院）

黄　璇（云南技师学院）

韩乐乐（河南医药健康技师学院）

曾雪萍（江苏省常州技师学院）

**主　　审**　姚金成（湖南省药品审评与不良反应监测中心）

欧阳习叶（湖南春光九汇现代中药有限公司）

# 总前言

为了深入贯彻党的二十大精神和习近平总书记关于大力发展技工教育的重要指示精神，落实中共中央办公厅、国务院办公厅印发的《关于推动现代职业教育高质量发展的意见》，推进技工教育高质量发展，全面推进技工院校工学一体化人才培养模式改革，适应技工院校教学模式改革创新，同时为更好地适应技工院校医药类专业的教学要求，全面提升教学质量，我们组织有关学校的一线教师和行业、企业专家，在充分调研企业生产和学校教学情况、广泛听取教师意见的基础上，吸收和借鉴各地技工院校教学改革的成功经验，组织编写了本套全国技工院校医药类专业教材。

总体来看，本套教材具有以下特色：

第一，坚持知识性、准确性、适用性、先进性，体现专业特点。教材编写过程中，努力做到以市场需求为导向，根据医药行业发展现状和趋势，合理选择教材内容，做到“适用、管用、够用”。同时，在严格执行国家有关技术标准的基础上，尽可能多地在教材中介绍医药行业的新知识、新技术、新工艺和新设备，突出教材的先进性。

第二，突出职业教育特色，重视实践能力的培养。以职业能力为本位，根据医药专业毕业生所从事职业的实际需要，适当调整专业知识的深度和难度，合理确定学生应具备的知识结构和能力结构。同时，进一步加强实践性教学的内容，以满足企业对技能型人才的要求。

第三，创新教材编写模式，激发学生学习兴趣。按照教学规律和学生的认知规律，合理安排教材内容，并注重利用图表、实物照片辅助讲解知识点和技能点，为学生营造生动、直观的学习环境。部分教材采用工作手册式、新型活页式，全流程体现产教融合、校企合作，实现理论知识与企业岗位标准、技能要求的高度融合。部分教材在印刷工艺上采用了四色印刷，增强了教材的表现力。

本套教材配有习题册和多媒体电子课件等教学资源，方便教师上课使用，可以通过技工教育网（http://jg.class.com.cn）下载。另外，在部分教材中针对教学重点和难点制作了演示视频、音频等多媒体素材，学生可扫描二维码在线观看或收听相应内容。

本套教材的编写工作得到了河南、浙江、山东、江苏、江西、四川、广西、广东等省（自治区）人力资源社会保障厅及有关学校的大力支持，教材编审人员做了大量的工作，在此我们表示诚挚的谢意。同时，恳切希望广大读者对教材提出宝贵的意见和建议。

# 本书前言

《GMP 实务教程》适用于技工院校中级、高级及预备技师层次药品生产类各专业，涵盖了初中起点、高中起点制药类专业基础课程内容，教材中相关技术内容及符号等都采用最新国家标准。

本教材以《药品生产质量管理规范》(2010 年修订) 为主线，根据以学生为中心、以能力为本位、工学结合一体化课程教学改革精神，设置质量管理体系构建、硬件系统、软件系统、质量监控等四个模块，紧密围绕“人、机、料、法、环”等核心要素开展“教与学”，使学生树立强烈的药品质量安全意识及“依法制药、规范生产”的观念，掌握现代药品生产和质量控制准则以及现代药品生产质量管理技术，具有高水平的药品生产管理、质量管理技能和良好的职业素养，为到各类药品生产企业从事药品质量管理工作奠定基础。

为进一步推行校企合作教学模式，我们选派专业教师进入药品生产企业调研，并邀请制药行业领域专家召开专题研讨，广泛听取行业、企业专业技术人员的意见，以符合生产一线技术要求、立足实用、兼顾创新为出发点，由专业教师和行业专家共同完成了教材内容的精选、编写、审定等工作。

本教材主要内容包括 GMP 基础知识、质量管理、机构与人员、厂房与设施、设备、物料与产品、确认与验证、文件管理、生产管理、质量控制与质量保证、委托生产与委托检验、产品发运与召回、自检、药品生产行政检查。本教材编写分工为：张云坤负责全书的布局设计，包括统稿、校订，并负责项目三的编写；胡冬梅负责项目一的编写；周宜负责项目二的编写；李佳俐负责项目四的编写；卢鹏伟负责项目五的编写；韩乐乐负责项目六的编写；曾雪萍负责项目七的编写；陈瑞云负责项目八的编写；黄璇负责项目九的编写；何颖负责项目十的编写；杨睿负责项目十一、十二的编写；帅玉环负责项目十三、十四的编写。

由于编者水平有限，书中不当与疏漏之处在所难免，恳请师生及同仁批评指正。

编者

2023 年 2 月

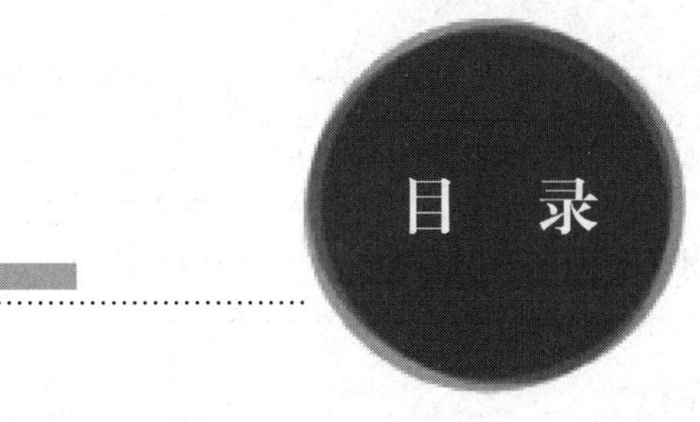


**项目一　GMP 基础知识** …… 1

任务一　GMP 的由来与发展 …… 1

任务二　GMP 的类型与特点 …… 4

任务三　GMP 简介及三要素 …… 6

任务四　实施 GMP 的意义与原则 …… 8

知识回顾 …… 9

目标检测 …… 9

**项目二　质量管理** …… 12

任务一　质量管理及发展历史 …… 13

任务二　质量保证与质量控制 …… 15

任务三　质量风险管理 …… 19

知识回顾 …… 24

目标检测 …… 24

**项目三　机构与人员** …… 26

任务一　组织与机构 …… 27

任务二　人员 …… 30

任务三　培训 …… 34

任务四　人员卫生 …… 36

实践实训一　进出洁净区洗手更衣 …… 38

知识回顾 …… 41

目标检测 …… 41

项目四　厂房与设施 …… 43
任务一　厂区选址与规划 …… 44
任务二　厂房管理 …… 45
任务三　设施管理 …… 53
知识回顾 …… 56
目标检测 …… 56

项目五　设备 …… 59
任务一　设备的设计与安装 …… 60
任务二　设备的维护保养与维修 …… 62
任务三　设备的使用与清洁 …… 64
任务四　计量器具与设备的校准 …… 68
任务五　制水设备 …… 70
实践实训二　纯化水的在线监测 …… 74
知识回顾 …… 77
目标检测 …… 77

项目六　物料与产品 …… 79
任务一　物料、产品概念及其标准 …… 80
任务二　原辅料 …… 82
任务三　包装材料 …… 89
任务四　中间产品与待包装产品 …… 93
任务五　成品与特殊管理的物料和产品 …… 94
实践实训三　原辅料管理模拟实训 …… 98
知识回顾 …… 101
目标检测 …… 102

项目七　确认与验证 …… 104
任务一　确认与验证的概念 …… 105
任务二　确认与验证的类型 …… 106
任务三　确认与验证的管理 …… 110
实践实训四　电子天平安装、安装运行确认 …… 113
知识回顾 …… 118

目标检测…………………………………………………………………………………………… 118

**项目八 文件管理**…………………………………………………………………………… 121

任务一 文件系统及其基础管理…………………………………………………………… 122
任务二 质量标准文件……………………………………………………………………… 127
任务三 生产技术文件……………………………………………………………………… 129
实践实训五 旋转压片机 SOP 的编制 …………………………………………………… 136
知识回顾…………………………………………………………………………………… 137
目标检测…………………………………………………………………………………… 137

**项目九 生产管理**…………………………………………………………………………… 140

任务一 生产文件管理……………………………………………………………………… 141
任务二 生产过程管理……………………………………………………………………… 144
任务三 污染预防措施……………………………………………………………………… 151
任务四 清场管理…………………………………………………………………………… 154
实践实训六 压片岗位的清场……………………………………………………………… 156
知识回顾…………………………………………………………………………………… 158
目标检测…………………………………………………………………………………… 159

**项目十 质量控制与质量保证**……………………………………………………………… 161

任务一 质量控制实验室管理……………………………………………………………… 162
任务二 持续稳定性考察…………………………………………………………………… 168
任务三 变更控制…………………………………………………………………………… 171
任务四 偏差处理…………………………………………………………………………… 174
任务五 纠正措施与预防措施……………………………………………………………… 177
任务六 供应商的管理……………………………………………………………………… 179
实践实训七 原辅料的取样与留样………………………………………………………… 182
知识回顾…………………………………………………………………………………… 185
目标检测…………………………………………………………………………………… 186

**项目十一 委托生产与委托检验**…………………………………………………………… 188

任务一 委托方管理………………………………………………………………………… 189
任务二 受托方管理………………………………………………………………………… 192
任务三 合同管理…………………………………………………………………………… 193

知识回顾…………………………………………………………………………………… 196
目标检测…………………………………………………………………………………… 196

**项目十二　产品发运与召回**……………………………………………………………… 199

任务一　药品发运管理……………………………………………………………………… 200
任务二　药品召回管理……………………………………………………………………… 202
知识回顾…………………………………………………………………………………… 206
目标检测…………………………………………………………………………………… 207

**项目十三　自检**…………………………………………………………………………… 209

任务一　自检管理…………………………………………………………………………… 210
任务二　自检内容…………………………………………………………………………… 211
知识回顾…………………………………………………………………………………… 214
目标检测…………………………………………………………………………………… 215

**项目十四　药品生产行政检查**…………………………………………………………… 216

任务一　药品生产行政检查类型…………………………………………………………… 216
任务二　药品生产行政检查基本流程及评定标准………………………………………… 217
知识回顾…………………………………………………………………………………… 219
目标检测…………………………………………………………………………………… 219

# 项目一

# GMP 基础知识

## 学习目标

**知识目标：**

1. 掌握 GMP 的概念、三要素及特点。
2. 熟悉 GMP 的类型、原则。
3. 了解 GMP 的由来与发展、实施 GMP 的意义。

**技能目标：**

1. 能诚实守信，对违规行为进行制止。
2. 能在药品生产中正确贯彻实施 GMP。

**【案例导入】**

**药物灾难，促成 GMP 的诞生——“反应停”事件**

药品的研发和生产过程若存在质量问题或安全隐患会导致药害事件的发生，最典型的就是 1959 年原联邦德国格仑南苏制药厂生产销售的一种名为“反应停”用于治疗妊娠反应的镇静药品，该药品造成了一万余例胎儿致畸。英国、德国、日本、加拿大等多国深受其害，而美国逃过此劫。

**讨论：**

美国为何能逃过此劫并促成了 GMP 的诞生？

GMP 是在药品生产的全过程中，用科学、合理、规范的条件和方法来保证药品生产质量的一套系统的、科学的管理规范，要求企业从人、机、料、法、环等方面构建全过程质量管理体系。本项目主要介绍 GMP 的由来与发展、GMP 的类型与特点、GMP 简介及要素等。

## 任务一　GMP 的由来与发展

GMP 是英文“Good Manufacturing Practices for Drugs”的缩写，直译为“优良的药品生

产规范”，即我国的“药品生产质量管理规范”。我国 GMP 是为规范药品生产质量管理，根据《中华人民共和国药品管理法》《中华人民共和国药品管理法实施条例》而制定的。GMP 作为质量管理体系的一部分，是药品生产管理和质量控制的基本要求，旨在最大限度地降低药品生产过程中污染、交叉污染以及混淆、差错等风险，确保持续稳定地生产出符合预定用途和注册要求的药品。

## 一、GMP 的由来

药品生产技术是一门十分复杂的科学，在药品的生产过程中涉及许多技术细节、管理规范及药政管理问题，其中任何一个环节的疏忽，都可能导致药品生产不符合质量要求。其质量是否符合药品监督管理部门颁布的质量标准，直接关系着人们用药的安全、有效。因此，必须在药品生产的全过程中进行严格的质量管理与控制，来确保药品质量。

GMP 是人类在历经多次药害事件后，用血泪和生命换来的警惕和智慧，随着科学技术和管理技术的发展，GMP 的内容在不断更新。

1959 年 12 月，西德儿科医生魏登巴赫首先报告了一例女婴的罕见畸形，1961 年 10 月，在西德妇科学术会议上，有三名医生分别报告发现很多婴儿有类似的畸形，这些畸形婴儿无肢、短肢或肢间有蹼，形似海豹，故称为“海豹肢畸形儿”或“海豹胎”。医学研究表明，“海豹胎”的病因是妇女在怀孕初期服用了“反应停（沙利度胺）”。反应停是研制抗菌药的过程中发现的一种具有中枢抑制作用的药物，具有镇静催眠的作用，在临床应用过程中发现对孕妇的恶心、呕吐等妊娠反应有很好的治疗效果。从 1956 年反应停进入市场至 1962 年退出市场，全世界多个国家和地区报告了“海豹胎”1 万余例，各个国家畸形儿的发生率与同期反应停的销售量呈正相关，如西德出现 6 000 余例畸胎，英国出现约 5 500 例，日本出现 1 000 余例，而美国由于官方采取了谨慎态度，没有引进该药，因此基本没有发生致畸案例。反应停事件成为 20 世纪最大的药物致畸灾难性事件，并由此促成了 GMP 的诞生。

1962 年，美国食品药品监督管理局（FDA）组织美国坦普尔大学 6 名教授编写制定了 GMP，经过 FDA 官员多次讨论和修改后最终定稿。美国在 1962 年重新对食品、药品和化妆品的管理进行修正时，对制药企业提出了以下四方面的要求：

1. 要求制药企业出厂的产品不仅有效，而且安全；
2. 要求制药企业实行新药研究申请制度和新药上市申请制度；
3. 要求制药企业实行药品不良反应报告与监测制度和药品广告申请制度；
4. 要求制药企业实施 GMP。

**【知识链接】**

**美国为什么能够避免“反应停”的悲剧?**

美国避免了影响巨大的“反应停”事件悲剧的发生，并不是由于当时美国已经制定了 GMP，而是因为 FDA 官员弗朗西丝·奥尔德姆·凯尔西阻止了这种药品的扩散，她本人是医生兼药理学家，入职仅一个月就接到“反应停”在美国上市的申请，然而她发现该药品的申请资料不全，要求厂商提供更多的动物实验和临床试验数据等资料，来证明该药的安全性。由于厂商未能提供足够的资料，在承受着各方面压力下，她仍坚持拒绝批准“反应停”在美国上市销售，因此美国逃过此劫。为此，肯尼迪总统于 1962 年 8 月 7 日授予她杰出联邦公民服务勋章。

---

1963 年，美国国会颁布了世界上第一部 GMP。药品生产企业如果没有实施 GMP，其产品不得出厂销售。此后，FDA 对 GMP 进行了数次修订，并在不同领域不断充实完善，使 GMP 成为美国法律体系的一个重要组成部分。

1969 年，在第 22 届世界卫生大会上，世界卫生组织建议各个成员国的药品生产采用 GMP 制度，以确保药品质量并加入“国际贸易药品质量签证体制”，这标志着 GMP 的理论和实践从一个国家走向世界。

## 二、GMP 的发展历程

1. 国外 GMP 的发展

1971 年，英国颁布 GMP 及实施指南；1972 年，欧共体公布《GMP 总则》，用于指导欧共体国家药品的生产。

1973 年，日本制药工业协会提出本国的 GMP，1974 年由日本政府颁布并指导推行，1980 年日本决定正式实施 GMP。

1977 年，第 28 届世界卫生大会上，世界卫生组织再次向成员方推荐 GMP，并把 GMP 确定为世界卫生组织的法规。

1978 年，美国再次颁布了经修订的 GMP。

1988 年，东南亚国家联盟也制定了自己的 GMP，作为东南亚联盟各国实施 GMP 的文本。

目前，已经有 100 多个国家和地区实行了 GMP 制度。

2. 我国 GMP 的发展

为了对药品生产过程进行严格的管理，确保药品的质量，1982 年，中国医药工业公司参照美国 GMP 制定了我国第一部行业性《药品生产管理规范》（试行稿），开始在部分制药企业试行。一些化学原料药生产企业为打开国际市场，促进化学原料药出口，也参照引用了美国 GMP，接受 FDA 的 GMP 现场检查，以得到 FDA 的认证。

1984 年，我国颁布《中华人民共和国药品管理法》（以下简称《药品管理法》），首次立法提出了“药品生产质量管理规范”，要求生产企业制定和执行保证药品质量的规章制度和卫生要求。1985 年，国家医药管理局修订并颁布实施《药品生产管理规范》，中国医药工业公司编写的《药品生产管理规范实施指南》（1985 年版），于 1985 年 12 月颁布。1988 年，根据《药品管理法》，卫生部颁布了我国第一部法定的《药品生产质量管理规范》（1988 年版），作为正式规章执行。1991 年，根据《中华人民共和国药品管理法实施办法》的规定，国家医药管理局成立推行 GMP、GSP① 委员会，协助国家医药管理局组织医药行业实施 GMP 和 GSP 的工作。1992 年，卫生部对《药品生产质量管理规范》（1988 年版）进行了修订，颁布《药品生产质量管理规范》（1992 年版），中国医药工业公司出版的《GMP 实施指南》对 GMP 中的一些内容做了比较具体的技术指导。1995 年 7 月，经国家技术监督局批准，成立了中国药品认证委员会，并开始接受企业的 GMP 认证申请并开展认证工作。

1998 年，新成立的国家药品监督管理局总结了几年来 GMP 实施的情况，对 GMP 进行再次修订，于 1999 年 6 月颁布并实施《药品生产质量管理规范》（1998 年修订）。在认真总结 GMP 实施过程中经验教训的基础上，通过借鉴国际先进做法，2010 年 10 月，卫生部审议通过《药品生产质量管理规范》（2010 年修订）[以下简称 GMP（2010 版）]，于 2011 年 3 月 1 日实施，此次修订达到了与世界卫生组织颁布的药品 GMP 的一致性，这有利于培育具有国际竞争力的企业，促进我国医药产品快速进入国际市场。

**【知识链接】**

**关于 GMP 认证**

《中华人民共和国药品管理法》（2001 年）曾规定：药品生产企业必须按照《药品生产质量管理规范》组织生产；药品监督管理部门按照规定对药品生产企业是否符合《药品生产质量管理规范》的要求进行认证，对认证合格的生产企业颁发认证证书。药品 GMP 认证曾是国家依法对药品生产企业（车间）和药品品种实施药品 GMP 监督检查并取得认可的一种制度，也是确保药品质量稳定性、安全性和有效性的一种科学合理的管理手段。《中华人民共和国药品管理法》（2019 年）实施，国家药品监督管理局取消了 GMP 认证，不再发放药品 GMP 证书。2020 年新修订的《药品生产企业监督管理办法》要求，省级药品监督管理局承担对辖区内药品生产企业的监管职能，对药品生产企业开展上市前的药品 GMP 符合性检查和监督检查。

## 任务二　GMP 的类型与特点

### 一、GMP 的类型

1. 国际组织制定的 GMP

世界卫生组织颁布的 GMP 属于国际性的 GMP，对药品生产和质量管理起指导性作用。

PIC/S 的 GMP 现已经成为国际通行准则和国际检查的金标准。PIC/S 是国际药品检查合作计划（Pharmaceutical Inspection Co-operation Scheme，PIC/S）的简称，是由不同国家和地

①GSP，指药品经营质量管理规范。

区间药品检查机构组成的国际药品检查领域的权威机构，全球已有澳大利亚、加拿大、丹麦、英国、法国、德国、新加坡等54个国际药品监管机构加入，其内部检查人员均来自各成员国相关专业的权威人士，其颁发的证书在PIC/S组织成员国之间相互认可。我国国家药品监督管理局（NMPA）2021年9月申请启动预加入程序，这是主动融入国际药品监管体系，加速我国药品国际化进程的体现，也是实现我国多边GMP互认的需要。

欧盟的GMP属于地区性的GMP，仅限于欧洲范围内通行，使得欧盟国家之间对彼此药品生产的质量给予认可。该GMP认证由欧盟GMP审计署完成，通过其认证后，产品可以在其成员国流通。

东南亚国家联盟（ASEAN）颁布的GMP的认证证书在文莱、柬埔寨、印度尼西亚、老挝、马来西亚、缅甸、菲律宾、新加坡、泰国、越南等东盟成员国通用。

2. 国家权力机构颁布的GMP

各国政府发布的GMP一般原则性较强，内容较为具体，有法定强制性。如我国国家药品监督管理局颁布的GMP、美国FDA颁布的GMP、英国卫生社会福利部（DHSS）颁布的GMP和日本厚生省颁布的GMP，在相应的国家都具有强制性的法律效力。

3. 行业组织制定的GMP

制药行业组织制定的GMP一般指导性较强，内容较为具体，但无法定强制性。例如，原中国医药工业公司制定的《药品生产管理规范》（试行稿）（后被国家药品监督管理部门制定的《药品生产质量管理规范》取代）、英国制药联合会制定的GMP、瑞典制药工业协会制定的GMP和美国制药工业联合会制定的GMP等只是行业自身所制定的行业标准，无强制性的法律效力。

## 二、GMP 的特点

世界各国按照GMP要求进行药品生产和质量管理已是大势所趋。虽然不同的国家和地区制定了本国或本地区的GMP，但是药品的生产过程及其质量保证方法是不分国界的，因此各国的GMP在具体规定和要求方面各具特色，但所涵盖的内容基本上是一致的。

1. 原则性

GMP条款仅指明了质量或质量管理所要达到的目标，而没有列出如何达到这些目标的解决办法。例如，无菌药品的灭菌处理必须达到“无菌”，也就是药品的染菌率不得高于$10^{-6}$。但是，达到“无菌”的处理方法有很多，如干热灭菌法、湿热灭菌法、辐射灭菌法、过滤灭菌法等，企业可以根据自身产品和产品工艺要求进行选择，只要能满足GMP的要求，就是适宜的方法。

2. 基础性

GMP是保证药品生产质量的最低标准，也就是说，对于药品生产与质量管理而言，GMP是最基础的标准，而不是最高的和最好的标准。对于企业自身而言，企业有自主性，企业标准一般高于GMP标准。

3. 时效性

药品 GMP 条款具有时效性，随着医药科技和经济贸易的发展，GMP 条款需要定期或不定期补充修订，这与制定药品标准是类似的。在新版 GMP 颁布后，前版的 GMP 即废止。

4. 一致性

各个国家或地区的 GMP 有一个最重要的特征就是在结构与内容的布局上基本一致，各类药品 GMP 都是强调对药品生产实施全方面全过程全员的质量管理，防止污染和差错的发生，以确保生产出优质药品。

5. 多样性

尽管各类 GMP 在结构、基本原则或基本内容上大致相同，但同样的标准要求，在所要求的细节方面有时呈现多样性特征。有时这样的多样性还会有较大的差别。例如，各国 GMP 中都对生产车间的管道铺设提出了一定要求。有的国家 GMP 要求生产车间中各种管道一律暗藏，不允许明管存在；而有的国家 GMP 规定，在具有严格的卫生制度的基础上，只要便于清洁，可允许明管存在。

6. 地域性

一般一个国家或地区在一个特定的时期存在一个版本的 GMP，只有通过这个版本的 GMP 认证，药品质量才能得到这个国家或地区有关政府部门的认可，由此才能在这个国家或地区进行销售和使用。但是有的国家却可以通行多个不同版本的 GMP，如有些国家既认可本国的 GMP，又认可世界卫生组织的 GMP、美国的 GMP 或欧盟的 GMP 等。

# 任务三　GMP 简介及三要素

## 一、GMP（2010 版）简介

我国 GMP（2010 版）吸收了国际先进经验，结合了我国国情，按照“软件硬件并重”的原则，贯彻质量风险管理和药品生产全过程管理的理念，更加注重科学性，强调指导性和可操作性，达到了与世界卫生组织药品 GMP 的一致性。

我国 GMP（2010 版）共 14 章 313 条（整体框架如图 1－1 所示），各章节依次为：总则、质量管理、机构与人员、厂房与设施、设备、物料与产品、确认与验证、文件管理、生产管理、质量控制与质量保证、委托生产与委托检验、产品发运与召回、自检、附则。此外，GMP（2010 版）还包括 13 个附录：无菌药品、原料药、生物制品、血液制品、中药制剂、放射性药品、中药饮片、医用氧、取样、确认与验证、计算机化系统、生化药品、临床试验用药品（试行）。与 GMP（1998 版）相比，GMP（2010 版）有一些新的变化。一是加强了药品生产质量管理体系建设，大幅提高对企业质量管理软件方面的要求，细化了对构建实用、有效质量管理体系的要求，强化药品生产关键环节的控制和管理，以促进企业质量管理水平的提高。二是全面强化了从业人员的素质要求，增加了对从事药品生产质量管理人员素质要求的条款和内容，进一步明确职责。三是细化了操作规程、生产记录等文件管理规定，增加了指导性和可操作性。四是进一步完善了药品安全保障措施，引入了质量风险管理的概念，在原辅料采购、生产工艺变更、操作中的偏差处理、发现问题的调查和纠正、上市后药品质量的监控等方面，增加了供应商审计、变更控制、纠正和预防措施和产品质量回顾分析等新制度、新措施，对各个环节可能出现的风险进行管理和控制，主动防范质量事故的发生。五是提高了无菌制剂生产环境标准，增加了生产环境在线监测要求，提高无菌药品的质量保证水平。

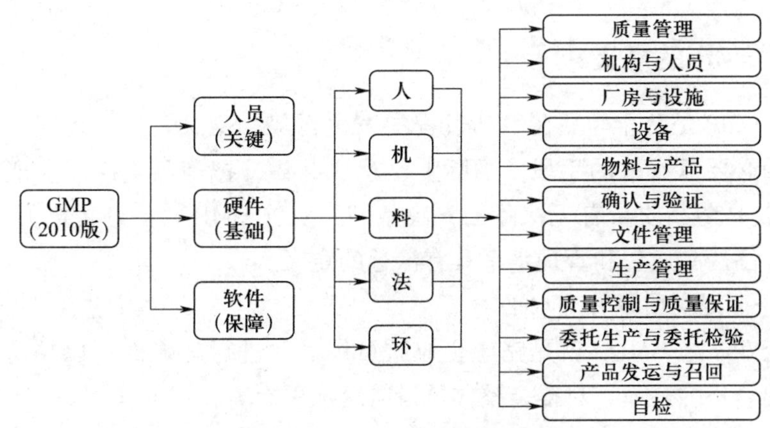


图 1－1　我国 GMP 整体框架图

## 二、GMP 三要素

实施 GMP 主要有三要素：硬件、软件和人员。硬件是指药品生产的总体布局、生产环境及设备设施；软件是指完整的管理体系，规范企业行为的一系列标准，以及执行标准结果的记录，包括组织机构、组织工作、生产工艺、记录、制度、方法、文件化程序、培训等，可概括为以智力为主的投入产出；人员包括软、硬件系统的制定者和执行者。

1. 硬件是基础

实行 GMP 管理是关系到制药企业能否发展的大事，而硬件是实施 GMP 的必要条件。良好的生产环境、完善先进的厂房设施、精良的设备仪器、优质的原料是生产合格优质药品的基础。硬件设施的设计、建设和改造完善需要药品生产企业在广泛征求有关专家学者、药品监管部门及本企业生产、质量管理、物控部门等意见的基础上进行充分评估论证，为 GMP 的实施奠定坚实的基础。

2. 软件是保障

软件系统能准确反映出国家、企业的管理和技术水平。完善实用的管理系统是药品生产质量的保障，GMP 的实践是一个动态过程，与之相对应的软件需要不断地补充、修订和完善。

3. 人员是关键

对于制药企业来说，从药品的设计、研制、生产再到销售的全过程中，人员是最重要的因素，是组成 GMP 的第一要素。产品质量的好坏是全体员工工作质量的反映。因此，企业必须按照 GMP 要求对各类人员进行行之有效的教育培训，不断提高企业员工的素质。

# 任务四　实施 GMP 的意义与原则

## 一、实施 GMP 的意义

实践证明，GMP 是防止药品在生产过程中发生污染、交叉污染、混淆、差错等，确保药品生产质量的必要且有效的手段。国际上已达成共识，把药品生产企业能否达到规定的 GMP 标准，看成是药品质量有无保障的先决条件。实施 GMP 并不断提高 GMP 标准，对于药品生产企业提高药品质量和管理水平具有深远的意义。

1. 有利于企业提高质量管理水平

药品生产企业实施 GMP，就是完善企业质量体系，进行前瞻性的以预防为主的风险管理，确保生产出合格的药品，对提高整体质量管理水平有着积极的作用。

2. 有利于标准化管理

药品生产企业推行 GMP，全过程运用标准化模式管理，有利于生产过程遵循统一的规范标准。

3. 有利于药品生产质量管理与国际规范接轨

我国 GMP 基本框架与内容采用欧盟 GMP 文本，与美国 cGMP（动态药品生产管理规范）相近，因此 GMP 的实施，对我国制药企业的质量管理体系与产品质量的提高为国际所认可，起到非常重要的作用。

4. 有利于提高产品的竞争能力

药品质量依赖于企业的技术能力和管理水平，实施 GMP 并能通过国际认证，就是企业信誉和产品质量的一个佐证，是企业形象的重要标志。

5. 有利于保护消费者的利益

制药企业肩负着重大的社会责任，推行 GMP 是医药企业保障人民群众用药安全的体现。

## 二、GMP 的基本原则

为了保证药品质量，药品生产企业应当遵守 GMP 的相关规定，加强药品生产各环节的管理，恪守“守诺、守时、有序、自律、不苟”的工匠精神以及以下基本原则。

1. 明确各岗位人员的工作职责，并通过学习和培训，不断提高各级人员的素质。

2. 在厂房、设施和设备设计、建造过程中，充分考虑生产能力、产品质量和员工的身心健康。

3. 对设施和设备进行适当的维护，以确保其始终处于良好的状态。

4. 将清洁工作作为日常的习惯，防止产品交叉污染。

5. 开展验证工作，证明系统的有效性、正确性和可靠性。

6. 起草详细的规程，为取得始终如一的结果提供准确的行为指导。

7. 认真遵守书面程序，以防止污染、混淆和差错。

8. 对操作或工作及时、准确地记录归档，以保证可追溯性，符合 GMP 要求。

9. 严格控制原辅料及包装材料质量，通过控制与产品相关的各个阶段的生产质量，将质量建立在产品生产过程中。

10. 定期进行有计划的自检。

## 知识回顾

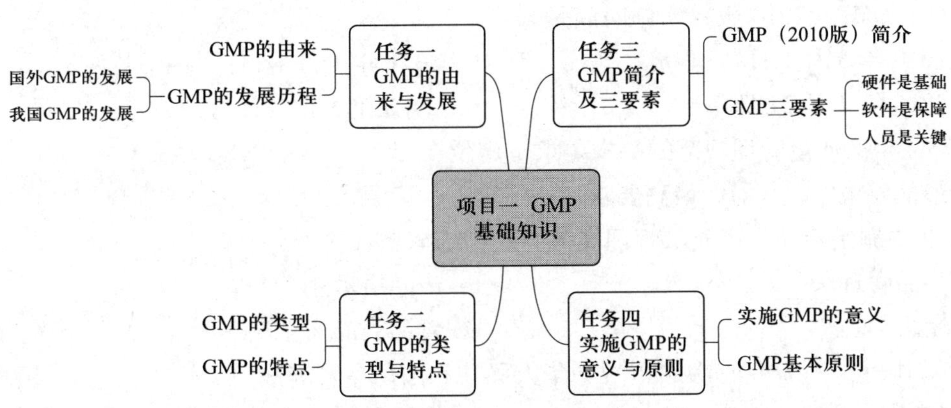


## 目标检测

### 一、单选题

1. 《药品生产质量管理规范》的英文缩写是（　　）。

A. GMP　　B. GSP　　C. GLP　　D. GAP

2. 实施 GMP 最早的国家是（　　）。

A. 英国　　B. 中国　　C. 日本　　D. 美国

3. 导致 GMP 起源的直接事件是（　　）。

A. “口服滴剂”事件　　B. “华源”事件

C. “反应停”事件　　D. “齐二药”事件

4. 1961 年，发生了震惊世界的“反应停”事件，导致这一灾难事件的药物是（　　）。

A. 庆大霉素　　B. 阿司匹林

C. 沙利度胺　　D. 青霉素

5. 美国 FDA 于（　　）年颁布了第一部 GMP，要求对药品生产的全过程进行规范化管理，否则产品不得出厂销售。

A. 1962　　B. 1963　　C. 1964　　D. 1965

6. 在组成 GMP 的三大要素当中，（　　）是最重要的因素。

A. 硬件　　B. 软件

C. 质量管理体系　　D. 人员

7. 实施 GMP 旨在最大限度地降低药品生产过程中污染、交叉污染以及混淆、差错等风险，确保持续稳定地生产出（　　）的药品。

A. 合格　　B. 符合预定用途和注册要求

C. 符合预定用途　　D. 符合注册要求

8. 我国 GMP（2010 版）实施时间是（　　）。

A. 2010 年 3 月 1 日　　B. 2011 年 1 月 17 日

C. 2011 年 2 月 24 日　　D. 2011 年 3 月 1 日

9. 药品生产质量管理规范的基本要求是定位在（　　）。

A. 最低要求　　B. 最高要求　　C. 一般要求　　D. 可选择

10. 我国制定药品生产质量管理规范的法律依据是（　　）。

A. 药品管理法　　B. 产品质量法

C. 宪法　　D. 食品药品安全法

11. 我国（　　）年首次颁布《中华人民共和国药品管理法》。

A. 1985　　B. 1984　　C. 1988　　D. 1975

12. 通过（　　）的 GMP 检查是药品进入美国市场的前提条件。

A. 欧盟　　B. FDA　　C. PIC/S　　D. 日本厚生省

13. 卫生部（　　）年颁布了我国第一部《药品生产质量管理规范》。

A. 1985　　B. 1984　　C. 1988　　D. 1975

## 二、配伍选择题

A. 1971 年　　B. 1969 年　　C. 1974 年　　D. 1972 年

1. 欧盟颁布第一部 GMP 的时间是（　　）。

2. 英国颁布第一部 GMP 的时间是（　　）。

3. 日本政府颁布第一部 GMP 的时间是（　　）。

4. 世界卫生组织颁布第一部 GMP 的时间是（　　）。

## 三、多选题

1. 实施 GMP 旨在最大限度地降低药品生产过程中（　　）等风险。

A. 污染　　B. 交叉污染　　C. 混淆　　D. 差错

2. GMP 包括（　　）等方面内容。

A. 质量管理、生产管理、文件管理、自检

B. 机构与人员、设备、物料与产品

C. 质量控制与质量保证、厂房与设施

D. 确认与验证、委托生产与委托检验、产品发运与召回

3. 制药企业实施 GMP 的三要素是（　　）。

A. 硬件　　B. 软件　　C. 质量管理　　D. 人员

# 项目二

# 质量管理

## 学习目标

**知识目标：**

1. 掌握质量管理相关术语。
2. 熟悉质量风险管理相关内容。
3. 了解质量管理的发展历史。

**技能目标：**

1. 能够将质量保证、质量控制思维意识融入具体生产检验当中。
2. 能够分析和评价质量风险，参与风险评估和处理。

**【案例导入】**

2019 年，某中药制剂生产企业的一种成药制剂中用到一味中药——酒大黄。该企业在检查过程中被发现：酒大黄制作时就是将整个大黄掰开，酒大黄饮片没有酒制大黄应有的气味，且内部被虫蛀严重；在对酒大黄饮片进行质量分析时，药效成分不符合药典规定要求。

经主管部门及企业调查，原因是：（1）该药剂生产过程中，大黄没有按照《中国药典》酒大黄的炮制方法进行炮制；（2）饮片仓储条件不符合要求导致虫蛀现象；（3）原材料购入没有质量检验把关。

**讨论：**

1. 药品生产企业如何构建质量管理体系？
2. 如何正确发挥质量管理体系的作用？如何进行生产过程中的质量监督管理？

药品是指用于预防、治疗、诊断人的疾病，有目的地调节人的生理机能并规定有适应证或者功能主治、用法和用量的物质，包括中药、化学药和生物制品等。从定义可以看出，药品既有普通商品的一般商业属性，表现在可以在市场流通，符合市场价值规律；同时，它又有其特殊属性，是用来治病救人、维护大众健康的特殊产品，它有药品的专用属性，有质量方面的严格性。因此，作为治病救人的重要武器，其质量的优劣直接关系到患者的生命安全及医院的医疗质量行为。在如何保证医疗质量方面，药品有效的质量管理是非常关键的一个环节。

# 任务一　质量管理及发展历史

人类自从有了生产活动，就产生了产品，有产品，也就存在相应的质量问题。随着生产力的发展和人们对产品需求的多样化，人们的质量意识逐渐提升。质量的优劣慢慢成为商品交换中的一个重要因素。为了保证产品质量，就需要对生产原材料、劳动工具、生产者的劳动技巧等提出相应的要求。从某种意义上来说，这就是质量管理。而药品的质量管理是GMP管理的核心，药品生产企业的所有生产、检验管理都是以药品质量为核心来开展的。从原材料供应商的审计到产品的最终质量评价，从成品的发运到出现紧急情况时的药品召回，从生产过程的监控到企业的自检等，质量管理活动无处不在，质量管理已经融入药品生产企业所有员工的职责之中，这就是所谓的全面质量管理概念。正因如此，质量管理活动是一个系统的工程。由于药品的特殊性，药品生产企业应以GMP为基本标准，在全面质量管理思想的指导下，汲取国际制药行业多年探索的成功经验，结合自身的特点，制定自己的质量管理体系。

我国GMP（2010版）对药品质量管理有如下规定：

**第五条**　企业应当建立符合药品质量管理要求的质量目标，将药品注册的有关安全、有效和质量可控的所有要求，系统地贯彻到药品生产、控制及产品放行、贮存、发运的全过程中，确保所生产的药品符合预定用途和注册要求。

**第六条**　企业高层管理人员应当确保实现既定的质量目标，不同层次的人员以及供应商、经销商应当共同参与并承担各自的责任。

**第七条**　企业应当配备足够的、符合要求的人员、厂房、设施和设备，为实现质量目标提供必要的条件。

上述条款中，第六条、第七条为新增条款。第五条明确了企业应当制定质量目标，规定有关药品形成的所有活动最终必须符合预定用途和注册要求；第六条明确了药品质量管理的责任，体现了全员参与质量管理的概念；第七条主要明确了达到质量目标的条件，并且明确企业应当从人力资源、基础设施设备等方面确保质量目标的实现。

## 一、质量管理体系

1. 相关术语

（1）质量，是指产品、过程或服务，满足规定要求或潜在需要的固有特性的程度。质量包括“产品质量”和“工作质量”。在实际交流中所说的质量，一般指产品质量。工作质量是指与产品质量有关的工作对产品质量的保证程度。

（2）质量管理，是指在质量方面指挥和控制组织的协调活动，包括制定质量方针和质量目标，以及质量策划、质量控制、质量保证和质量改进。

（3）质量方针，是指由组织最高管理者正式发布的关于质量方面的全部意图和方向。

（4）质量目标，是指在质量方面所追求的目的。通常依据组织的质量方针制定，对组织的相关职能和层次可分别规定质量目标。

（5）质量策划是质量管理的一部分，致力于制定质量目标，规定必要的运行过程并提供相关资源以实现质量目标。

（6）质量保证致力于提供质量要求会得到满足的信任，简称“QA”，属于质量管理的一部分。

（7）质量控制致力于满足质量要求，简称“QC”，属于质量管理的一部分。

（8）质量改进是指质量管理中致力于增强满足质量要求的能力。

（9）质量体系是指组织内部质量方面相互关联和相互作用的因（要）素组合。

2. 质量管理体系

质量管理体系通过对产品的整个生命周期（包括药品研发、技术转移、商业化生产和产品退出市场）中影响产品质量的所有因素进行管理，从而对产品的质量提供全面有效的保证。实施全生命周期的质量管理，对于药品质量至关重要。从管理学角度来看，质量管理体系涉及人、事、物的所有要素，即我国 GMP（2010 版）的人、机、料、法、环五大要素。

**讨论：**

GMP 与 ISO 9001 质量管理体系有何不同？

## 二、质量管理发展历史

质量管理的产生及发展过程经历了漫长的历史，同科学技术的发展，管理科学化、管理现代化的发展，是密不可分的。从工业发达国家解决产品质量所利用的技术和发展转变来看，大体经历了以下几个阶段。

1. 传统质量检验阶段（20 世纪初到 20 世纪 30 年代）

1911 年，美国的泰勒发表了经典著作《科学管理原理》，在该著作中，他主张把产品的检查从制造中分离出来，成为一道独立的工序。这一理论的提出，促成了质量管理的第一阶段——质量检验阶段。

该阶段是以事后质量检验把关为主，主要从半成品或者成品中挑出废品和次品，这依靠的是检查人员的经验和责任心。这种方式只能对产品质量实施事后把关，因此起不到预防作用。但事后检验在一定程度上避免了不合格品流向市场，故此方式今天仍在使用。

2. 统计质量控制阶段（20 世纪 30 年代到 20 世纪 60 年代）

1924 年，美国贝尔研究所的休哈特运用数理统计的原理，提出了控制生产过程中产品质量。1931 年，休哈特将数理统计方式引入质量管理。到第二次世界大战初期，军需产品供不应求，由于事前无法控制不合格品的产生，导致不能按时按量交货，而事后全检费时费力，影响产品交付。因此，美国政府要求企业采用抽样查验的方式，实行统计质量管理。质量管理从事后检验阶段发展到统计过程控制阶段，产品的质量不是检验出来的，而是生产制造出来的，所以将质量检验阶段提前到生产阶段，实行过程控制。这标志着将事后检验的管理方法改变为预测质量事故的发生。统计质量管理模式可以对产品质量起到很好的预防作用。但是，前提是对数理统计水平有较高要求。

3. 全面质量管理阶段

随着社会生产力的迅速发展，资本主义管理理论和质量管理科学也迅速发展，在这一背景下，美国的著名专家费根鲍姆提出全面质量管理（TQM）这个概念，其主要特点是抓生产制造的质量，以质量为中心，全体员工参与，从源头抓起，贯穿整个生产环节。

4. 现代质量保证阶段

现代质量保证阶段，也就是我们现在所说的 QA。20 世纪 60 年代末，以军工企业为代表，把质量相关的一切事情制作成文件手册，通过文件来控制整个生产流程。凡是能想到的，就全部写到文件里，凡是写到文件里的，就必须执行到位。

因此，许多企业开始了全面质量管理以及标准化管理，在企业内部建立起完善的质量体系，质量管理也转变为全员性、全过程性的管理，注重标准、职责和程序的管理。这标志着质量管理步入科学规范的新时代。

## 任务二　质量保证与质量控制

**【案例导入】**

2020 年 7 月 3 日，天津市药品监督管理局接到国家药品监督管理局《关于做好天津市博爱生物药业有限公司小败毒膏风险控制的通知》，对天津市某药业有限公司生产的小败毒膏造成不良反应的有关情况进行调查，对相关产品实施扣押，并对 96 批次相关产品和原辅料进行了抽验。

经调查发现，该公司生产的小败毒膏（库存、留样、退回）中含莨菪碱类生物碱，依据《中华人民共和国药品管理法》第九十八条第二款第一项规定，该公司生产的小败毒膏为假药。经对该公司生产场所现场检查，发现库存的颠茄流浸膏（经浓缩）实际重量与标签标示重量不符，其入库重量与实际库存重量、用于产品生产的重量之和不符。导致以上结果的原因是该公司于 2020 年 4 月 2 日生产小败毒膏过程中，混入了用于生产外用贴膏的中间品颠茄流浸膏（经浓缩）。该公司共生产不合格小败毒膏 10 980 盒，违法所得 5 625.5 元，货值金额 91 591.5 元。

**讨论：**

1. 外用颠茄流浸膏是怎么混入小败毒膏生产当中的？
2. 库管人员如何进行物料的管理？
3. 检验人员在对中间品、半成品、成品检测中为什么没有发现异常？

上述案例说明，只靠按照质量标准的检验手段是不能完全保证产品的质量的。要保证一个药品符合质量要求，不仅需要通过技术手段对各环节进行检测和控制，还需要包括供应厂家、包装、贮存、运输在内的全部生产过程和销售使用过程的各个环节进行系统的预防管理和质量改进。这就是质量保证的活动内容。

## 一、质量保证

质量保证（QA）是质量管理体系的一部分，强调的是为达到质量要求提供的保证。质量保证是一个宽泛的概念，涵盖影响药品质量的所有因素，是指确保药品符合其预定用途并达到规定的质量要求所采取的所有作业技术和活动的总和。药品质量保证就是按照一定的标准生产产品的承诺、规范、标准。这些规范及标准可以是国家药品监管部门（也可以是国外药品监管部门、国内外客户等）提供的药品质量技术标准，药品生产企业按照这些“动态或静态”的标准组织生产药品，药品监管部门和客户对产品进行必要的检验，对生产质量管理体系的运作现场进行必要的检查、审计、认证等，以确保产品的质量符合标准要求。质量保证分为内部质量保证和外部质量保证。内部质量保证是质量管理部门要提供充分的证据（规程、记录等）使本企业负责人确信，按照客户（包括药监部门）的标准（动态标准如 GMP 等）建立质量管理体系，按照客户的标准（静态标准如药典等）进行产品生产。而外部质量保证是在合同环境中，生产企业质量管理部门提供充分的证据（规程、记录等）使客户（包括药监部门）确信，按照客户（包括药监部门）的标准（动态标准如 GMP 等）建立质量管理体系，按照客户的标准（静态标准如药典等）进行产品生产，并且让客户确信是严格按照以上标准（动态）进行生产，产品质量符合标准（静态）。

我国 GMP（2010 版）对于质量保证的要求如下。

**第八条** 质量保证是质量管理体系的一部分。企业必须建立质量保证系统，同时建立完整的文件体系，以保证系统有效运行。

**第九条** 质量保证系统应当确保：

（一）药品的设计与研发体现本规范的要求；

（二）生产管理和质量控制活动符合本规范的要求；

（三）管理职责明确；

（四）采购和使用的原辅料和包装材料正确无误；

（五）中间产品得到有效控制；

（六）确认、验证的实施；

（七）严格按照规程进行生产、检查、检验和复核；

（八）每批产品经质量受权人批准后方可放行；

（九）在贮存、发运和随后的各种操作过程中有保证药品质量的适当措施；

（十）按照自检操作规程，定期检查评估质量保证系统的有效性和适用性。

**第十条** 药品生产质量管理的基本要求：

（一）制定生产工艺，系统地回顾并证明其可持续稳定地生产出符合要求的产品；

（二）生产工艺及其重大变更均经过验证；

（三）配备所需的资源，至少包括：

1. 具有适当的资质并经培训合格的人员；

2. 足够的厂房和空间；

3. 适用的设备和维修保障；

4. 正确的原辅料、包装材料和标签；

5. 经批准的工艺规程和操作规程；

6. 适当的贮运条件。

（四）应当使用准确、易懂的语言制定操作规程；

（五）操作人员经过培训，能够按照操作规程正确操作；

（六）生产全过程应当有记录，偏差均经过调查并记录；

（七）批记录和发运记录应当能够追溯批产品的完整历史，并妥善保存、便于查阅；

（八）降低药品发运过程中的质量风险；

（九）建立药品召回系统，确保能够召回任何一批已发运销售的产品；

（十）调查导致药品投诉和质量缺陷的原因，并采取措施，防止类似质量缺陷再次发生。

上述条款中，第八条为新增条文，明确了质量保证是质量管理体系的一部分，建立完整的文件体系是质量保证系统有效运行的保证；第九条、第十条明确了质量保证系统涵盖的范围和具体要求。依据上述条款，质量保证工作职责可以概括如下：①决定物料和中间产品的使用；②审核批生产记录，决定成品的放行；③参与不合格品处理过程；④审核、校对药品标签、说明书；⑤药品质量投诉处理；⑥供应商质量审计；⑦组织企业内部质量体系自检。

## 二、质量控制

质量控制（QC）也是质量管理的一部分，强调的是质量要求，是指为达到质量标准（静态）所采取的作业技术和活动，是为了通过监视质量形成过程，通过有效的技术测量手段对质量特性的波动值进行测量，对照质量标准（静态），发现和消除质量环上所有阶段引起不合格或不满意效果（如不良趋势等）的因素。质量控制包括外部控制和内部控制，贯穿整个产品从质量设计到质量监控到事后质量控制全过程。具体是指按照规定的方法和规程对原辅料、中间品和成品进行取样、检验和复核，以保证这些物料和产品的成分、含量、纯度和其他性状符合已经确定的质量标准。

我国 GMP（2010 版）对质量控制的要求如下。

**第十一条**　质量控制包括相应的组织机构、文件系统以及取样、检验等，确保物料或产品在放行前完成必要的检验，确认其质量符合要求。

**第十二条**　质量控制的基本要求：

（一）应当配备适当的设施、设备、仪器和经过培训的人员，有效、可靠地完成所有质量控制的相关活动；

（二）应当有批准的操作规程，用于原辅料、包装材料、中间产品、待包装产品和成品的取样、检查、检验以及产品的稳定性考察，必要时进行环境监测，以确保符合本规范的要求；

（三）由经授权的人员按照规定的方法对原辅料、包装材料、中间产品、待包装产品和成品取样；

（四）检验方法应当经过验证或确认；

（五）取样、检查、检验应当有记录，偏差应当经过调查并记录；

（六）物料、中间产品、待包装产品和成品必须按照质量标准进行检查和检验，并有记录；

（七）物料和最终包装的成品应当有足够的留样，以备必要的检查或检验；除最终包装容器过大的成品外，成品的留样包装应当与最终包装相同。

依据上述条款，可以总结出质量控制基本职责如下：①制定和修订物料、中间产品和成品的内控标准和检验操作规程，制定取样和留样制度；②制定检验用设备、仪器、试剂、试液、标准品（或对照品）、滴定液、培养基、实验动物等管理办法；③对物料、中间产品和成品进行取样、检验、留样，并出具检验报告；④检测洁净区尘粒数和微生物数；⑤评价原料、中间产品和成品的质量稳定性，为确定药物贮存期/药品有效期提供数据。

通过以上对质量保证（QA）、质量控制（QC）概念及职责的分析，不难看出，QA 就是满足客户对于企业质量管理体系的要求所采取的所有活动。实际上，客户对企业质量管理体系的要求（标准）有很多，如环保要求、信用要求、消防要求等，而 GMP 仅仅是对药品质量安全中的防止污染、差错提出要求，因此，GMP 是 QA 里的一个方面或者说是一个要素。而 QC 是监测产品发生污染或差错的技术措施，因此，QC 也是 GMP 里的一个要素。QA、QC 与 GMP 之间的关系，如图 2－1 所示。

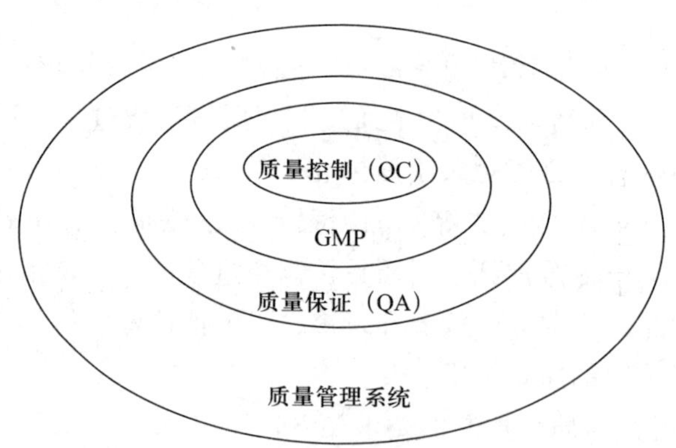


图 2－1　质量保证、质量控制与 GMP 的关系

从图 2－1 可以看出，就质量管理的本质而言，如果抛开 GMP，QA 涵盖了 QC，QC 的职责是为 QA 提供技术支持，工作的着眼点是影响产品质量特性的波动（范围）及依据，其工作重点在产品本身。而 QA 的职责是为客户提供执行其质量标准（动态和静态）的系统证

据，工作的着眼点是整个产品质量控制过程，其工作重点在质量体系。对于药品生产企业而言，GMP 是 QA 必须贯彻的主要标准，QA 必须用 GMP 的标准贯彻到 QC 活动的方方面面，当然，QC 也可以成为贯彻 GMP 的必要工具。因此，从本质上看，QA、QC、GMP 三者互为因果，密不可分。

## 任务三　质量风险管理

**【案例导入】**

2018 年，某制剂生产企业在生产一种特殊管制类药品过程中，物料通过排污阀门流入企业的排污管中，无法回收，造成特殊药品泄漏事件。公安部门及药监部门及时进行原因调查及善后处理，确保不对社会产生不良影响。

经主管部门及企业进行监控视频及原因调查发现：（1）企业岗位操作人员在生产前进行设备清洗后没有关紧排污阀门，监控视频中可以确认阀门持续泄漏中；（2）在生产监控视频中发现该操作间地面有大面积的药液，但是监控室监控人员没有及时发现异常情况并进行汇报；（3）视频中发现，在生产过程中操作人员按照操作规程有进入该操作间进行检查，但是发现地面有药液没有查找异常情况并进行汇报；（4）药液是排入污水管道，然后汇入污水处理站，没有对外造成不良影响。

**讨论：**

1. 如何正确发挥质量管理体系的作用及如何进行生产过程的质量监督控制？

2. 如何进行风险管控管理？

药品从生产、流通到使用的过程中，都会存在一定程度的风险，其质量风险贯穿整个产品的生命周期，这个属性对于药品来说是非常重要的。因此，通过前瞻意义上的识别与控制研发与生产中潜在的质量问题，一个有效的质量风险管理方法能进一步给患者提供高质量药品的保证。另外，如果在生产、检验甚至流通过程当中出现了质量问题，及时采用质量风险管理，可以最大程度地保证产品质量，将质量负面影响及企业的损失降到最低。

### 一、质量风险概述

1. 质量风险相关概念

（1）风险，是指危害发生的可能性及其严重程度的综合体。

（2）质量风险，是指生产企业中影响产品质量某一特定情况的事件发生可能程度的概率及其后果的组合。

（3）风险管理，是指通过对风险的识别、衡量和控制，以最小成本使风险造成的损失降到最低程度的管理方法。

（4）药品质量风险管理，是指企业在实现确定目标的过程中（进行产品研发、生产、销售和使用等生命周期环节），系统、科学地将各类不确定因素产生的结果控制在预期可接受范围内，以确保产品质量符合要求的方法和过程。

我国 GMP（2010 版）对质量风险管理的要求如下。

**第十三条** 质量风险管理是在整个产品生命周期中采用前瞻或回顾的方式，对质量风险进行评估、控制、沟通、审核的系统过程。

**第十四条** 应当根据科学知识及经验对质量风险进行评估，以保证产品质量。

**第十五条** 质量风险管理过程所采用的方法、措施、形式及形成的文件应当与存在风险的级别相适应。

上述条款中，第十三条明确了质量风险管理的方式；第十四条明确了质量风险评估的原则性要求，即引入风险管理的概念，并相应增加了一系列新制度，对各个环节可能出现的风险进行管理和控制，促使生产企业建立全链条的、相应的制度，及时发现影响药品质量的不安全因素，主动防范质量事故的发生，最大限度地保证成品和上市药品的质量；第十五条规定了质量风险管理采取的措施等应该与风险级别相匹配。

在药品生产的质量管理中，质量风险管理是一种以科学为基础，并且切合实际的决策过程，有效的质量风险管理能使所作的决策更加全面、合理，同时能向监管部门证明企业处理风险的能力。企业一般采用公认的风险管理方法、技术来实施和记录质量风险管理。

2. 质量风险管理的目的

质量风险管理的目的也是风险管理的目标，旨在提供证据信息识别风险并分析，为消除和降低风险提供有效的方法，达到可接受水平。主要包括：①认识风险及风险对药品质量和生产管理的潜在影响；②为决策层提供相关信息；③增进对风险的理解，以利于风险应对策略的正确选择；④识别引发风险的主要因素、系统及企业的薄弱环节；⑤通过沟通了解风险及其不确定性；⑥建立风险优先控制处理顺序；⑦确定风险是否可接受；⑧通过事后调查来进行防范；⑨选择风险控制的不同方式；⑩满足监管要求。

3. 质量风险的特点

质量风险具有以下特点：①不确定性；②突发性；③复杂性；④损害性；⑤可检测性；⑥管理决策主观性；⑦相关利益者影响性；⑧人文环境依赖性。

在质量风险管理中，了解质量风险的特点至关重要，这有助于正确使用评估方法，从而采取更好的控制方法，消除或降低风险。

4. 质量风险管理的意义

实施质量风险管理，对企业生存和发展具有深远的意义，有助于企业做到以下几点：①提高风险管理意识，有效配置和使用风险管理资源；②实施主动性、前瞻性的管理，改善内部管理和控制；③改进对机会和威胁的识别；④遵守相关法律法规，中国及国际标准、规范的规定和要求；⑤避免或减少损失，改善资金状况和财务报告；⑥提高安全、环保、职业卫生、职业健康水平；⑦提高利益相关者的信心和信任；⑧提高企业的学习能力；⑨增强企业的生存和持续发展能力。

5. 质量风险管理的原则

质量风险管理应遵循严谨、全面的标准和原则。质量风险管理原则是评价企业把握质量风险重要程度的标准。因此，质量风险管理原则应体现企业的质量风险承受度，应反映企业的价值观、目标和资源。企业应根据所处环境和自身情况，合理确定本企业的质量风险管理原则，遵循的原则主要为：①控制损失、创造价值原则；②融入企业管理过程原则；③支持决策过程原则；④应用系统化结构化的方法原则；⑤以信息为基础原则；⑥环境依赖原则；⑦广泛参与、充分沟通原则；⑧持续改进原则。

## 二、质量风险管理基本流程

质量风险管理基本流程包括风险评估、风险控制、风险沟通、风险审核。流程图如图 2－2 所示。

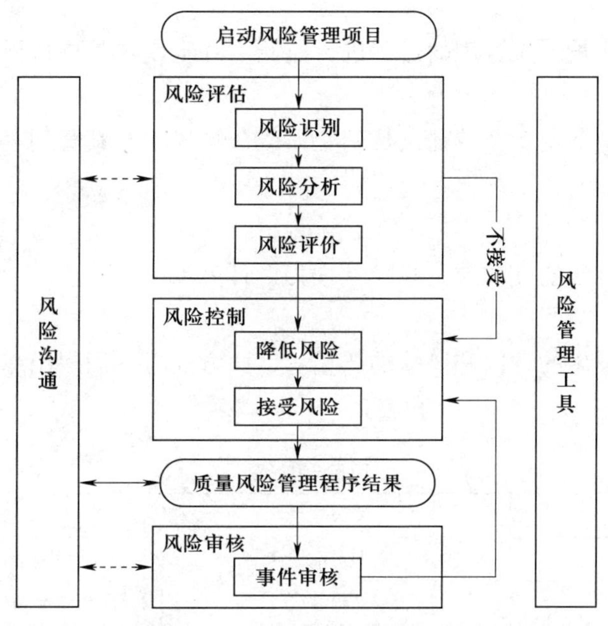


图 2－2　质量风险管理基本流程

1. 风险评估

风险评估是指在一个风险管理过程中，对支持风险决策的资料进行组织的系统过程，包括危害的确认，以及对暴露危害时的相关风险进行分析与评价。风险评估主要包含三个方面：风险识别、风险分析和风险评价。

（1）风险识别是指识别潜在的质量风险因素，主要关注的是“什么情况可能导致质量风险的发生”。风险识别可通过生产历史大数据进行统计分析，列出经常容易出现偏差的项目；也可根据产品的工艺控制指标进行风险识别，对影响控制指标的因素进行倒推分析，找出影响这些指标的因素，即识别出的风险。

（2）风险分析是指对已经识别出来的风险的危害情况估计。一般可用定性或者定量的方法来描述风险危害发生的可能性或者严重性。它关注的是产生风险的可能性是多少，风险产生的后果是什么。

（3）风险评价是指根据给定的风险标准对所识别、分析后的风险进行比较、判别的过程。

2. 风险控制

风险控制是指将风险降低到可接受的水平所采取的各种决定和措施。它重点关注质量风险是否在可接受的水平范围内，可采取什么措施来降低或消除质量风险。最终产生的结果有两个，即降低风险或者接受风险。

（1）风险降低是指质量风险超过可接受水平时用于降低和避免质量风险的过程，包括降低风险的严重性或降低其发生概率所采取的措施。主要是通过降低风险发生的可能性和提高风险的可检测性来降低风险。

（2）接受风险是指接受风险的决定，剩余风险达到可接受的水平。

3. 风险审核

风险审核是指对质量风险管理的过程进行监测，并定期对其进行回顾评审的过程。

4. 风险沟通

风险沟通是指决策制定者及其他人员间交换或分享风险及其管理等信息的过程。

## 三、案例分析

下面以某企业麝香痔疮膏的质量风险管理为例开展风险评估。

1. 风险评估

根据该产品风险发生的频次和风险的严重程度两方面考虑而得出综合结论，并对其结果进行量化，具体见表 2－1、表 2－2 和表 2－3。

**表 2－1　风险频次表**

| 等级 | 等级名称 | 频次 |
|---|---|---|
| 1 | 不太可能发生 | 发生频率超过五年一次 |
| 2 | 稀少 | 发生频率超过三年一次 |
| 3 | 可能发生 | 发生频率每两年一次 |
| 4 | 很可能发生 | 发生频率为每年一次及以上 |
| 5 | 经常发生 | 几乎每次都可能发生 |

**表 2－2　风险严重等级表**

| 等级 | 等级名称 | 频次 |
|---|---|---|
| 1 | 可忽略 | 不产生危害 |
| 2 | 微小 | 危害轻微，不需要采取纠正措施 |
| 3 | 中等 | 产生一定危害，需要采取纠正措施 |
| 4 | 严重 | 危害严重，产品可能报废 |
| 5 | 非常严重 | 危害极为严重，产品报废 |

表 2－3　　风险值计算

| 频次 | | 严重程度 | | | | |
|---|---|---|---|---|---|---|
| | | 5 | 4 | 3 | 2 | 1 |
| | | 非常严重 | 严重 | 中等 | 微小 | 可忽略 |
| 经常发生 | 5 | 25 | 20 | 15 | 10 | 5 |
| 很可能发生 | 4 | 20 | 16 | 12 | 8 | 4 |
| 可能发生 | 3 | 15 | 12 | 9 | 6 | 3 |
| 稀少 | 2 | 10 | 8 | 6 | 4 | 2 |
| 不太可能发生 | 1 | 5 | 4 | 3 | 2 | 1 |

风险值计算公式及风险程度判断：

风险值＝风险发生频次等级×风险严重程度等级

低风险：1～5；中等风险：6～12；高风险：15～25。

2. 购进与发放环节风险管理（见表 2－4）

表 2－4　　物料购进与发放环节的质量风险管理

| 原辅料 | 供货商 | 进货批次 | 不合格批次 | 发放情况 |
|---|---|---|---|---|
| 麝香痔疮膏原粉 | 自制 | 375 | 0 | 称量符合规定 |
| 冰片 | 株洲某有限公司 | 30 | 0 | |
| 二甲基亚砜 | 本溪市某实验厂 | 5 | 0 | |
| 羊毛脂 | 上海某羊毛脂厂 | 15 | 0 | |
| 凡士林 | 天津某化工厂 | 74 | 7 | |

风险评估：凡士林的购进存在质量风险。

风险值＝风险发生频次等级×风险严重程度等级
＝4等级（很可能发生）×3等级（中等）＝12（中等风险）

风险应对策略：减少风险。

建议纠正和预防措施：寻找其他合格供应商；对现有供应商进行控制、引导等。

3. 包装工序质量风险管理

风险识别：麝香痔疮膏某批包装现场发现纸箱上有效期打印错误，将有效期打成“2010/12/”（正确的应为 2011/12/），截至发现时已打印了 100 个。

风险值＝风险发生频次等级×风险严重程度等级
＝4等级（很可能发生）×4等级（严重）＝16（高风险）

风险应对策略：减少风险。

建议纠正和预防措施：加强复核并增加抽查次数等。

# 知识回顾

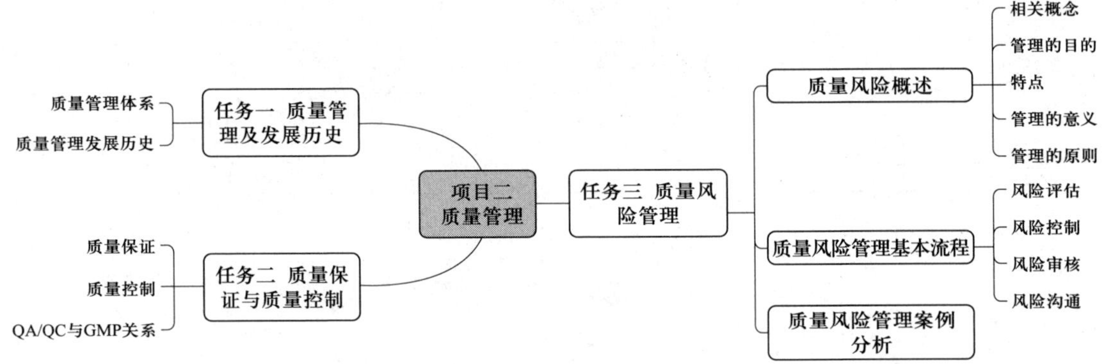


# 目标检测

## 一、单选题

1. 质量保证系统应当确保（　　）。

A. 药品的设计与研发体现本规范的要求

B. 生产管理和质量控制活动符合本规范的要求

C. 每批产品经质量受权人批准后方可放行

D. 以上都是

2. 质量保证（　　）。

A. 致力于满足质量要求

B. 致力于提供质量要求会得到满足的信任

C. 致力于提供管理要求会得到满足的信任

D. 致力于提供管理要求会得到满足的保证

3. 质量控制（　　）。

A. 致力于满足质量要求

B. 致力于提供质量要求会得到满足的信任

C. 致力于提供管理要求会得到满足的信任

D. 致力于增强满足质量要求的能力

4. QA 与 QC 的区别在于（　　）。

A. QA 的目标要求为过程满意，QC 为结果满意

B. QA 确保工作质量，QC 确保产品质量

C. QA 侧重内部和外部，QC 只侧重内部

D. 以上都是

5. 对某种特定的风险，测定其风险事故发生的概率与其损失程度的工作是（　　）。

A. 风险识别　　B. 风险估计

C. 风险处理　　D. 风险管理效果评价

## 二、配伍选择题

A. 质量管理　　B. 质量方针　　C. 质量策划　　D. 质量改进

1.（　　）是质量管理中致力于增强满足质量要求的能力。

2.（　　）是质量管理的一部分，致力于制定质量目标并规定必要的运行过程和相关资源以实现质量目标。

3.（　　）是由组织最高管理者正式发布的关于质量方面的全部意图和方向。

4.（　　）是质量方面指挥和控制组织的协调活动。

## 三、多选题

1. 风险评估包括（　　）。

A. 风险识别　　B. 风险分析　　C. 风险评价　　D. 风险审核

2. 风险管理流程包括（　　）。

A. 明确环境信息　　B. 风险应对　　C. 沟通和记录　　D. 监督和检查

3. 药品生产企业质量保证系统应当确保（　　）。

A. 管理职责明确

B. 确认和验证的实施

C. 中间产品得到有效控制

D. 采购和使用的原辅料和包装材料正确无误

4. 质量管理包括（　　）。

A. 质量策划　　B. 质量控制　　C. 质量保证　　D. 质量改进

5. 质量控制的基本要求包括（　　）。

A. 取样、检查、检验应当有记录

B. 偏差应当经过调查并记录

C. 检验方法应当经过验证或确认

D. 应当配备适当的设施、设备、仪器和经过培训的人员

# 项目三

# 机构与人员

## 学习目标

**知识目标：**

1. 掌握关键人员的资质、职责及人员卫生要求等内容。
2. 熟悉培训管理的内容，人员进入洁净区更衣程序。
3. 了解药品生产企业机构组成、各部门职责。

**技能目标：**

1. 能编制员工培训计划、制定培训方案。
2. 能按规程正确更衣进入生产洁净区。

**【案例导入】**

广州市中山大学附属第三医院按规定于2006年4月19日开始采用广东省医疗机构药品集中招标中心新选定的唯一中标产品齐二药“亮菌甲素注射液”，与库存的云南大理制药厂的同类产品相继使用。4月24日和26日部分患者出现无尿的急性肾衰症状，4月30日被集中发现，共有65人。经追溯排查确定是使用齐二药产品所致，造成13人死亡。

经查，齐二药采购人员违规购入了工业原料“二甘醇”假冒药用辅料“丙二醇”，而质管部门化验室负责人及检验人员严重违规，未按药典要求进行红外色谱（IR）检测，未比对“丙二醇”IR标准图谱，直接将不符合标准的“相对密度值”改为正常值，签发合格证，致使假的辅料投入生产。

齐二药2002年通过GMP认证，企业主要负责人称“GMP认证是买的”。质管部门化验室负责人初中学历，从1996年起至2006年1月任化验室负责人。其中两名化验员学历均为初中毕业，他们承认自己很少参加培训。

**讨论：**

1. 药品生产企业的机构如何构建和管理？
2. 药品生产企业从业人员包括哪些人，应当具备什么条件？

人是影响药品质量诸因素中最活跃、最积极的因素，要把“人”这个因素管理起来，必须赋予其一定的权限和职责，这就形成了组织机构。组织机构是开展 GMP 工作的载体，也是 GMP 体系存在及运行的基础。因此建立一个高效、合理的组织机构是开展 GMP 的前提。本项目主要介绍组织机构管理、人员资质与职责、人员培训和人员卫生等相关内容。

# 任务一　组织与机构

组织是人们为了实现一定的目标，互相结合，确定职位，明确职责，分工合作，协同行动的人工系统及其转运过程。GMP 组织与机构设计及运转情况直接关系到 GMP 实施的效率。

我国 GMP（2010 版）对组织与机构有如下规定。

**第十六条**　企业应当建立与药品生产相适应的管理机构，并有组织机构图。

企业应当设立独立的质量管理部门，履行质量保证和质量控制的职责。质量管理部门可以分别设立质量保证部门和质量控制部门。

**第十七条**　质量管理部门应当参与所有与质量有关的活动，负责审核所有与本规范有关的文件。质量管理部门人员不得将职责委托给其他部门的人员。

**第十八条**　企业应当配备足够数量并具有适当资质（含学历、培训和实践经验）的管理和操作人员，应当明确规定每个部门和每个岗位的职责。岗位职责不得遗漏，交叉的职责应当有明确规定。每个人所承担的职责不应当过多。

所有人员应当明确并理解自己的职责，熟悉与其职责相关的要求，并接受必要的培训，包括上岗前培训和继续培训。

**第十九条**　职责通常不得委托给他人。确需委托的，其职责可委托给具有相当资质的指定人员。

## 一、组织机构构建的原则

GMP 明确要求药品生产企业应建立组织机构，组织机构设置总的原则是“因事设人”，这里所说的“事”就是 GMP 对药品生产质量管理的基本要求及在此原则要求下企业根据自己产品的特殊要求应采用的技术和管理手段。“人”是指人员和组织，应尽可能减少机构的重叠及资源的浪费。美国 cGMP、欧盟 GMP 对制药企业应当有什么样的组织机构，采用何种管理模式不作规定。中国 GMP 规定，企业应当建立与药品生产相适应的管理机构，并有组织机构图。企业应当设立独立的质量管理部门，履行质量保证和质量控制的职责。同美国、欧盟等国家 GMP 法规一样，我国 GMP 也没有规定制药企业应当采用什么样的组织机构。由此可见，美国 cGMP、欧盟 GMP、中国 GMP 共性的要求是企业应当建立一个独立而权威的质量管理部门。

## 二、组织机构体系及其职责

药品生产企业的组织机构因企业管理方式的不同而各具特色。对不同的药品生产企业而言，企业内不同的管理部门对药品质量共同负责的职责却是相同的。企业内都是以书面管理标准来规定各部门的职责或实行岗位责任制。我国某药品生产企业的组织机构设置如图 3－1 所示。下面为企业设置的部分机构职责。质量管理机构、质量控制实验室职责按 GMP（2010 版）规定内容制定，不在此赘述。

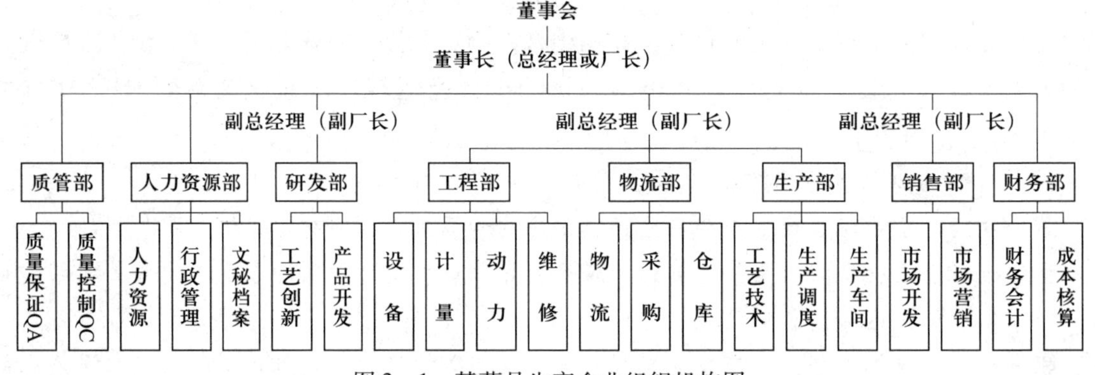

图 3－1　某药品生产企业组织机构图

所有组织机构及负责人都应有明确职责，同时被赋予履行其职责的权力。企业建立完善的组织机构是实施 GMP 的基础，是药品生产质量管理活动的载体，对决策层、管理层和执行层的人员素质都应有明确要求。

1. 质管部

其主要职责是：

（1）负责药品生产全过程的质量管理、质量监控；

（2）负责公司物料、中间产品和成品等内控质量标准的制定或修改；

（3）负责公司物料、中间产品和成品的取样、检验、留样，并出具检验报告；

（4）负责物料验收及产品放行；

（5）审核与发放成品检验报告单；

（6）管理留样观察室，整理、报告留样观察结果，负责组织新产品质量稳定性试验工作，制定药品有效期；

（7）会同物料管理部对主要物料供应商质量保证体系进行审核；

（8）负责对退货和收回产品提出处理意见；

（9）负责质量事故的分析处理和上报工作；

（10）负责处理质量查询、用户投诉和药品不良反应监测工作；

（11）负责产品质量档案、本部门 GMP 相关文件的制定与管理；

（12）参与验证工作，负责审核验证方案，审核验证报告；

（13）其他相关质量活动的管理。

2. 生产部

其主要职责是：

（1）负责生产、技术、产品开发和安全等管理工作；

（2）组织编制年、季、月生产计划，负责生产调度、统计及实施工作；

（3）对产品主要物料实施定额管理，制定消耗定额；

（4）下达生产指令和包装指令，审批相关物料的发放手续；

（5）按 GMP 要求对各类文件进行检查、监督；

（6）协同质量管理部门制定和修订物料、中间产品、成品质量标准和内控质量标准；

（7）负责编制、审定工艺规程、批记录并实施管理；

（8）负责组织生产管理文件的制定、修订、审定、颁发、收回和检查等管理工作；

（9）负责建立产品技术档案；

（10）负责工艺验证和执行工艺规程的监督检查；

（11）组织产品技术攻关，解决生产中出现的问题。

3. 物流部

其主要职责是：

（1）负责审核本部门所采购的物料是否符合国家相关标准和内控标准；

（2）组织编制并审定采购、仓储方面的管理文件；

（3）按年度、季度和月度生产计划指令编制相应的采购计划并审核，采购物料，保证生产所用的物资及时供应，并确保资金合理使用；

（4）参与质量管理部门对供应商、经销客户的资质审查；

（5）负责对入库、在库、出库的物料、成品实施验收、养护、发放；

（6）负责对不合格物料进行退货处理；

（7）负责对报废的物料、成品批准和销毁的管理。

4. 工程部

其主要职责是：

（1）负责编制设备操作规程、设备确认和系统验证方案，并组织实施；

（2）负责企业的公用工程，“水、电、汽、气”的供应和管理工作；

（3）负责全厂设备和固定资产的管理工作；

（4）实施三级保养，指导部门人员实施日常保养；

（5）负责重大设备事故的调查分析，填写设备事故报告，并提出处理意见；

（6）按 GMP 要求进行计量管理，做好计量器具校准、检定和维护等工作；

（7）负责三废处理和环境保护的管理。

5. 销售部

其主要职责是：

（1）组织编制并审定销售方面的管理文件；

（2）协同质量管理部门对销售客商的资质审查；

（3）负责客商及其产品销售管理；

（4）负责用户质量追踪调查工作，提供本企业产品售后质量信息；

（5）负责市场调查和预测，为新产品开发提供供求信息和决策信息；

（6）负责产品退货处理，参与药品的质量投诉、召回的处理。

6. 人力资源部

其主要职责是：

（1）管理并监督定岗定编方案的实施；

（2）负责员工的招收、聘用、调动和辞退等工作；

（3）制定并实施员工薪酬、社保方案；

（4）按质量奖惩规程代表公司实施奖惩；

（5）负责公司的培训、考核管理工作；

（6）负责员工的体检及健康档案管理；

（7）建立并管理员工档案。

## 任务二　人员

在一个企业里，从各种设备的安装使用、各种标准文件的制定执行，到产品的设计、研制、生产和销售，人是重要的因素，产品质量的好坏是全体员工工作质量的反映。因此，人员的素质对整个药品生产企业和药品的质量起着至关重要的作用。

我国 GMP（2010 版）对人员的要求如下。

**第二十条**　关键人员应当为企业的全职人员，至少应当包括企业负责人、生产管理负责人、质量管理负责人和质量受权人。

质量管理负责人和生产管理负责人不得互相兼任。质量管理负责人和质量受权人可以兼任。应当制定操作规程确保质量受权人独立履行职责，不受企业负责人和其他人员的干扰。

**第二十一条**　企业负责人

企业负责人是药品质量的主要责任人，全面负责企业日常管理。为确保企业实现质量目标并按照本规范要求生产药品，企业负责人应当负责提供必要的资源，合理计划、组织和协调，保证质量管理部门独立履行其职责。

**第二十二条**　生产管理负责人

（一）资质：

生产管理负责人应当至少具有药学或相关专业本科学历（或中级专业技术职称或执业药师资格），具有至少三年从事药品生产和质量管理的实践经验，其中至少有一年的药品生产管理经验，接受过与所生产产品相关的专业知识培训。

（二）主要职责：

1. 确保药品按照批准的工艺规程生产、贮存，以保证药品质量；

2. 确保严格执行与生产操作相关的各种操作规程；

3. 确保批生产记录和批包装记录经过指定人员审核并送交质量管理部门；

4. 确保厂房和设备的维护保养，以保持其良好的运行状态；

5. 确保完成各种必要的验证工作；

6. 确保生产相关人员经过必要的上岗前培训和继续培训，并根据实际需要调整培训内容。

**第二十三条**　质量管理负责人

（一）资质：

质量管理负责人应当至少具有药学或相关专业本科学历（或中级专业技术职称或执业药师资格），具有至少五年从事药品生产和质量管理的实践经验，其中至少一年的药品质量管理经验，接受过与所生产产品相关的专业知识培训。

（二）主要职责：

1. 确保原辅料、包装材料、中间产品、待包装产品和成品符合经注册批准的要求和质量标准；

2. 确保在产品放行前完成对批记录的审核；

3. 确保完成所有必要的检验；

4. 批准质量标准、取样方法、检验方法和其他质量管理的操作规程；

5. 审核和批准所有与质量有关的变更；

6. 确保所有重大偏差和检验结果超标已经过调查并得到及时处理；

7. 批准并监督委托检验；

8. 监督厂房和设备的维护，以保持其良好的运行状态；

9. 确保完成各种必要的确认或验证工作，审核和批准确认或验证方案和报告；

10. 确保完成自检；

11. 评估和批准物料供应商；

12. 确保所有与产品质量有关的投诉已经过调查，并得到及时、正确的处理；

13. 确保完成产品的持续稳定性考察计划，提供稳定性考察的数据；

14. 确保完成产品质量回顾分析；

15. 确保质量控制和质量保证人员都已经过必要的上岗前培训和继续培训，并根据实际需要调整培训内容。

**第二十四条**　生产管理负责人和质量管理负责人通常有下列共同的职责：

（一）审核和批准产品的工艺规程、操作规程等文件；

（二）监督厂区卫生状况；

（三）确保关键设备经过确认；

（四）确保完成生产工艺验证；

（五）确保企业所有相关人员都已经过必要的上岗前培训和继续培训，并根据实际需要调整培训内容；

（六）批准并监督委托生产；

（七）确定和监控物料和产品的贮存条件；

（八）保存记录；

（九）监督本规范执行状况；

（十）监控影响产品质量的因素。

**第二十五条** 质量受权人

（一）资质：

质量受权人应当至少具有药学或相关专业本科学历（或中级专业技术职称或执业药师资格），具有至少五年从事药品生产和质量管理的实践经验，从事过药品生产过程控制和质量检验工作。

质量受权人应当具有必要的专业理论知识，并经过与产品放行有关的培训，方能独立履行其职责。

（二）主要职责：

1. 参与企业质量体系建立、内部自检、外部质量审计、验证以及药品不良反应报告、产品召回等质量管理活动；

2. 承担产品放行的职责，确保每批已放行产品的生产、检验均符合相关法规、药品注册要求和质量标准；

3. 在产品放行前，质量受权人必须按照上述第 2 项的要求出具产品放行审核记录，并纳入批记录。

## 一、GMP 对人员的基本要求

制药企业人员一般包括企业高层管理人员、中层管理人员、基层管理人员和普通员工等，根据 GMP 要求，必须具备相应的学历、实践工作经验及必要的培训。

1. 学历要求

根据 GMP 的要求，从事药品生产与质量管理的人员应具有相应的学历。药品生产与质量管理人员必须具有药学或相关专业本科学历，物流控制人员必须具有物流相关专业学历，工程维护人员必须具有机械控制相关专业学历等。由于企业员工所处的地位不同，因此，中高层管理人员的学历一般要求在大学本科学历以上，基层与操作员工学历一般要求在中专或高中以上。

2. 实践经验要求

GMP 对员工实际工作能力提出了要求，有关人员除必须熟练掌握 GMP 有关知识外，还应当具有从事相关岗位的工作能力与实践经验。例如，对于药品的质量管理负责人、生产管理负责人以及质量受权人均要求具有 3 ~ 5 年或以上从事药品生产、技术、质量管理的实际工作时间。其他员工也应当受过专业培训，具有类似或相同的工作经历，确保能够胜任相关岗位的工作要求。

3. 培训要求

GMP 要求所有从业人员都必须参加岗前培训和继续教育培训，考核合格后，才能从事药品生产质量管理相关工作。

## 二、关键人员

关键人员是指在药品生产与质量管理过程中，对药品质量管理起着举足轻重作用的人员。关键人员应当为企业的全职人员，至少包括企业负责人、生产管理负责人、质量管理负责人和质量受权人，对这些关键人员必须进行更加严格的管理。

1. 企业负责人

企业负责人是指《药品生产许可证》上载明的企业负责人，是药品质量的主要责任人，全面负责企业日常管理。为确保企业实现质量目标并按照本规范要求生产药品，企业负责人应当负责提供必要的资源，合理计划、组织和协调，保证质量管理部门独立履行其职责。

2. 生产管理负责人

生产管理负责人应当至少具有药学或相关专业本科学历（或中级专业技术职称或执业药师资格），具有至少 3 年从事药品生产和质量管理的实践经验，其中至少有 1 年的药品生产管理经验，接受过与所生产产品相关的专业知识培训。

3. 质量管理负责人

质量管理负责人应当至少具有药学或相关专业本科学历（或中级专业技术职称或执业药师资格），具有至少 5 年从事药品生产和质量管理的实践经验，其中至少 1 年的药品质量管理经验，接受过与所生产产品相关的专业知识培训。

4. 质量受权人

质量受权人应当至少具有药学或相关专业本科学历（或中级专业技术职称或执业药师资格），具有至少 5 年从事药品生产和质量管理的实践经验，从事过药品生产过程控制和质量检验工作。质量受权人的权利应与其职责相对应，质量受权人对质量作出的决策是在行使其职责时体现，企业应能保证质量受权人的合法权利不受其他关键人员的影响。质量受权人应当具有必要的专业理论知识，并经过与产品放行有关的培训，方能独立履行其职责。

## 三、其他人员

企业应以文件的形式规定每个部门和每个岗位在组织内的职责、权限、相互关系及资质要求，并且应与其工作职能、工作量相适应。

1. 技术部门负责人

技术部门负责人应对 GMP 的仓储管理、生产管理和质量管理要求有透彻的了解，对实施药品生产质量管理过程中的技术管理负有直接责任。

2. 供应、仓储部门负责人

供应、仓储部门负责人应对 GMP 中有关原辅料、包装材料和成品的采购、贮存、发放的要求有透彻的了解，在实施 GMP 工作中，对按质量标准有计划地采购原辅材料，按 GMP 要求做好原辅材料和成品的验收、贮存和发放的管理工作负有直接责任。

3. 生产车间负责人

生产车间负责人应对 GMP 中有关生产技术管理和产品质量要求有透彻的了解，对实施 GMP 中的生产技术管理和文明生产要求负直接责任，并对生产出优质产品负责。

4. 其他

设备、动力、销售、财务、人力资源等各部门负责人在实施 GMP 过程中，都应当履行各自的职责。

## 任务三　培训

在 GMP 的各要素中，人员是核心。人员的专业素质、工作熟练度和质量意识等都对药品的质量起着举足轻重的作用。培训可以提高企业的管理水平和员工的综合能力，提高企业的竞争力，使企业获得更大的发展和成功。

我国 GMP（2010 版）对人员培训有如下要求。

**第二十六条**　企业应当指定部门或专人负责培训管理工作，应当有经生产管理负责人或质量管理负责人审核或批准的培训方案或计划，培训记录应当予以保存。

**第二十七条**　与药品生产、质量有关的所有人员都应当经过培训，培训的内容应当与岗位的要求相适应。除进行本规范理论和实践的培训外，还应当有相关法规、相应岗位的职责、技能的培训，并定期评估培训的实际效果。

**第二十八条**　高风险操作区（如：高活性、高毒性、传染性、高致敏性物料的生产区）的工作人员应当接受专门的培训。

药品生产企业应建立完善的培训体系，包括培训计划、培训方案、培训内容、培训方式、培训考核和培训档案等。

### 一、培训计划

为了使每个人员都得到相应的培训，就需要企业有专人来负责管理、组织培训，应在相应的机构和人员职责中加以明确。

企业应制定培训规划和年度培训计划，其中包括培训日期、培训内容和对象、培训人数、授课人、课时安排、考核形式及负责部门等。培训规划由企业质量管理体系确定实施，年度培训计划必须由企业主管负责人审批，发至有关部门实施。

### 二、培训方案

企业要根据培训规划和培训项目内容，制定培训方案。培训方案应根据不同培训对象的要求分别制定。其内容包括培训日期、培训名称和内容、课时安排、培训人数、授课人、考核形式及负责部门等。培训方案必须由企业生产管理负责人或质量管理负责人审批，发至有关部门实施。

## 三、培训内容

药品生产企业各岗位人员的培训，主要是指 GMP 等药品管理法律法规培训，以及岗位操作技能方面的培训。药品生产企业具体培训的主要内容见表 3－1。

**表 3－1　药品生产企业培训内容**

| 培训对象 | 培训内容 |
|---|---|
| 企业负责人<br>部门负责人 | （1）GMP 管理理念，GMP 的发展趋势等<br>（2）与管理有关的知识技能，如决策、沟通、时间管理等<br>（3）与组织运营有关的知识，如财务、营销、调度等<br>（4）与指挥有关的技能，如人员评价、绩效管理及策划、决策、领导能力等<br>（5）新知识、新技术信息 |
| 基层管理人员 | （1）与岗位工作有关的 GMP 知识及相关技术知识<br>（2）与岗位工作有关的管理知识和技能，如风险管理、变更控制、纠偏与预防措施、编制各种书面规程、内控标准等<br>（3）培训、指导和监督所管辖员工的工作能力<br>（4）基本的工作技能 |
| 普通操作人员 | （1）GMP 的基本概念，与本岗位工作有关的 GMP 基本知识<br>（2）与岗位工作有关的专业技能<br>（3）本岗位工作职责<br>（4）本岗位操作规程及其他岗位文件 |

对新进企业员工培训的内容包括《药品管理法》和《药品生产质量管理规范》、职业道德、企业管理标准和岗位专业技能等。新员工经过培训对企业及药品等有初步概念。

员工岗位培训包括岗位专业知识、岗位技能、岗位操作、岗位职责和卫生规范等相关内容培训。根据不同对象，培训教育的侧重点应有所不同。

生产实操培训包括工艺规程、操作规程、生产操作、设备操作、清洁操作和各种记录凭证的填写等相关内容培训。

员工的继续教育培训包括药政法规及国家有关政策、新制定下发的文件如管理规程和操作规程等相关内容培训，同时可根据实际需要巩固和深化培训内容。

## 四、培训方式

培训可采用派遣外出培训与企业内部培训相结合的方式。企业可选派有关人员参加政府部门、学术机构、专业高等院校等组织的各类培训班、进修班和研讨班，使他们成为企业推行 GMP 规范管理的骨干。企业内部培训可采用多种形式，针对本企业实施 GMP 的现状、管理要求、专业技术以及新工艺、新设备和新材料等，对员工实施培训。

根据国内外的培训经验，对操作人员、质量控制、维修、储运、清洁人员规范作业多采用图解、音像视听资料和多媒体等方法，结合实操，使培训更加直观，同时增添趣味性，从而达到实用有效的目的。培训经常会采用破冰游戏等方法增强培训效果。

### 五、培训考核

企业各岗位人员培训后须进行考核。考核可采用笔试、实践操作和工作绩效考核等形式。专业技术人员及专业技术工人的培训与考核记录作为其晋升、评定专业技术职称和专业资格所要求的继续教育的依据。

### 六、培训档案

培训档案包括年度培训档案和个人培训档案。年度培训档案包括培训计划、培训方案、培训教材、培训记录和培训成绩等。培训结束后，应及时整理培训资料归入个人培训档案和企业培训管理档案。

## 任务四　人员卫生

人员卫生是指人员身体健康状况及其按规程要求洁净着装，在生产等过程中不造成具有化学或微生物特性的杂质或异物的不利影响。人虽然是药品质量控制者，但由于种种原因，人也是生产中最大的污染源和最主要的污染传播媒介。在药品生产过程中，生产人员总是直接或间接地与药物接触，对药品质量产生影响。这种影响主要由两个方面构成，一方面是人员的身体状况，另一方面是个人卫生习惯，因此加强人员卫生管理和监督是保证药品质量的重要方面。

我国 GMP（2010 版）对人员卫生有如下规定。

**第二十九条**　所有人员都应当接受卫生要求的培训，企业应当建立人员卫生操作规程，最大限度地降低人员对药品生产造成污染的风险。

**第三十条**　人员卫生操作规程应当包括与健康、卫生习惯及人员着装相关的内容。生产区和质量控制区的人员应当正确理解相关的人员卫生操作规程。企业应当采取措施确保人员卫生操作规程的执行。

**第三十一条**　企业应当对人员健康进行管理，并建立健康档案。直接接触药品的生产人员上岗前应当接受健康检查，以后每年至少进行一次健康检查。

**第三十二条**　企业应当采取适当措施，避免体表有伤口、患有传染病或其他可能污染药品疾病的人员从事直接接触药品的生产。

**第三十三条**　参观人员和未经培训的人员不得进入生产区和质量控制区，特殊情况确需进入的，应当事先对个人卫生、更衣等事项进行指导。

**第三十四条**　任何进入生产区的人员均应当按照规定更衣。工作服的选材、式样及穿戴方式应当与所从事的工作和空气洁净度级别要求相适应。

**第三十五条**　进入洁净生产区的人员不得化妆和佩戴饰物。

**第三十六条**　生产区、仓储区应当禁止吸烟和饮食，禁止存放食品、饮料、香烟和个人用药品等非生产用物品。

**第三十七条**　操作人员应当避免裸手直接接触药品、与药品直接接触的包装材料和设备表面。

## 一、人员健康管理

由于药品生产的特殊性，要求和药品（物料）等发生直接接触的人员，体表不能有伤口，不能患有传染病或其他能污染药品的疾病，包括皮肤病等。这些人员必须进行必要的体检及必要的上岗前检查，尤其对于无菌等对洁净要求高的药品生产人员显得非常重要。例如，从事卡介苗或结核菌素生产的人员应定期进行肺部 X 光透视或其他相关项目健康状况检查；生物制品生产应根据所生产制品的生物安全评估结果，对生产、维修、检验、动物饲养的操作人员和管理人员接种相应的疫苗并定期体检；从事血液制品生产检验和其他相关人员应接种预防经血液传播疾病的疫苗。

企业应对人员健康进行管理，并建立健康档案。企业应按 GMP 要求对相关人员进行健康检查。体表有伤口、患有传染病或其他可能污染药品疾病的人员应调离直接接触药品岗位，在身体恢复健康后要持有医疗机构有效康复诊断证明方能重新上岗。操作人员应保持良好的生活卫生习惯，做到勤洗澡、勤理发、剃须和剪指甲等。

**讨论：**

直接接触药品的人员健康检查时检验乙肝项目是否合法？

《国家食品药品监督管理局办公室关于直接接触药品工作人员体检有关问题的复函》（食药监办安函〔2012〕140 号）表明，乙肝表面抗原携带者与患有传染病属不同范围，为保护乙肝表面抗原携带者入学和就业权利，对转氨酶正常的受检者，任何体检组织者不得强制要求进行乙肝项目检测。

## 二、人员卫生管理

企业应当建立人员卫生操作规程，所有人员都应当接受卫生要求的培训，以最大限度地降低人员卫生对药品生产造成污染的风险。人员卫生规程应当包括与健康、卫生习惯及人员着装相关的内容。生产区和质量控制区的人员应当正确理解相关的人员卫生规程。企业应当采取措施确保人员卫生规程的执行。

参观人员和未经培训的人员不得进入生产区和质量控制区，特殊情况确需进入的，应当事先对个人卫生、更衣等事项进行指导。任何进入生产区的人员均应按照规定更衣。洁净防护服的选材、式样及穿戴方式应当与所从事的工作和空气洁净度级别要求相适应。洁净防护服专人专用，不得穿着洁净防护服离开洁净区。洁净防护服须在洁净区洗涤，洗净灭菌后的洁净防护服应装入专用的洁净袋，按工号挂在二更更衣室内。

进入洁净生产区的人员不得化妆和佩戴饰物。生产区、仓储区应当禁止吸烟和饮食，禁止存放食品、饮料、香烟和个人用药品等非生产用物品。

进入洁净区，消毒后不得再做与生产无关的动作，不得再接触非生产用品。操作人员应当避免裸手直接接触药品及与药品直接接触的包装材料和设备的表面，手套接触其他物件后应在 1 分钟内用 75% 乙醇喷雾消毒。

人员进入洁净区更衣程序如图 3－2 所示。

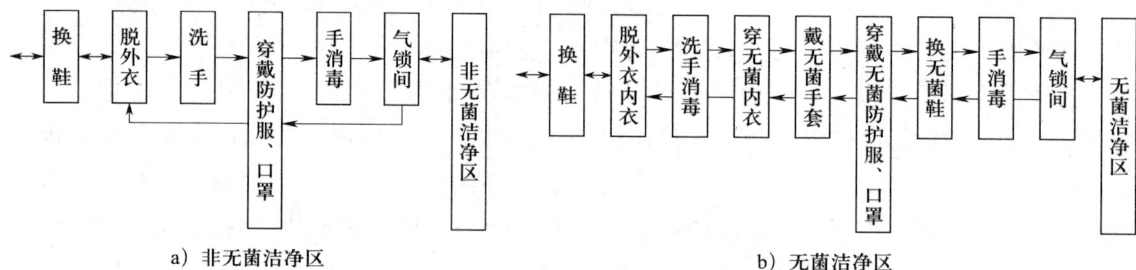


a）非无菌洁净区　　b）无菌洁净区

图 3－2　人员进入洁净区更衣程序

# 实践实训一　进出洁净区洗手更衣

## 一、实训目的

1. 熟悉人员进出洁净区更衣程序。
2. 掌握人员进出洁净区洗手、更衣的内容和要点。
3. 掌握人员进出洁净区洗手、更衣的基本操作。

## 二、实训场地与材料

GMP 实训车间。洁净工作服、洁净工作鞋，鞋套（或一次性鞋套）、口罩、手套、75% 乙醇溶液、酒精喷雾器、烘手机、拖把、抹布等。

## 三、实训内容

1. 人员进入

（1）更鞋

进入更鞋室，坐在更鞋柜上，从鞋柜内侧取鞋套，弯腰套上鞋套，坐着转身 180°，注意鞋不能越过更鞋柜的最外沿，穿好的鞋套不能踏到更鞋柜外侧的地上。

（2）存放物品

进入更衣室或更衣前室存放衣服、手机等。

（3）洗手

走到洗手池旁，感应水龙头开启，让水冲洗双手至手腕5厘米，双手触摸洗洁剂，相互摩擦，使手心、手背及手腕上5厘米的皮肤均匀充满泡沫，摩擦10秒，用水冲洗至无滑腻为止。

（4）烘手

双手放烘手机下直到烘干。

（5）穿洁净工作服

在更衣柜内取出洁净工作服，先戴上口罩，罩住口鼻；戴帽，尽量包裹住所有头发；穿上衣，拉链拉至喉部；穿裤子，将上衣罩在裤子里。

（6）手消毒

进入手消毒室，在自动酒精喷雾器前翻动双手，使酒精均匀喷在双手各处，挥动双手，使酒精挥干。

（7）戴洁净手套

禁止裸手直接接触药品及原辅料。

注意，洗手后，必须用肘弯推开门，以减少污染风险。

2. 人员退出

（1）脱洁净工作服

顺序与穿洁净工作服相反，洁净工作服放在收衣桶里，等待洗衣工清洗。

（2）脱鞋套

在更鞋柜外将鞋套、口罩放在门口垃圾桶内。

## 四、实训考核

评价包括两方面，采用百分制，总分为100分。其中，职业素养与操作规范占该项目总分的20%，工作质量占该项目总分的80%。职业素养与操作规范、工作两项均需合格，总成绩评定为合格。评分表见表3－2。

**表3－2　　人员进入洁净区评分表**

| 评价内容 | 分值 | 评分细则 | 评分 |
| --- | --- | --- | --- |
| 职业素养与操作规范20分 | 10 | 穿工作服，不披发、化妆和佩戴首饰得10分 | |
| | 10 | 保持工作环境干净、整洁得10分 | |

续表

| 评价内容 | | 分值 | 评分细则 | 评分 |
|---|---|---|---|---|
| 工作<br>80 分 | 更鞋 | 20 | 进入更鞋室，坐在鞋柜上，面朝外门得 5 分 | |
| | | | 从鞋柜内侧取鞋套，弯腰套上鞋套得 10 分 | |
| | | | 坐着转身 180°得 5 分 | |
| | 洗手、烘干 | 20 | 正确存放自己的随身物品，不化妆、不佩戴首饰得 5 分 | |
| | | | 走到洗手池旁，感应水龙头开启，让水冲洗双手掌至腕 5 厘米得 2 分 | |
| | | | 双手触摸清洁剂，相互摩擦，使手心、手背及手腕上 5 厘米的皮肤均匀充满泡沫得 3 分 | |
| | | | 手心、手背及手腕上充分摩擦 10 秒左右得 2 分 | |
| | | | 水冲洗双手，同时双手上下翻动相互摩擦，直至双手掌摩擦不感到滑腻为止得 3 分 | |
| | | | 走到自动烘手机前，伸手掌至烘手机下 8 ~ 10 厘米地方得 2 分 | |
| | | | 上下翻动双手掌，直到烘干为止得 3 分 | |
| | 穿洁净工作服 | 30 | 用肘弯推开门进入更衣室得 3 分 | |
| | | | 在更衣柜内取出有自己号码的洁净工作服袋和一次性口罩得 3 分 | |
| | | | 戴上一次性口罩，罩住口、鼻得 3 分 | |
| | | | 取出洁净工作上衣穿上得 3 分 | |
| | | | 戴帽得 3 分 | |
| | | | 注意把头发全部塞入帽内得 3 分 | |
| | | | 取出洁净工作裤穿上得 3 分 | |
| | | | 将上衣衣摆全部扎入裤内得 3 分 | |
| | | | 对着镜子检查衣领是否已翻好，拉链是否已拉到喉部得 3 分 | |
| | | | 帽和口罩是否已戴正得 3 分 | |
| | 手消毒 | 10 | 用肘弯推开门进入手消毒室得 1 分 | |
| | | | 走到自动酒精喷雾器前，伸双手至喷雾器下 10 厘米左右处得 2 分 | |
| | | | 喷雾器自动开启，翻动双手，使酒精均匀喷在双手掌上各处得 2 分 | |
| | | | 缩回双手，酒精喷雾器停止工作得 2 分 | |
| | | | 挥动双手，让酒精挥发得 2 分 | |
| | | | 进入洁净区走廊（用肘弯推开门）得 1 分 | |

注意，退出洁净区，将洁净工作服放置在更衣室的收集桶内，待洗衣人员清洗；一次性

鞋套和一次性口罩放在更鞋室的垃圾桶内。

## 知识回顾

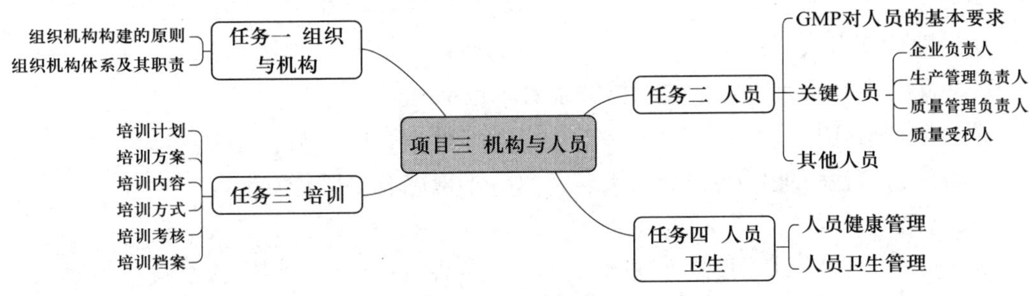


## 目标检测

### 一、单选题

1. 药品生产企业的关键人员应为（　　）。

A. 企业负责人　B. 生产管理负责人
C. 质量管理负责人　D. 以上都是

2. 质量受权人应具备药品生产和质量管理实践经验的年限至少为（　　）。

A. 一年　B. 二年　C. 五年　D. 十年

3. 质量管理负责人应具备药品生产和质量管理实践经验的年限至少为（　　）。

A. 一年　B. 二年　C. 五年　D. 十年

4. 生产负责人应具备药品生产管理经验的年限至少为（　　）。

A. 一年　B. 二年　C. 五年　D. 十年

5. 属于药品生产企业档案管理中的人员档案的为（　　）。

A. 人事档案　B. 健康档案　C. 培训档案　D. 以上都是

### 二、配伍选择题

A. 一年　B. 三年　C. 五年　D. 十年

1. 直接接触药品的生产人员接受健康检查的周期为（　　）。
2. 质量受权人应具备药品生产和质量管理实践经验的年限至少为（　　）。

3. 生产负责人应具备药品生产和质量管理实践经验的年限至少为（　　）。
4. 生产负责人应具备药品生产管理经验的年限至少为（　　）。
5. 质量管理负责人应具备的药品质量管理经验的年限至少为（　　）。

## 三、多选题

1. 药品生产企业关键人员包括（　　）。

A. 企业负责人　　B. 生产管理负责人
C. 质量管理负责人　　D. 质量受权人

2. 从事直接接触药品的生产的人员健康要求包括（　　）。

A. 体表不得有伤口　　B. 不得患有传染病
C. 不得患有其他可能污染药品的疾病　　D. 不得患有心脏病

3. 进入洁净生产区的人员不得（　　）。

A. 化妆　　B. 佩戴饰物　　C. 讲话　　D. 接触设备表面

4. 人员档案包括（　　）。

A. 人事档案　　B. 健康档案　　C. 培训档案　　D. 身份证

5. 培训管理体系包括（　　）。

A. 培训计划　　B. 培训方案　　C. 培训方式　　D. 培训考核

# 项目四

# 厂房与设施

## 学习目标

**知识目标：**

1. 掌握厂房设计的原则与内容。
2. 熟悉设施管理的基本要求。
3. 了解厂区的选址与规划。

**技能目标：**

1. 能对厂房进行合理规划与设计。
2. 能根据药品品种与生产操作要求进行洁净区的等级划分。

**【案例导入】**

2019 年 3 月 21 日，江苏省盐城市响水县陈家港镇化工园区内江苏天嘉宜化工有限公司化学储罐发生爆炸事故，并波及周边 16 家企业。事故共造成 78 人死亡、76 人重伤、640 人住院治疗，直接经济损失 19.86 亿元。事故发生后，党中央、国务院高度重视，习近平总书记多次作出重要指示，要求全力抢险救援，及时救治伤员，做好善后工作，尽快查明事故原因。调查组最终认定，这是一起因长期违法贮存危险废物导致自燃进而引发爆炸的特别重大生产安全责任事故。

**讨论：**

药品生产同样使用大量化工原料，在厂区规划、厂区管理上应如何保障安全？

药品生产企业的厂区包括生产区、仓储区、质量控制区、辅助区，厂房和设施作为药品生产企业实施 GMP 的基本硬件条件之一，其设计的合理性直接关系到药品生产的质量，甚至是人民的生命财产安全。因此，本项目中厂区选址与规划、厂房管理、设施管理等都是需要学习的重要内容。

# 任务一　厂区选址与规划

药品生产企业对于厂区的选址与规划应根据企业基本情况和国家相关法律法规要求进行综合考虑，在满足企业预期规划的同时，也要符合药品生产要求。

我国 GMP（2010 版）对厂区的选址与规划有如下规定。

**第三十八条**　厂房的选址、设计、布局、建造、改造和维护必须符合药品生产要求，应当能够最大限度地避免污染、交叉污染、混淆和差错，便于清洁、操作和维护。

**第三十九条**　应当根据厂房及生产防护措施综合考虑选址，厂房所处的环境应当能够最大限度地降低物料或产品遭受污染的风险。

**第四十条**　企业应当有整洁的生产环境；厂区的地面、路面及运输等不应当对药品的生产造成污染；生产、行政、生活和辅助区的总体布局应当合理，不得互相妨碍；厂区和厂房内的人、物流走向应当合理。

**第四十一条**　应当对厂房进行适当维护，并确保维修活动不影响药品的质量。应当按照详细的书面操作规程对厂房进行清洁或必要的消毒。

**第四十二条**　厂房应当有适当的照明、温度、湿度和通风，确保生产和贮存的产品质量以及相关设备性能不会直接或间接地受到影响。

**第四十三条**　厂房、设施的设计和安装应当能够有效防止昆虫或其他动物进入。应当采取必要的措施，避免所使用的灭鼠药、杀虫剂、烟熏剂等对设备、物料、产品造成污染。

**第四十四条**　应当采取适当措施，防止未经批准人员的进入。生产、贮存和质量控制区不应当作为非本区工作人员的直接通道。

**第四十五条**　应当保存厂房、公用设施、固定管道建造或改造后的竣工图纸。

## 一、厂区选址

药品生产企业厂区的选址极大可能会影响到企业日后的长远发展，是一项兼具技术性与科学性的重要决策，因此企业的选址也是企业发展的重要规划之一，应优先考虑周边环境对产品造成的影响，同时也要考虑其今后会带来的经济效应与社会效应。

厂区的选址应注意以下要求：宜选择在大气含尘、含菌浓度低，无有害气体，自然环境较好的区域；远离严重空气污染、水质污染、震动或噪声干扰的区域；洁净厂房新风口与市政交通干道侧道路红线之间距离不宜小于 50 米。避免周围环境对其产生影响，最大限度地降低产品被污染的风险。

## 二、厂区规划

1. 厂区规划的原则

厂区总体布局应符合国家有关工业企业总体设计原则，满足环境保护的要求，同时应防止交叉污染。

（1）功能分区设计

生产区、辅助区和生活区等相关区域总体布局应当合理，严格划分区域，不得互相妨碍，方便生产操作。兼有原料药和制剂生产的药厂，原料药生产区应位于制剂生产区全年最大频率风向的下风侧。生产特殊性质的药品，如高致敏性药品或生物制品，必须采用专用和独立的厂房、生产设施和设备，且青霉素类高致敏性药品生产厂房应位于厂区全年最大频率风向的下风侧。

（2）人流、物流设计

合理安排厂区和厂房内的人流、物流通道，分别设置人流、物流进入生产区的通道，厂区主要道路尽可能做到人流、物流分开，避免人流、物流的交叉污染。

（3）净化设施设计

洁净厂房周围道路路面应选用整体性好、发尘少的材料。医药工业洁净厂房周围应绿化覆盖，不应有露土，不应种植散发花粉或对药品生产造成不良影响的植物。

2. 厂区划分

厂区的划分主要包括生产区、仓储区、质量控制区和辅助区等区域的布局。

某药品生产企业厂区布局图如图 4－1 所示。

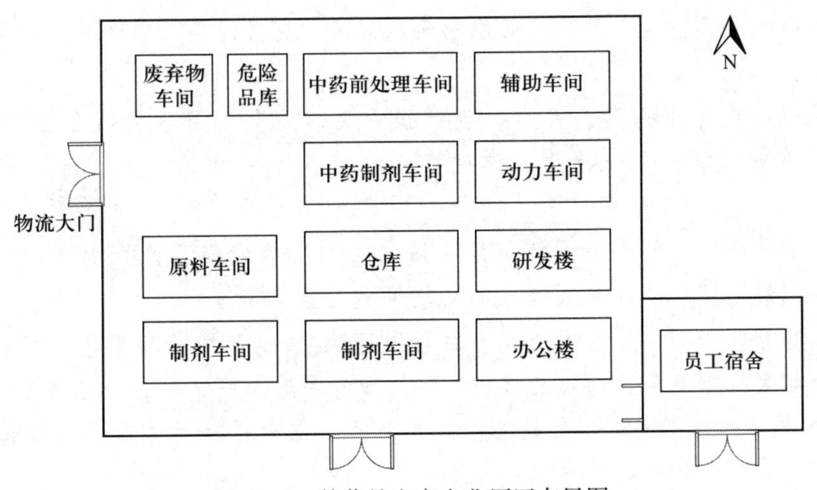


图 4－1　某药品生产企业厂区布局图

## 任务二　厂房管理

药品的生产过程对生产环境要求有不同的净化等级，严格按 GMP 标准进行厂房设计可以满足药品生产对于生产环境的要求。

我国 GMP（2010 版）对生产区的管理有如下规定。

**第四十六条** 为降低污染和交叉污染的风险，厂房、生产设施和设备应当根据所生产药品的特性、工艺流程及相应洁净度级别要求合理设计、布局和使用，并符合下列要求：

（一）应当综合考虑药品的特性、工艺和预定用途等因素，确定厂房、生产设施和设备多产品共用的可行性，并有相应评估报告。

（二）生产特殊性质的药品，如高致敏性药品（如青霉素类）或生物制品（如卡介苗或其他用活性微生物制备而成的药品），必须采用专用和独立的厂房、生产设施和设备。青霉素类药品产尘量大的操作区域应当保持相对负压，排至室外的废气应当经过净化处理并符合要求，排风口应当远离其他空气净化系统的进风口。

（三）生产β-内酰胺结构类药品、性激素类避孕药品必须使用专用设施（如独立的空气净化系统）和设备，并与其他药品生产区严格分开。

（四）生产某些激素类、细胞毒性类、高活性化学药品应当使用专用设施（如独立的空气净化系统）和设备；特殊情况下，如采取特别防护措施并经过必要的验证，上述药品制剂则可通过阶段性生产方式共用同一生产设施和设备。

（五）用于上述第（二）、（三）、（四）项的空气净化系统，其排风应当经过净化处理。

（六）药品生产厂房不得用于生产对药品质量有不利影响的非药用产品。

**第四十七条** 生产区和贮存区应当有足够的空间，确保有序地存放设备、物料、中间产品、待包装产品和成品，避免不同产品或物料的混淆、交叉污染，避免生产或质量控制操作发生遗漏或差错。

**第四十八条** 应当根据药品品种、生产操作要求及外部环境状况等配置空调净化系统，使生产区有效通风，并有温度、湿度控制和空气净化过滤，保证药品的生产环境符合要求。

洁净区与非洁净区之间、不同级别洁净区之间的压差应当不低于 10 帕斯卡。必要时，相同洁净度级别的不同功能区域（操作间）之间也应当保持适当的压差梯度。

口服液体和固体制剂、腔道用药（含直肠用药）、表皮外用药品等非无菌制剂生产的暴露工序区域及其直接接触药品的包装材料最终处理的暴露工序区域，应当参照“无菌药品”附录中 D 级洁净区的要求设置，企业可根据产品的标准和特性对该区域采取适当的微生物监控措施。

**第四十九条** 洁净区的内表面（墙壁、地面、天棚）应当平整光滑、无裂缝、接口严密、无颗粒物脱落，避免积尘，便于有效清洁，必要时应当进行消毒。

**第五十条** 各种管道、照明设施、风口和其他公用设施的设计和安装应当避免出现不易清洁的部位，应当尽可能在生产区外部对其进行维护。

**第五十一条** 排水设施应当大小适宜，并安装防止倒灌的装置。应当尽可能避免明沟排水；不可避免时，明沟宜浅，以方便清洁和消毒。

**第五十二条** 制剂的原辅料称量通常应当在专门设计的称量室内进行。

**第五十三条** 产尘操作间（如干燥物料或产品的取样、称量、混合、包装等操作间）

应当保持相对负压或采取专门的措施，防止粉尘扩散、避免交叉污染并便于清洁。

**第五十四条**　用于药品包装的厂房或区域应当合理设计和布局，以避免混淆或交叉污染。如同一区域内有数条包装线，应当有隔离措施。

**第五十五条**　生产区应当有适度的照明，目视操作区域的照明应当满足操作要求。

**第五十六条**　生产区内可设中间控制区域，但中间控制操作不得给药品带来质量风险。

## 一、相关术语

1. 洁净区

洁净区是指需要对环境中尘粒及微生物数量进行控制的房间（区域），其建筑结构、装备及使用应当能够减少该区域内污染物的引入、产生和滞留。

2. 气锁间

气锁间是指设置于两个或数个房间之间（如不同洁净度级别的房间之间）的具有两扇或多扇门的隔离空间。设置气锁间的目的是在人员或物料出入时，对气流进行控制。

3. 缓冲间

缓冲间是指设置于洁净区之间或洁净区与非洁净区之间的密闭通道间，可设置机械通风系统，其门有互锁功能，一般在 C 级和 D 级洁净区设置。

4. 传递窗

传递窗是指在洁净室隔墙上设置用于传递物品和器具的窗口。窗内装有紫外线灯、风机和高效过滤装置，两侧窗扇装有互锁。

## 二、厂房设计

药品生产企业的厂房应根据企业发展规划确定生产车间、仓库等整体布局，根据企业产品特性、生产工艺流程和生产品种的洁净度级别要求等确定车间内功能区布局。厂房设计应满足以下要求。

1. 按行政、生产、辅助和生活等划区布局。药品生产过程复杂，且各种产品因特性的不同，其标准和要求不一，分区时尽量做到利于生产操作，间距适宜。洁净厂房应在厂区内环境清洁、人流货流不穿越或少穿越的地方。

2. 洁净度要求高的洁净区宜靠近空调机房，空气洁净度相同的区域集中布置。不同洁净度级别区域间应设置气锁间或缓冲间设施，洁净度级别相同的区域不同剂型、易产尘的工序需设置前室。洁净区内的中间产品不宜直接进入一般生产区，可采取传递窗（柜）或其他封闭隔断的设施进入。

3. 生产区域的人员和物料进出口应分开设置，易造成污染的物料应设置专用出入口。进入无菌生产区的物料和物品，还应设置灭菌室和灭菌设施，传递柜也应有消毒功能。人员和物料使用的电梯宜分开，且不宜在洁净区内设置。如必须设置，应前设气闸室或采取其他措施确保洁净度。

某药品生产企业片剂生产工艺流程图如图 4－2 所示。

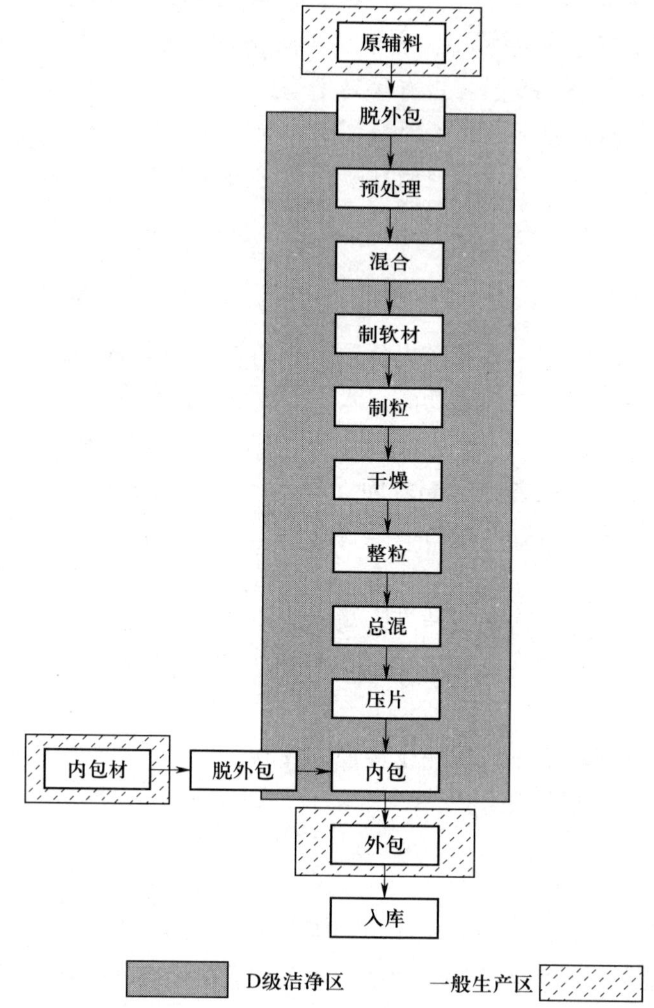


图 4－2　某药品生产企业片剂生产工艺流程图

某药品生产企业固体制剂车间布局示意图如图 4－3 所示。

## 三、洁净厂房的基本要求

1. 建筑

洁净区主体结构宜采用单层大跨度的柱网结构，不宜采用内墙承重。洁净厂房的围护结构的材料应能满足保温、隔热、防火和防潮等要求。厂房伸缩缝不宜穿过洁净区。A/B 级区域可用钢化玻璃固定的安全出口、安全疏散门，A/B 级洁净区面积小于 100 $m^2$ 的，同一时间少于 5 人操作时，人员净化路线可用作安全疏散路线，联锁装置应解除。

2. 室内装修

洁净区内墙壁和顶棚的表面应平整、光洁、无裂缝、接口严密、无颗粒物脱落、耐清洗和消毒。墙壁和地面、吊顶结合处宜做成弧形，踢脚不宜高出墙面。地面应设有防潮层，做

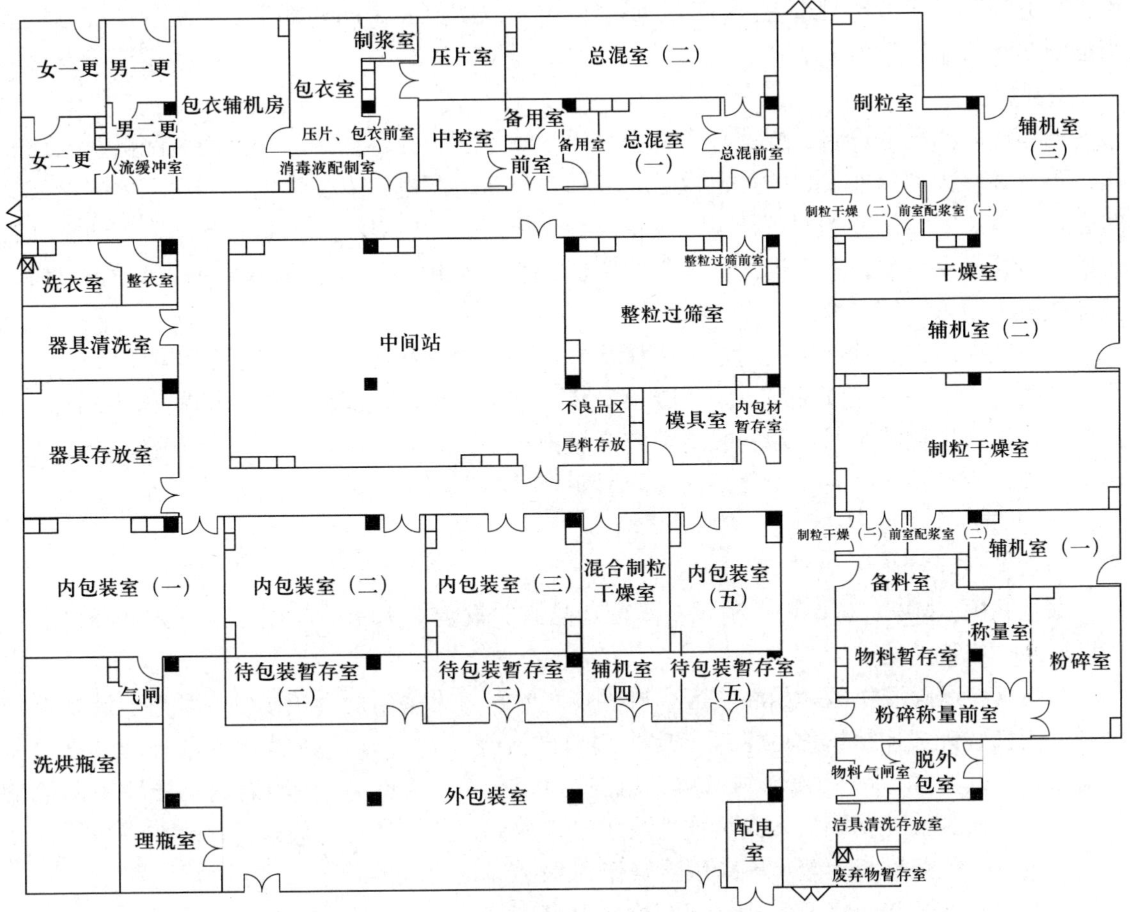


图 4－3　某药品生产企业固体制剂车间布局示意图

到整体性好、平整、耐磨、耐撞击，不易积聚静电，易除尘清洗。

洁净区外墙上的窗应具有良好的气密性，洁净区内门窗、墙壁、顶棚、地面结构和施工缝隙，应采取密闭措施。门的开设方向应由低级别向高级别，门框不应设门槛，门的设计应当便于清洁。洁净区的门、窗不应采用木质材料，以免生霉、生菌或变形。墙面与顶棚采用涂料面层时，应选用不易燃、不开裂、耐腐蚀、耐清洗、表面光滑、不易吸水变质和不易生霉的材料。

3. 给、排水管道

洁净区内尽量少铺设管道，给、排水管道应铺设在技术夹层、技术夹道内。管道外表面应采取防结露措施。穿过洁净区顶棚、墙壁和楼板的水管应设套管，管道与套道之间必须有可靠的密封措施。

生活给水管应采用耐腐蚀、安装连接方便的管材，循环冷却水宜采用钢管。

洁净区内的排水设备以及与重力回水管道相连的设备，必须在其排出口以下部位设水封装置，水封高度应不低于 50 mm。

排水系统应设置透气装置。A、B 级洁净区不应有排水立管穿过，禁止设置水池和地漏。其他洁净区排水系统穿过时，不得设置检查孔。水池或地漏应当有适当的设计、布局和维护，并安装易于清洁且带有空气阻断功能的装置以防倒灌。同外部排水系统的连接方式应当能够防止微生物的侵入。

4. 电气、照明

洁净区内的配电设备，应选择不积尘、便于擦拭、外壳不锈蚀的小型暗装配电箱及插座箱，不宜设置大型落地安装的配电设备，大功率设备由配电室直接供电。洁净区内的电气管线管口，以及安装于墙上的各种电气设备与墙体接缝处均应有可靠密封。洁净区内的电气管线敷设于技术夹层或技术夹道内，电气线路保护管宜采用不锈钢管或其他不宜腐蚀的材料，接地线宜采用不锈钢材料。

洁净区内应选用外部造型简单、不易积尘、便于擦拭和易于消毒杀菌的照明灯具，一般照明灯具宜明装，不建议悬吊。如用吸顶安装，灯具与顶棚接缝处应采用可靠密封措施。如需要采用嵌入顶棚暗装时，除安装缝隙应可靠密封外，其灯具结构必须便于清扫，便于在顶棚下更换灯管及检修。有防爆要求的车间照明灯具的选用和安装应符合相关要求。

5. 洁净厂房的空气净化

（1）空气洁净度的级别

根据我国 GMP（2010 版）附录 1 无菌药品有关规定，无菌药品生产所需的洁净区可分为以下 4 个级别。

A 级：高风险操作区，如灌装区、放置胶塞桶和与无菌制剂直接接触的敞口包装容器的区域及无菌装配或连接操作的区域，应当用单向流操作台（罩）维持该区的环境状态。单向流系统在其工作区域必须均匀送风，风速为 0.36 ~ 0.54 m/s。应当有数据证明单向流的状态并经过验证。在密闭的隔离操作器或手套箱内，可使用较低的风速。

B 级：指无菌配制和灌装等高风险操作 A 级洁净区所处的背景区域。

C 级和 D 级：指无菌药品生产过程中重要程度较低操作步骤的洁净区。

以上各级别空气悬浮粒子的标准、微生物监测的动态标准见表 4 – 1、表 4 – 2。

**表 4 – 1　　洁净区空气悬浮粒子的标准规定**

| 洁净度级别 | 悬浮粒子最大允许数/$m^3$ | | | |
|---|---|---|---|---|
| | 静态 | | 动态③ | |
| | ≥0.5 μm | ≥5.0 μm② | ≥0.5 μm | ≥5.0 μm |
| A 级① | 3 520 | 20 | 3 520 | 20 |
| B 级 | 3 520 | 29 | 352 000 | 2 900 |
| C 级 | 352 000 | 2 900 | 3 520 000 | 29 000 |
| D 级 | 3 520 000 | 29 000 | 不作规定 | 不作规定 |

注：

①为确认 A 级洁净区的级别，每个采样点的采样量不得少于 1 $m^3$。A 级洁净区空气悬浮粒子的级别为 ISO 4.8，以≥5.0 μm 的悬浮粒子为限度标准。B 级洁净区（静态）的空气悬浮粒子的级别为 ISO 5，同时包括表中两种粒径的悬浮粒子。对于 C 级洁净区（静态和动态）而言，空气悬浮粒子的级别分别为 ISO 7 和 ISO 8。对于 D 级洁净区（静态）空气悬浮粒子的级别为 ISO 8。测试方法可参照 ISO 14644 – 1。

②在确认级别时，应当使用采样管较短的便携式尘埃粒子计数器，避免≥5.0 μm 悬浮粒子在远程采样系统的长采样管中沉降。在单向流系统中，应当采用等动力学的取样头。

③动态测试可在常规操作、培养基模拟灌装过程中进行，证明达到动态的洁净度级别，但培养基模拟灌装试验要求在“最差状况”下进行动态测试。

**表 4－2**　　洁净区微生物监测的动态标准①

| 洁净度级别 | 浮游菌 cfu/$m^3$ | 沉降菌（$\phi$90 mm）cfu/4 小时② | 表面微生物 | |
|---|---|---|---|---|
| | | | 接触（$\phi$55 mm）cfu/碟 | 5 指手套 cfu/手套 |
| A 级 | <1 | <1 | <1 | <1 |
| B 级 | 10 | 5 | 5 | 5 |
| C 级 | 100 | 50 | 25 | — |
| D 级 | 200 | 100 | 50 | — |

注：

①表中各数值均为平均值。

②单个沉降碟的暴露时间可以少于 4 小时，同一位置可使用多个沉降碟连续进行监测并累积计数。

无菌药品的生产操作环境可参照表 4－3 中的示例进行选择。

**表 4－3**　　无菌药品生产操作环境的洁净度要求

| | 洁净度级别 | 生产操作示例 |
|---|---|---|
| 最终灭菌产品 | C 级背景下的局部 A 级 | 高污染风险①的产品灌装（或灌封） |
| | C 级 | 1. 产品灌装（或灌封）<br>2. 高污染风险②产品的配制和过滤<br>3. 眼用制剂、无菌软膏剂、无菌混悬剂等的配制、灌装（或灌封）<br>4. 直接接触药品的包装材料和器具最终清洗后的处理 |
| | D 级 | 1. 轧盖<br>2. 灌装前物料的准备<br>3. 产品配制（指浓配或采用密闭系统的配制）和过滤<br>4. 直接接触药品的包装材料和器具的最终清洗 |
| 非最终灭菌产品 | B 级背景下的 A 级 | 1. 处于未完全密封③状态下产品的操作和转运，如产品灌装（或灌封）、分装、压塞、轧盖④等<br>2. 灌装前无法除菌过滤的药液或产品的配制<br>3. 直接接触药品的包装材料、器具灭菌后的装配以及处于未完全密封状态下的转运和存放<br>4. 无菌原料药的粉碎、过筛、混合、分装 |
| | B 级 | 1. 处于未完全密封③状态下的产品置于完全密封容器内的转运<br>2. 直接接触药品的包装材料、器具灭菌后处于密闭容器内的转运和存放 |
| | C 级 | 1. 灌装前可除菌过滤的药液或产品的配制<br>2. 产品的过滤 |
| | D 级 | 直接接触药品的包装材料、器具的最终清洗、装配或包装、灭菌 |

注：

①此处的高污染风险是指产品容易长菌、灌装速度慢、灌装用的容器为广口瓶、容器须暴露数秒后方可密封等状况。

②此处的高污染风险是指产品容易长菌、配制后需等待较长时间方可灭菌或不在密闭系统中配制等状况。

③轧盖前产品视为处于未完全密封状态。

④根据已压塞产品的密封性、轧盖设备的设计和铝盖的特性等因素，轧盖操作可选择在 C 级或 D 级背景下的 A 级送风环境中进行。A 级送风环境应当至少符合 A 级区的静态要求。

（2）空气过滤器净化的原理

对于空气的净化可以采取空气过滤的方式，其原理主要有以下三种。

1）干式纤维过滤。通过滤料孔隙阻隔大于滤材孔隙的尘粒，药品生产多采用此类过滤器进行空气净化。

2）静电吸附。通过电场，致使含尘空气中的尘粒带电，被阴极吸附除去而净化。

3）黏性滤料黏附。通过滤料空隙的曲折通道时，含尘空气中尘粒碰到黏性滤料被黏住而除去尘粒。

（3）空气过滤器的类型

1）初效过滤器。初效过滤器一般置于空气净化系统机组的初始段，主要用于过滤 5 μm 以上尘埃粒子。初效过滤器有板式、折叠式和袋式三种样式，外框材料有纸框、铝框和镀锌铁框等，过滤材料有无纺布、尼龙网、活性炭滤材和金属孔网等，防护网有双面喷塑铁丝网和双面镀锌铁丝网，具有重量轻、通用性好和结构紧凑的特点。

2）中效过滤器。中效过滤器置于空气净化系统机组的中间段，可作为高效过滤的前端过滤，捕集 1 ~5 μm 的颗粒灰尘及各种悬浮物。中效空气过滤器分为袋式和非袋式两种，非袋式包括板式中效过滤器、隔板式中效过滤器和组合式中效过滤器等。

3）高效过滤器。高效过滤器作为空气净化系统机组的末端过滤，主要用于捕集 0. 5 μm 以上的颗粒灰尘及各种悬浮物。

空气净化流程如图 4 –4 所示。

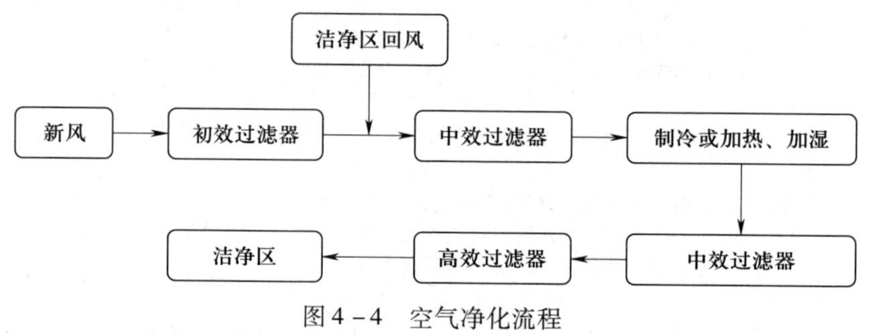


图 4 –4　空气净化流程

（4）洁净区空气的气流形式

气流形式是指净化空气在洁净区内流动所形成的流动状态。洁净区的空气气流按流动状态分为单向流和非单向流。

单向流也称层流，指洁净区中空气朝着同一个方向，以稳定均匀的速率流动，包括水平层流和垂直层流。水平层流洁净区是指由墙壁出风口送出的净化空气由水平方向向对面墙壁排出的洁净区。垂直层流洁净区是指洁净区顶部出风口送出的净化空气向下将室内粒子推向地面，从地面回风口排出的洁净区。水平层流洁净区、垂直层流洁净区如图 4 –5 所示。

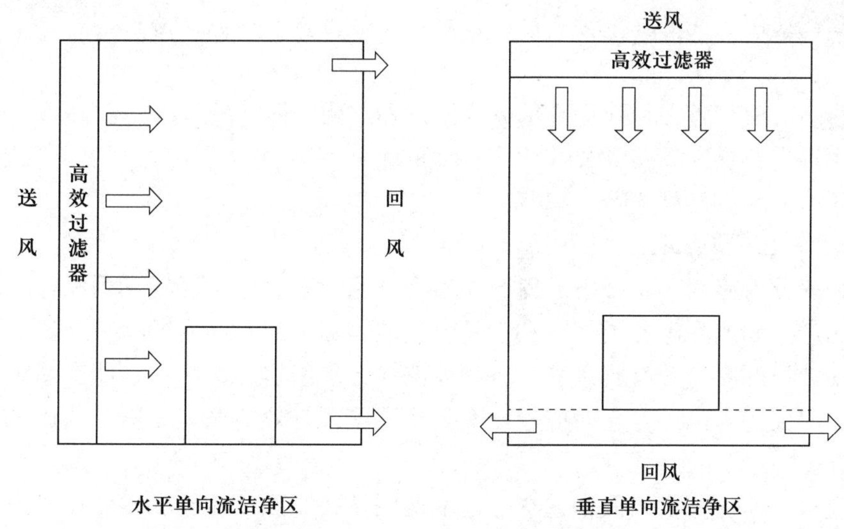


图4－5 单向流洁净区

非单向流也称紊流，指洁净区中空气呈现不规则流动状态，朝不同方向扩散。药品生产企业洁净区的气流形式应根据产品特性及对洁净度的要求进行选择。一般A级洁净区的气流形式为层流，C级及以下各级洁净区可采用紊流。

# 任务三 设施管理

## 一、仓储区

我国GMP（2010版）对仓储区的管理有如下规定。

**第五十七条** 仓储区应当有足够的空间，确保有序存放待验、合格、不合格、退货或召回的原辅料、包装材料、中间产品、待包装产品和成品等各类物料和产品。

**第五十八条** 仓储区的设计和建造应当确保良好的仓储条件，并有通风和照明设施。仓储区应当能够满足物料或产品的贮存条件（如温湿度、避光）和安全贮存的要求，并进行检查和监控。

**第五十九条** 高活性的物料或产品以及印刷包装材料应当贮存于安全的区域。

**第六十条** 接收、发放和发运区域应当能够保护物料、产品免受外界天气（如雨、雪）的影响。接收区的布局和设施应当能够确保到货物料在进入仓储区前可对外包装进行必要的清洁。

**第六十一条** 如采用单独的隔离区域贮存待验物料，待验区应当有醒目的标识，且只限于经批准的人员出入。

不合格、退货或召回的物料或产品应当隔离存放。

如果采用其他方法替代物理隔离，则该方法应当具有同等的安全性。

**第六十二条** 通常应当有单独的物料取样区。取样区的空气洁净度级别应当与生产要求一致。如在其他区域或采用其他方式取样，应当能够防止污染或交叉污染。

1. 仓库

仓库按药品的贮存条件和管理要求分为常温库、阴凉库、冷库、危险品库、特殊管理药品库和其他库等。各仓库温湿度要求如下：常温库 10～30 ℃，阴凉库温度不高于 20 ℃，冷库温度 2～10 ℃，相对湿度 35%～75%。

2. 仓库管理的基本要求

仓储区一般分为待验区、合格品库区、不合格品库区和退货区等，用以存放原辅料、包装材料、中间产品和成品等各类物料和产品，包装容器上应有明确的状态标识。

库房应安装温湿度自动监测系统，自动监测、记录库房温湿度，且能在温湿度超标时自动报警。除温湿度要求以外，仓库应根据实际情况采取有效的避光、遮光、通风、防潮、防鼠和防虫设施。

仓储区应根据库房高度和面积选择合适的照明设备，照度应能满足作业要求。药品货垛与仓库地面、墙壁、顶棚、散热器之间应有相应的间距或隔离措施，垛间距不小于 5 厘米，与库房内墙、顶、温度调控设备及管道等设施间距不小于 30 厘米，药品应置于地垫、货架上，与地面间距不小于 10 厘米。

对于冷藏药品，冷库应有温度自动监测、显示、记录、调控和报警的设备；冷库制冷设备应配有备用发电机组或者双回路供电系统；对有特殊低温要求的药品，应当配备符合其贮存要求的设施设备。

特殊管理类药品应按照国家有关规定贮存，麻醉药品和第一类精神药品应专库存放，安装专用防盗门，实行双人双锁管理；具有相应的防火设施；具有监控设施和报警装置，报警装置应当与公安机关报警系统联网。医疗用毒性药品、第二类精神药品应专库或专柜存放，专人保管。

某药品生产企业仓库布局图如图 4－6 所示。

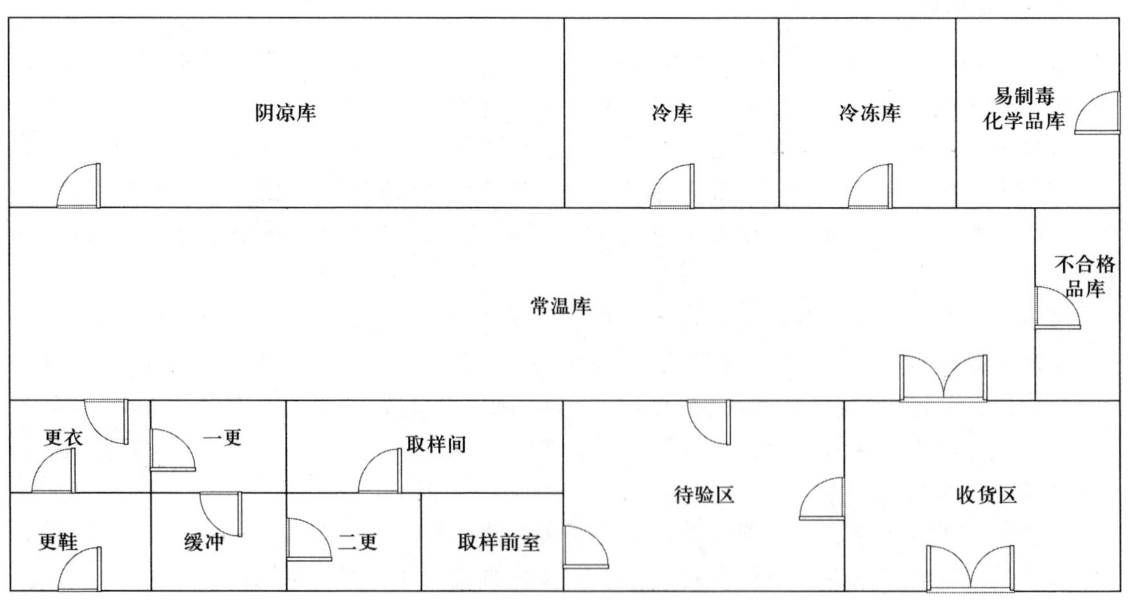


图 4－6　某药品生产企业仓库布局图

## 二、质量控制区

我国 GMP（2010 版）对质量控制区的管理有如下规定。

**第六十三条**　质量控制实验室通常应当与生产区分开。生物检定、微生物和放射性同位素的实验室还应当彼此分开。

**第六十四条**　实验室的设计应当确保其适用于预定的用途，并能够避免混淆和交叉污染，应当有足够的区域用于样品处置、留样和稳定性考察样品的存放以及记录的保存。

**第六十五条**　必要时，应当设置专门的仪器室，使灵敏度高的仪器免受静电、震动、潮湿或其他外界因素的干扰。

**第六十六条**　处理生物样品或放射性样品等特殊物品的实验室应当符合国家的有关要求。

**第六十七条**　实验动物房应当与其他区域严格分开，其设计、建造应当符合国家有关规定，并设有独立的空气处理设施以及动物的专用通道。

质量控制室应根据企业需要设置仪器室、理化分析室、标定室、化学分析室、微生物检验室和留样室等实验室，实验室与生产区分开。

微生物实验室的布局与设计应充分考虑到设备安装、良好微生物实验室操作规范和实验室安全的要求，以能获得可靠的检测结果为重要依据，且符合所开展微生物检测活动生物安全等级的需要。无菌检查室、微生物限度检查室应为洁净区，配备独立的空气机组或空气净化系统，设置相应的人流、物流净化设施，以满足相应的检验要求。阳性对照实验室与无菌检查室和非无菌限度检查室不共用人流、物流通道，避免出现交叉污染、假阳性或假阴性结果。

无菌检查室、微生物限度检查室和抗生素微生物检定室空调可采用单独的回风，若合用空调系统时，微生物限度检查室、抗生素微生物检定室须直排，不应回风。阳性对照室不宜利用回风。

某药品生产企业微生物实验室布局如图 4－7 所示。

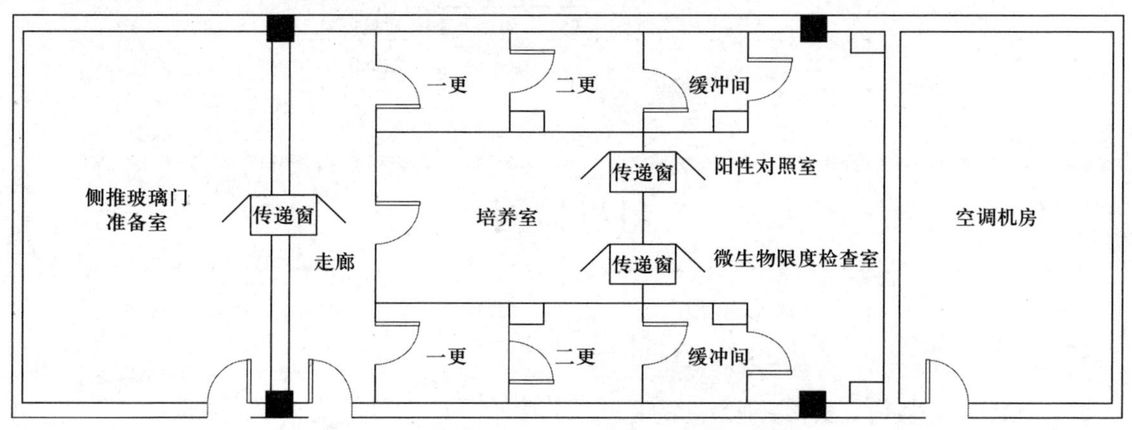


图 4－7　某药品生产企业微生物实验室布局图

## 三、辅助区

我国 GMP（2010 版）对辅助区的管理有如下规定。

**第六十八条** 休息室的设置不应当对生产区、仓储区和质量控制区造成不良影响。

**第六十九条** 更衣室和盥洗室应当方便人员进出，并与使用人数相适应。盥洗室不得与生产区和仓储区直接相通。

**第七十条** 维修间应当尽可能远离生产区。存放在洁净区内的维修用备件和工具，应当放置在专门的房间或工具柜中。

辅助设施包括机修、动力、公共工程、更衣室和盥洗室等，辅助设施可根据需要设置，须设在洁净区外，不得对洁净区产生不良影响。

人员净化设施要按照相应的净化程序设计、设置。进入洁净区的人员必须有相应的净化用室和设施，其要求应与生产区洁净级别相适应。人员净化用室包括换鞋室、更衣室、气锁间或风淋室等。

# 知识回顾

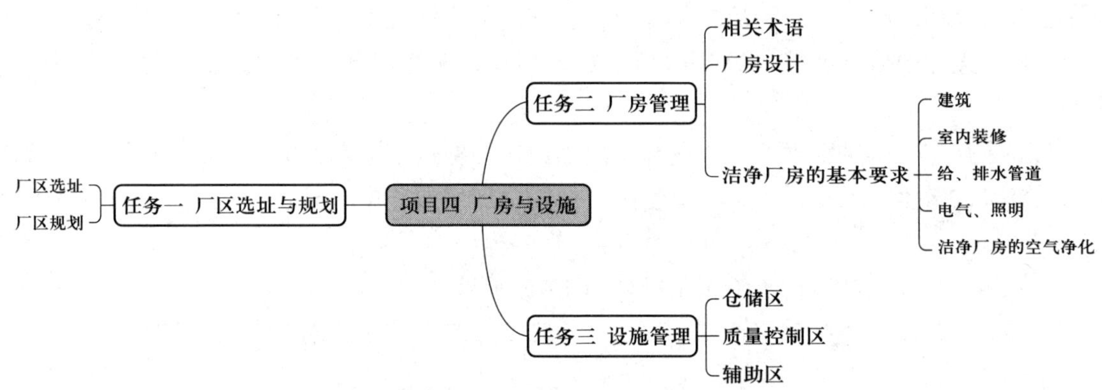


# 目标检测

## 一、单选题

1. 药品生产洁净区洁净级别最高的是（　　）。

A. A 级　　B. B 级　　C. C 级　　D. D 级

2. 洁净区是指需要对（　　）进行控制的房间。

A. 人数　　B. 环境中的尘粒及微生物数量

C. 面积　　D. 设备

3. 药品生产洁净区中的高风险操作区一般是指（　　）。

A. A 级　　B. B 级　　C. C 级　　D. D 级

4. 常温库的温度要求是（　　）。

A. 0 ~ 30 ℃　　B. 10 ~ 30 ℃　　C. 10 ~ 20 ℃　　D. 25 ℃

5. 最终灭菌产品的高污染风险品种灌装应在（　　）洁净室内操作。

A. B 级背景下的 A 级　　B. C 级背景下的局部 A 级

C. C 级　　D. B 级

## 二、配伍选择题

A. B 级背景下的 A 级　　B. B 级

C. C 级　　D. D 级

1. 非最终灭菌产品灌装前无法除菌过滤的药液或产品的配制。（　　）

2. 最终灭菌产品中高污染风险产品的配制和过滤。（　　）

3. 最终灭菌产品直接接触药品的包装材料和器具最终清洗后的处理。（　　）

4. 非最终灭菌产品直接接触药品的包装材料、器具灭菌后处于密闭容器内的转运和存放。（　　）

5. 最终灭菌产品灌装前物料的准备。（　　）

## 三、多选题

1. 空气过滤器包括（　　）。

A. 初效过滤器　　B. 中效过滤器

C. 高效过滤器　　D. 超高效过滤器

2. 以下最终灭菌产品可以在 D 级洁净区进行的操作是（　　）。

A. 轧盖

B. 灌装前物料的准备

C. 产品配制（指浓配或采用密闭系统的配制）和过滤

D. 直接接触药品的包装材料和器具的最终清洗

3. 以下关于仓库药品货跺距离说法正确的是（　　）。

A. 垛间距大于 5 厘米

B. 货跺与库房内墙、顶间距不小于 30 厘米

C. 货跺与库房内温度调控设备及管道间距不小于 30 厘米

D. 药品可直接置于干净地面

4. 以下关于洁净室空气的气流形式说法正确的是（　　）。

A. 气流按流动状态分为单向流和非单向流

B. 单向流也称层流，指洁净室中空气朝着同一个方向，以稳定均匀的速率流动

C. 水平层流洁净室是指吊顶出风口送出的净化空气向下将室内粒子推向地面，从地面或地脚回风口排出的洁净室

D. 非单向流也称紊流，指洁净室中空气呈现不规则流动状态，可朝不同方向扩散

5. 仓库内必须实行双人双锁管理的是（　　）。

A. 麻醉药品　　B. 冷藏药品

C. 第一类精神药品　　D. 第二类精神药品

# 项目五

# 设 备

## 学习目标

**知识目标：**

1. 掌握设备选型、安装、使用、维修保养和清洁等基本要求。
2. 熟悉设备的校准、计量管理等相关内容。
3. 熟悉制水设备的管理。

**技能目标：**

1. 能规范进行设备的使用、维护保养和清洁等操作。
2. 能使用计量校准器具进行简单的校准工作。
3. 能描述制药用水的管理及水质监测和记录等内容。

**【案例导入】**

2006年7月24日，青海省西宁市部分患者使用上海华源股份有限公司（安徽华源生物药业有限公司）生产的克林霉素磷酸酯葡萄糖注射液（即“欣弗”注射液）后，出现胸闷、心悸、心慌、寒战、肾区疼痛、腹痛、腹泻、恶心、呕吐、过敏性休克、肝肾功能损害等临床症状。随后，黑龙江、广西等地也分别报告发现类似病例。

8月4日，全国“欣弗”病例数已达38例，涉及药品9个批号。在当天，首次公开因使用“欣弗”注射液导致死亡的病例（哈尔滨的一名6岁女孩）。各级药监局一面加紧事件调查，一面组织召回问题药品。

后来，有关部门通报了“欣弗”事件的调查结果。导致这起不良事件的主要原因是，涉案批次的“欣弗”注射液未按批准的工艺参数灭菌，该药品按规定应经过105 ℃、30分钟的灭菌过程，但操作人员却擅自将灭菌温度降低到100～104 ℃不等，将灭菌时间缩短到1到4分钟不等，严重影响了灭菌效果。

**讨论：**

1. 关键设备的工艺参数如何避免任意改变？
2. 关键设备的重要参数采用电子记录有何优点？

设备是药品生产的重要工具之一，是药品生产中物料投入到转化成产品的载体。药品质量的优劣与设备息息相关，药品生产的质量保证需要设备这个要素的支持，而设备正是药品生产企业质量管理 GMP 硬件与软件建设的主要内容之一。

# 任务一　设备的设计与安装

由于药品自身的特殊性，药品的质量必须得到充分保证，设备的设计必须符合 GMP 标准要求，如防止药品污染、交叉污染、差错和混淆，便于操作、清洁、维护，以及必要时进行消毒或灭菌等。同时，设备的设计还需要满足环境保护与劳动保护的要求，如排水、排气和防爆等。

我国 GMP（2010 版）对制药设备的设计与安装要求如下。

**第七十一条**　设备的设计、选型、安装、改造和维护必须符合预定用途，应当尽可能降低产生污染、交叉污染、混淆和差错的风险，便于操作、清洁、维护，以及必要时进行的消毒或灭菌。

**第七十二条**　应当建立设备使用、清洁、维护和维修的操作规程，并保存相应的操作记录。

**第七十三条**　应当建立并保存设备采购、安装、确认的文件和记录。

**第七十四条**　生产设备不得对药品质量产生任何不利影响。与药品直接接触的生产设备表面应当平整、光洁、易清洗或消毒、耐腐蚀，不得与药品发生化学反应、吸附药品或向药品中释放物质。

**第七十五条**　应当配备有适当量程和精度的衡器、量具、仪器和仪表。

**第七十六条**　应当选择适当的清洗、清洁设备，并防止这类设备成为污染源。

**第七十七条**　设备所用的润滑剂、冷却剂等不得对药品或容器造成污染，应当尽可能使用食用级或级别相当的润滑剂。

**第七十八条**　生产用模具的采购、验收、保管、维护、发放及报废应当制定相应操作规程，设专人专柜保管，并有相应记录。

## 一、设备的设计和选型

设备的设计和选型主要是在设备的用户需求文件指导下进行的。用户需求文件需要由设备的使用部门、工程部门和质量管理部门的专业人员共同参与制定，其中包含了对工艺、工程、GMP 规范、安全、环境健康、售后和文件等方面要达到的要求。

1. 生产活动的要求

药品生产企业在进行设备的设计和选型时，首先要满足工艺流程、各项工艺参数要求，设备最大的生产能力应该大于设计工艺要求，应当配备有和生产工艺要求相匹配的适当量程和精度的衡器、量具、仪器和仪表，设备的最高工作精度要高于工艺精度要求。此外还要考虑与其他设备、设施与环境的配套要求，环境保护要求，安全生产要求，劳动保护要求，设备的均质能力、纯化能力，加工全过程的精度稳定，工艺参数的灵敏反应，控制与调节的准确实现等。

2. 洁净的要求

药品生产设备的设计和选型要从自身洁净、对环境洁净和对所加工物料或药品的洁净这三个方面去考虑。首先是自身洁净，设备能被有效、方便地清洗、灭菌与消毒，例如，可以选择就地清洗设备、系统，最好可以安装在线清洁检测装置；清洗、清洁设备应考虑设计自清洗功能，并防止这类设备成为污染源。其次在药品生产过程中，不发生跑、冒、滴、漏等情况，尽量减少或消除加工时药品（物料）的暴露，增加密闭性；尽量减少加工的流转环节，减少和不产生对药品生产环境的污染（交叉污染），设备所用的润滑剂、冷却剂等不得对药品或容器造成污染，应当尽可能使用食用级或级别相当的润滑剂。最后，严格确认设备与药品或物料接触部位的材质，不能与药品或物料发生任何化学和物理反应，不得释放出可能影响药品生产质量的物质，尤其是与药品（物料）直接接触部位的材料和执行与控制工艺条件部位的材料更应严格掌握并经过验证；要从使用寿命、机械加工性能、物理化学的稳定性等多方面去综合考虑材料的选择，尽量提高设备暴露部分的光洁度，尤其是要提高与保证和药品（物料）直接接触部位的光洁度与完整性，确保药品或物料不受设备污染。

3. 操作和维护方便的要求

药品生产设备的设计和选型要能够从自身的角度去考虑如何让使用者方便、安全地进行操作、维修和保养。例如，操作简便、安全且又容易识别；保养快捷而又不产生污染，润滑部位与设备和药品（物料）所接触的部分隔离，润滑剂尽量可选用无毒的；维修便利而又安全，问题或状态易于识别，便于检查和判断，具有防止维修差错的设施等。

## 二、设备的安装

生产设备的安装，也应以符合生产要求，易于清洗、消毒和灭菌，便于生产操作和维修保养，并能预防、减少污染和差错为基本要求，具体从以下几点展开。

1. 设备安装布局的合理性

设备的安装布局要与生产工艺流程、人流物流的流向、生产区域的空气洁净级别相适应、相匹配，做到整齐、流畅。与设备连接的管道要做到排列整齐、牢固，标识正确、鲜明并指明内容物和流向。设计或选用轻便、灵巧的传送工具，如传送带、小车、软接管和封闭料斗等，以辅助设备之间的连接。对传动机械的安装，应增加防震、消音装置，改善操作环境。动态测试时，洁净区内的噪声不得超过 70 分贝，在设备安装布局上要考虑设备的控制部分与安置的设备有一定的距离，以免机械噪声对人员有污染损伤。

2. 设备清洁、操作和维护的便利性

设备的安装应充分考虑操作人员使用、维护的方便性和对人员的保护。保持控制部分与设备的适当距离，有利于工艺执行和生产过程的调节与控制，预防差错。设备的安装应考虑维修和保养的方式与位置，设备之间、设备与墙面之间、设备与地面之间、设备与顶棚之间都要保持适当的距离。设备应尽可能安装成可移动性的半固定式，便于设备的清洗、维修。

同一台设备的安装若穿越不同的洁净区域，区域之间则应保证良好的密封性，并根据穿越部位的功能与运转方式进行保护、隔离，分段分级单独处理，需要包装的设备或管道，表面应光滑平整，不得有物质的脱落出现。

设备的安装要充分考虑到清洁、消毒、灭菌的可操作性与效果，如合适的位置、相应的配套设施等。安装可能要穿越两个不同洁净级别的区域时，应在安装固定的同时，采用适当的密封方式，保证洁净级别高的区域不受影响。设备应严格按照规定好的程序进行安装，使安装有步骤、有序进行。设备安装前应查看安装现场，对安装设备的承重地面、墙壁等进行实地测量，看是否符合安装要求。检查设备所要求的水、电、气、线及管道等的位置，看是否符合安装要求。检查设备要经过的出入口能否让设备通过，否则要进行拆除或采取其他措施，以使设备顺利到达安装位置。准备好设备安装时所需的工具和机械设施。在以上工作结束后，安装要在准备工作就绪后一次进行，避免拆箱后各部件不及时到位而造成丢失。

设备安装应在设备生产企业有关技术人员现场指导下进行，由专人负责，统一指挥，保证设备安装的安全和质量。安装完毕后及时清理现场，并进行调试、安装确认和验收。先做空载运转，再做负荷试车，记录各项指标，其性能应完全符合设计要求，并能满足生产需要。调试验收后，填写安装调试验收单，验收人签字后归档。

## 任务二　设备的维护保养与维修

为降低设备发生故障的概率，企业需要安排设备维护或使用人员定期对设备进行维护、保养和维修，使设备可以持续生产出高质量的产品。

我国 GMP（2010 版）对于设备维护与维修要求如下。

**第七十九条**　设备的维护和维修不得影响产品质量。

**第八十条**　应当制定设备的预防性维护计划和操作规程，设备的维护和维修应当有相应的记录。

**第八十一条**　经改造或重大维修的设备应当进行再确认，符合要求后方可用于生产。

### 一、设备的维护保养

1. 预防性维修

预防性维修就是要进行日常的检查和后续的追踪。设备的预防性维修需要按照指定的已批准的预防维修计划周期实施，并要制定预防性维修操作的书面规程并按其执行。设备的维护维修需要有相应的记录。

制药企业应首先制定书面的预防性维修的管理程序及标准操作程序，并根据设备的关键程度和设备本身的特点，制订具体的预防性维修计划和预防性维修项目。新设备或在用设备发生变更时都应进行适当的评估，根据评估结果制订或修改预防性维修计划。

当出现未按照批准的预防性维修计划执行的情况时，应根据偏差或异常事件的处理流程进行适当的调查、评估并在必要时采取适当的纠正或预防措施。一般情况下先制定出各生产设备每次维修的项目和维修频率，综合该设备所有的维护项目制订出未来一年的年度维护计划，具体到每月时再根据年度计划制定出月度检修计划表，并按照计划实施。

2. 故障维修

当设备在运行中出现故障或发现存在故障隐患时所采取的纠正性措施，即故障维修，主要包括维修或备件更换等活动。设备在故障后如何维修也需要有已批准的书面流程并按其执行。

从 GMP 角度来说，关键生产设备发生故障会对产品质量造成或大或小的影响。这时应该按照偏差的管理流程上报 QA，由 QA 组织相关部门进行分析，确定对产品造成的影响及对产品的处理，同时要求对设备进行维修并制定相应的纠正预防措施。设备的维修应先填写维修申请单或类似文件发起申请，批准后由设备维修部门或外部公司实施，维修完成后，应进行必要的清洁（如灭菌或清除润滑油等残留物、微生物污染等），确保维修活动不对后续的生产操作以及产品质量造成影响，如有必要需要进行部分或全部的再确认，经批准后方可投入使用。有些情况下，设备出现故障还需考虑预防性维修项目和周期是否合理，如有必要需要调整设备的预防性维修内容及维护周期。

3. 设备润滑

设备的维护与保养中，更换零部件及使用润滑剂是经常采取的具体方法，相关实施过程中也应注意对产品质量的影响。

设备润滑主要目的是减少设备零部件的磨损，保证设备的稳定性及延长设备的使用寿命。企业需要制定完善的管理程序，保证设备所用的润滑剂、冷却剂等不得对药品或容器造成污染，应当尽可能使用食用级或级别相当的润滑剂。

设备的润滑要求如下：

（1）根据对设备结构的分析及结合供货商的建议，为设备建立润滑卡，包括设备润滑点、使用的润滑剂以及润滑周期等。

（2）根据设备的结构，明确必须使用食品级或同等级别润滑油的点。

（3）应建立基于设备的润滑标准操作法，并在实施前对相关维修人员、设备使用人员进行培训。

（4）如果润滑剂、润滑周期发生变化，建议进行必要的风险分析或定期跟踪检查。

（5）设备使用及维护人员应定期对设备的润滑系统进行检查与保养，及时清除可能对产品造成污染的润滑油及其他污染物。

## 二、设备的维修

设备的维修分为大修、中修、小修及系统停产检修。企业根据生产状况和设备运行中发现和存在的问题，编写年度、月度检修计划。设备大修及系统停产检修在年度计划中完成，中修、小修在月度计划中完成。

1. 在线维修

维修人员进入洁净区，以不影响生产区域洁净度和不污染药品为前提，遵守洁净区内的一切要求，按不同洁净等级要求，进行更鞋、更衣、戴帽和洗手消毒。常用维修工具和易损配件等可放置在清净室内的专用柜子里，不要内外互用，以防止交叉污染。如需要带入的工具、配件，须先清洁，再用75%乙醇抹布将外表面擦洗干净。设备修复后，先用相应的制药用水将设备外部进行清洗，然后用75%乙醇抹布擦洗干净。同时做好设备相关的维修记录。

2. 非在线维修

如果设备必须停机、停产检修，在该洁净区域生产完全停止后，关闭空气净化系统，将维修设备与其他设备隔离分开。维修人员换上洁净区的工作服才可以进行维修，维修结束后，先用纯化水清洁，再用75%乙醇抹布擦洗，有灭菌功能的设备，先单机灭菌，最后再由空气净化系统一起消毒灭菌。维修完毕需填写设备大、中、小修记录，并存档。维修后的设备需要重新进行设备的运行确认和性能确认，合格后方可投入生产。经改造或重大维修的设备应经过再确认后方可使用。

## 任务三　设备的使用与清洁

设备的所有活动都应由经过培训的合格人员进行操作。操作、维护和维修人员不仅需要专业的操作、维护和维修知识，还要熟练掌握GMP对设备的要求，防止在操作过程中污染、交叉污染和混淆、差错等的产生，降低污染产品和环境的风险。

我国GMP（2010版）对于设备的使用与清洁要求如下。

**第八十二条**　主要生产和检验设备都应当有明确的操作规程。

**第八十三条**　生产设备应当在确认的参数范围内使用。

**第八十四条**　应当按照详细规定的操作规程清洁生产设备。

生产设备清洁的操作规程应当规定具体而完整的清洁方法、清洁用设备或工具、清洁剂的名称和配制方法、去除前一批次标识的方法、保护已清洁设备在使用前免受污染的方法、已清洁设备最长的保存时限、使用前检查设备清洁状况的方法，使操作者能以可重现的、有效的方式对各类设备进行清洁。

如需拆装设备，还应当规定设备拆装的顺序和方法；如需对设备消毒或灭菌，还应当规定消毒或灭菌的具体方法、消毒剂的名称和配制方法。必要时，还应当规定设备生产结束至清洁前所允许的最长间隔时限。

**第八十五条**　已清洁的生产设备应当在清洁、干燥的条件下存放。

**第八十六条** 用于药品生产或检验的设备和仪器，应当有使用日志，记录内容包括使用、清洁、维护和维修情况以及日期、时间、所生产及检验的药品名称、规格和批号等。

**第八十七条** 生产设备应当有明显的状态标识，标明设备编号和内容物（如名称、规格、批号）；没有内容物的应当标明清洁状态。

**第八十八条** 不合格的设备如有可能应当搬出生产和质量控制区，未搬出前，应当有醒目的状态标识。

**第八十九条** 主要固定管道应当标明内容物名称和流向。

## 一、设备的使用

对于设备的使用要求主要包括经审核批准的标准操作规程、设备的操作培训、设备状态标识和设备卡、设备的使用记录。

1. 经审核批准的标准操作规程

所有设备都应制定操作规程（SOP）。贵重设备、技术水平要求较高的设备，其操作规程要制定得详细清楚。

标准的操作规程主要包括以下内容。

（1）对设备仪器的基本结构、用途和工作原理等信息进行介绍。

（2）设备开机前的检查，设备的使用状态、校准状态和清洁状态等的检查要满足使用要求。

（3）对设备的操作步骤做出详细的图像和文字的介绍，对设备关键部件和关键参数的标准状态做出明确要求。设备使用应严格执行操作规程和巡回检查制度，按要求对设备情况（温度、压力、震动、异响、油位、泄漏等）进行巡回检查，调整并认真填写运行记录且数据要准确。设备应当在确认的参数范围内使用，严禁设备超压、超温、超速、超负荷运行。

（4）需详细规定每种产品生产过程质量控制的操作要求。

（5）需要规定在换班、换批、换产品操作前，防止污染、交叉污染以及混淆、差错等风险的措施。

（6）对设备的参数维护、劳动保护、安全事项、异常情况处理等做出明确说明。

（7）设备附带的自动化系统和计算机系统的操作需要做出详细的说明。

（8）设备出现的异常情况需要记录在设备的使用日志中。操作人员发现设备出现异常情况时，应立即停机，查找原因并及时上报给质量管理部门和工程维护部门，对设备进行必要的维护。只有设备维护完成后，才可以进行正常操作。

2. 设备的操作培训

设备在使用之前，设备操作人员应经过相应的操作规程等相应文件的培训，并经过考核且考核合格后才能上岗进行设备的操作。

3. 设备状态标识和设备卡

（1）设备卡

每台设备上都需要粘贴设备卡，主要信息有设备名称、设备型号、设备生产厂家、设备位置、设备编号、设备负责人或使用人。

（2）设备的状态卡

设备不可能一直处于一个状态，随着操作活动的进行，设备的状态一直在变化。主要的状态有正在运行、待用、维修中、待维修和停用，有的设备需要标明内容物（如名称、规格、批号），还有清洁状态（已清洁、待清洁、未清洁）。需要对设备的各种运行状态和清洁状态做好颜色的规定。清洁状态卡中已清洁需要标明清洁产品品名、批号、清洁日期、有效期、清洁人员等信息。

（3）管道的状态卡

设备的管道也需要进行标识，按照国家相关的规定对设备和公用设施的管道进行涂色，标识管道的内容物名称和流向。

（4）测量、检验设备状态标识

对测量、检验设备进行使用状态标识，所有经校准合格的测量、检验设备必须将合格标识固定于设备易于发现的位置。测量、检验设备使用人员在使用前必须确保使用中的设备处于合格状态。对禁用、暂停使用、限制使用、安装前校验的设备，也需进行状态标识管理，使用与合格状态标识不同的标识予以区分。建议对不同状态的标识使用颜色管理，便于操作人员了解和辨识。

4. 设备的使用记录

用于药品生产或检验的设备和仪器，应当有使用记录，记录内容包括使用、清洁、维护和维修情况以及日期、时间，所生产及检验的药品名称、规格和批号等。制定设备使用日志的管理规程，设置设备使用日志的配置表，规定配置日志的设备、设施的位置、编号、房间号及名称等，并由规定人员定期对内容进行检查，对其中的异常情况进行跟踪或处理。设备日志应由指定部门进行发放及存档。

## 二、设备的清洁

药品生产是洁净生产，因此生产设备的清洁是一项经常性的工作。如在更换生产品种、更换生产批号时，在设备安装、维修等工作后都要进行清洁。它不仅是预防、减少与消除污染与交叉污染的重要举措，也利于设备使用的效率提高与寿命延长，也是设备维护的内容之一。

1. 清洁程序的制定

药品生产的设备必须制定严格的设备清洁标准操作规程。制定的主要依据是设备的类型与结构、用途、所加工产品（物料）的理化性能、生产工艺要求、使用环境的洁净级别、要求清洁的内容与方式等。

在制定设备清洁操作规程中，应规定具体且完整的清洁方法和清洁周期、清洁所用的设备或工具清洁剂的名称和配制方法、去除前一批次标识的方法、保护已清洁设备在使用前免受污染的方法、已清洁设备最长的保存时限、使用前检查设备清洁状况的方法，使操作者能以可重现的、有效的方式对各类设备进行清洁。

如需对设备清毒或灭菌，还应规定消毒和灭菌的具体方法、消毒剂的名称和配制方法。必要时，还应规定设备生产结束至清洁前的最长间隔时限。如需安、拆装设备，还应规定设备的安、拆装顺序和方法。

2. 清洁方式的选择

设备的清洁内容一般为清洁、清毒、灭菌和干燥等。清洁方式就清洁地点来看，通常可分为就地清洁、移动清洁和混合清洁。移动清洁又可分为整机移动清洁和拆卸式移动清洁，混合清洁就是指这两种方式混合进行。

清洁方式按清洗的自动程度来分，又可分为自动清洗、人工清洗与混合清洗。但无论采用哪种清洗方式，都必须考虑产品工艺要求、洁净环境要求、产品（物料）特性要求和清洗操作方便的要求。

3. 清洁剂、消毒剂的要求

设备清洗中所使用的清洗剂、消毒剂的名称、浓度、配制和适用范围等应作出明确的规定，主要包括每种清洁剂适用的物质、清洗剂和消毒剂适用的清洗环节、清洁作业所需的清洗剂和消毒剂的浓度、最佳使用温度、清洗剂和消毒剂发挥作用所需的参数如搅拌力度和次数等、清洗剂和消毒剂发挥作用需要的时间等。

4. 对清洗用水或溶剂的要求

应该根据所清洗的设备、清洁工具和所用的清洁剂等的要求选择用于设备清洗的水和清洗用溶剂，对于清洁后的水和溶剂做无害处理，检测合格后方可进行排放，确保污水经处理后不会对环境造成影响。

5. 清洁内容的完善

清洁操作规程特别要明确清洁后的检查与验证方法，清洁记录与保存的要求，有洁净要求的设备应有灭菌要求与灭菌后设备存续（存放）时间。设备清洁的实施和复核要由专人负责，清洁设备、容器、工具和区域应有明确的要求，从清洁设备、工具、容器等的材料、使用，到其自身的清洁、干燥、存放等，都应有明确的管理规程，如果更换生产品种，设备的清洁操作规程必须重新制定，且需要做清洁验证。

设备使用后应立即清洁，并在设备上挂上“已清洁”标识，标识上应有清洁人员、清洁日期和有效期。

已清洁设备存储环境温度、湿度和洁净等级等应与生产过程的环境保持一致，建议不同使用要求的设备进行分区定置管理，必要时可采取密封、单间和专区存放等存储形式，并制定严格的防止污染、交叉污染和混淆的措施。无菌操作区域的设备，尤其是直接接触药品的部位和部件，清洗后应立即灭菌，灭菌后应存放在无菌区域。如果存放时间超过规定的有效期时，需重新按照设备的清洁卫生标准操作规程重新灭菌。

# 任务四　计量器具与设备的校准

计量器具与设备是指能用以直接或间接测出被测对象量值的装置、仪器仪表、量具和用于统一量值的标准物质。药品的质量是企业的生命，计量工作则是保证产品质量实现的重要手段。因此，制药企业应该建立计量管理体系，依据体系指导并开展企业内计量校准工作。

我国 GMP（2010 版）对于计量管理要求如下。

**第九十条**　应当按照操作规程和校准计划定期对生产和检验用衡器、量具、仪表、记录和控制设备以及仪器进行校准和检查，并保存相关记录。校准的量程范围应当涵盖实际生产和检验的使用范围。

**第九十一条**　应当确保生产和检验使用的关键衡器、量具、仪表、记录和控制设备以及仪器经过校准，所得出的数据准确、可靠。

**第九十二条**　应当使用计量标准器具进行校准，且所用计量标准器具应当符合国家有关规定。校准记录应当标明所用计量标准器具的名称、编号、校准有效期和计量合格证明编号，确保记录的可追溯性。

**第九十三条**　衡器、量具、仪表、用于记录和控制的设备以及仪器应当有明显的标识，标明其校准有效期。

**第九十四条**　不得使用未经校准、超过校准有效期、失准的衡器、量具、仪表以及用于记录和控制的设备、仪器。

**第九十五条**　在生产、包装、仓储过程中使用自动或电子设备的，应当按照操作规程定期进行校准和检查，确保其操作功能正常。校准和检查应当有相应的记录。

## 一、计量管理简介

计量是确保计算单位制的统一和量值准确的测量。而计量学则是一门研究测量的科学，主要是研究计量单位的确定及其基准、标准的建立、复制、保存和量值传递，研究测量方法及不确定估算，研究测量器具的特性和观察者进行测量的能力等。

计量管理包括计量单位管理、量值管理传递、计量器具管理和计量机构的管理，是协调计量技术、计量经济和计量法制三者之间关系的总称。依据计量器具的使用目的和利害关系的不同，计量管理又可分为强制管理与非强制管理。

强制管理的计量器具有：社会公用计量标准器具；部门和企业、事业单位使用的最高计量标准器具；用于贸易结算、安全防护、医疗卫生和环境保护监测方面的列入强制检定目录的工作计量器具。对上述计量器具由县以上人民政府计量行政部门实行强制检定。计量器具的检定是指为评定计量器具的计量功能，确定其是否合格所进行的全部工作。

计量工作是计量管理与计量技术的结合。近几年的发展赋予了它新的含义，它从简单的管理器具发展到其管理职能在企业全方位展开并建立计量保证体系，成为整个企业质量保证体系的基准构成。计量工作法制化是国际通行的准则。世界大多数国家都通过立法的形式将计量工作纳入法制范围。法制计量是在人们有直接利害冲突的领域，通过立法并建立专门的制度，由国家确立专门行政部门实施监督的计量。

## 二、计量器具与设备校准的基本要求

按照操作规程和校准计划，制药企业应当定期对生产和检验用衡器、量具、仪表、记录和控制设备以及仪器进行校准和检查，并保存相关记录。校准的量程范围应当涵盖实际生产和检验的使用范围。

1. 校准的方式

企业可以采用自校、外校，或自校加外校相结合的方式进行校准。在具备条件的情况下，企业可以采用自校方式对计量器具进行校准，从而节省较多费用。企业进行自行校准应注意具备必要的条件，而不是对计量器具的管理放松要求。例如，必须编制校准规范或程序，规定校准周期，具备必要的校准环境和具备一定素质的计量人员，至少应具备高出一个等级的标准计量器具，从而使校准的误差尽可能缩小。在多数测量领域，标准器的测量误差应不超过被确认设备在使用时误差的1/10～1/3为好。此外，对校验记录和标识应作出规定，通过规定确保量值准确。

2. 校准的目的

校准的目的是对照计量标准，评定测量装置的示值误差，确保量值准确，属于自下而上量值溯源的一组操作。这种示值误差的评定应根据企业的校准规程作出相应规定，按校准周期进行，并做好校准记录及校准标识。校准除评定测量装置的示值误差和确定有关计量特性外，校准结果也可以表示为修正值或校准因子，具体指导测量过程的操作。例如，某机械加工企业使用的卡尺，通过校准发现与计量标准相比较已大出0.2 mm，可将此数据作为修正值，在校准标识和记录中标明已校准的值与标准器相比较大出0.2 mm的数值。在使用这一计量器具（卡尺）进行实物测量过程中，减去大出0.2 mm的修正值，则为实物测量的实测值。只要能达到量值溯源目的，明确了解计量器具的示值误差，即达到了校准的目的。

3. 标识

衡器、量具、仪表、用于记录和控制的设备以及仪器应当有明确的标识，标明其校准有效期。其状态标识种类主要有合格（绿色）、待检验（黄色）、停用（红色）。标识应贴在不易擦掉的位置，且要有相应的有效期。

## 三、使用计量器具进行校准

应当使用计量标准器具进行校准，且所用计量标准器具应当符合国家有关规定。校准记录应当标明所用计量标准器具的名称、编号、校准有效期和计量合格证明编号，确保记录的可追溯性。药品生产企业应以提高药品质量为中心目标，保证计量标准器具配备齐全，计量统一，量值准确可靠，使量具处于完好状态。其主要内容有：

1. 贯彻执行计量法规，建立本企业计量保证体系，纳入质量保证体系。

2. 解决并提高与药品生产相适应的测量手段，配齐所需要的计量仪器设备，为药品质量的先进性和药品生产的高精度服务。

3. 正确使用和维护计量仪器设备，建立操作规程与管理制度。

4. 规划、制定药品生产工艺过程中的计量管理制度。

5. 按规定对本企业的计量器具进行周期性检定。在药品生产过程和质量检验中使用的计量器具，也应按要求由计量部门进行检查、校验并认证合格。决不允许不合格的计量器具投入使用。

6. 做好计量管理的基础工作，如计量仪器设备的档案、使用与校验、检定记录和原始技术资料等方面内容的建立与保存。

7. 开展计量知识、计量技术和计量管理方面的人员培训工作。

## 任务五　制水设备

水在制药工业中是应用最广泛的工艺原料，用作药品的组成成分、溶剂和稀释剂等。制药用水可作为制药原料，并广泛用于制药设备和系统的清洗。由于水极易滋生微生物并助其生长且制药用水质量的高低直接决定了药品质量优劣，因此必须对制药用水的制备、贮存、分配和使用进行严格管理，确保制药用水的质量。

我国 GMP（2010 版）对制药用水要求如下。

**第九十六条**　制药用水应当适合其用途，并符合《中华人民共和国药典》的质量标准及相关要求。制药用水至少应当采用饮用水。

**第九十七条**　水处理设备及其输送系统的设计、安装、运行和维护应当确保制药用水达到设定的质量标准。水处理设备的运行不得超出其设计能力。

**第九十八条**　纯化水、注射用水储罐和输送管道所用材料应当无毒、耐腐蚀；储罐的通气口应当安装不脱落纤维的疏水性除菌滤器；管道的设计和安装应当避免死角、盲管。

**第九十九条**　纯化水、注射用水的制备、贮存和分配应当能够防止微生物的滋生。纯化水可采用循环，注射用水可采用 70 ℃以上保温循环。

**第一百条**　应当对制药用水及原水的水质进行定期监测，并有相应的记录。

**第一百零一条**　应当按照操作规程对纯化水、注射用水管道进行清洗消毒，并有相关记录。发现制药用水微生物污染达到警戒限度、纠偏限度时应当按照操作规程处理。

### 一、制药用水的概念

制药用水通常是指制药工艺过程中用到的各种质量标准的水。对制药用水的定义和用途，通常以《中华人民共和国药典》为准。

制药用水的原水通常为饮用水。饮用水为天然水经净化处理所得的水，其质量必须符合现行国家标准《生活饮用水卫生标准》。

纯化水为饮用水经蒸馏法、离子交换法、反渗透法或其他适宜的方法制得的制药用水，不含任何添加剂，其质量应符合纯化水项下的规定。纯化水有多种制备方法，应严格监测各生产环节，防止微生物污染。

注射用水是指在纯化水的基础上，经过蒸馏法处理，得到的不含热原物质的水。注射用水必须在防止细菌内毒素产生的条件下生产、贮存及分装，其质量应符合注射用水项下的规定。

灭菌注射用水为注射用水按照注射剂生产工艺制备所得，不含任何添加剂，主要用于注射用灭菌粉末的溶剂或注射剂的稀释剂，其质量应符合灭菌注射用水项下的规定。

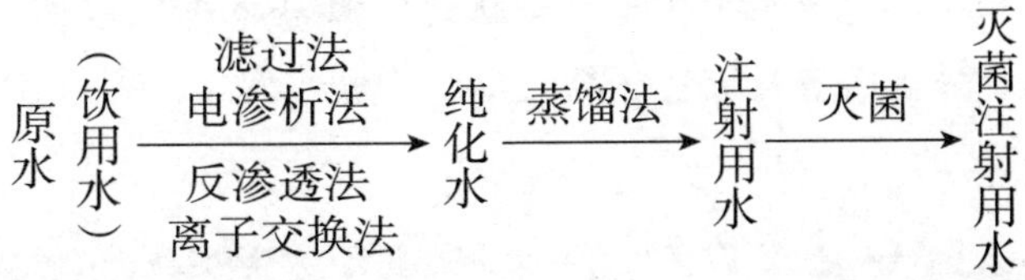

原水（饮用水）→（滤过法、电渗析法、反渗透法、离子交换法）→ 纯化水 →（蒸馏法）→ 注射用水 →（灭菌）→ 灭菌注射用水

《中华人民共和国药典》（2020 年版）中纯化水、注射用水质量标准比较见表 5 – 1。

**表 5 – 1　纯化水、注射用水质量标准**

| 检测项目 | 纯化水 | 注射用水 |
|---|---|---|
| 酸碱度 | 符合规定 | — |
| pH | — | 5.0 ~ 7.0 |
| 氨 | $0.3\times10^{-6}$ | $0.3\times10^{-6}$ |
| 硝酸盐 | $0.06\times10^{-6}$ | $0.06\times10^{-6}$ |
| 亚硝酸盐 | $0.02\times10^{-6}$ | $0.02\times10^{-6}$ |
| 电导率 | 不同温度有不同的规定值。<br>如 20 ℃ $<4.3$ μS/cm；25 ℃ $<5.1$ μS/cm | 不同温度有不同的规定值。<br>如 20 ℃ $<1.1$ μS/cm；25 ℃ $<1.3$ μS/cm |
| 总有机碳 | ≤0.50 mg/L | ≤0.50 mg/L |
| 重金属 | $0.1\times10^{-6}$ | $0.1\times10^{-6}$ |
| 易氧化物 | 符合规定 | — |
| 不挥发物 | 1 mg/100 mL | 1 mg/100 mL |
| 细菌内毒素 | — | 小于 0.25 EU/mL |
| 微生物限度 | ≤100 个/mL | ≤10 个/100 mL |

## 二、制药用水的制备与管理

1. 制药用水的制备

（1）纯化水的制备

目前，国内制药企业主要采用二级反渗透法制备纯化水，其制备工艺流程如图 5 – 1 所示。

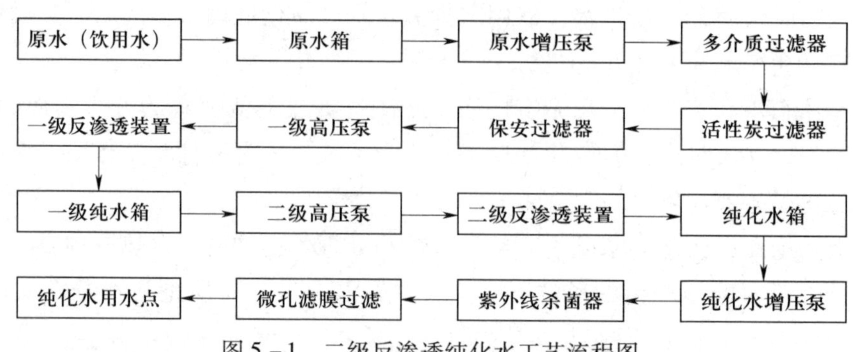


图 5－1　二级反渗透纯化水工艺流程图

二级反渗透法制备纯化水具有工艺简单、操作方便、易于自动控制、无污染、运行成本低、原水含盐量较高和对运行成本影响不大等优点，其基本组成包括原水箱、前处理装置、保安过滤器、高压泵、一级反渗透装置、软化器、中间水箱、二级反渗透装置、紫外灭菌器和纯水箱等，如图 5－2 所示。

图 5－2　二级反渗透制水系统

国内制药企业一般用自来水作为制备制药用水的最基础用水。自来水虽然已经过沉淀、砂滤和氯离子处理，但由于水中的杂质比较多，所以还必须进行过滤（如活性炭过滤），并根据需要加入凝结剂、软化剂、氧化剂和杀菌剂等进行前处理，直至达到我国对饮用水的卫生标准。

（2）注射用水的制备

注射用水是使用纯化水作为原料水，通过蒸馏法获得的。注射用水的制备通常有以下三种蒸馏方式：单效蒸馏、多效蒸馏和热式蒸馏。目前国内制药企业选用的大多数是节能且高效的多效蒸馏设备。

多效蒸馏设备通常由两个或更多蒸发换热器、分离装置、预热器、两个冷凝器、阀门、仪表和控制部分等组成。一般的系统有 3～8 效，每效包括一个蒸发器、一个分离装置和一个预热器。

2. 制药用水的管理

不论是纯化水还是注射用水，在制备后可能立即使用，也可能放置后使用；可能连续使用，也可能间隔使用。此外，还存在着不同的使用点和不同的使用距离，加之纯化水与注射用水易受污染而变质等，因此在贮存与分配系统的设计、材质、结构、布局、安装、使用和管理等方面要严格控制。纯化水、注射用水的贮存和分配应当能够防止微生物的滋生。纯化水可采用循环，注射用水可采用 70 ℃以上保温循环。纯化水的贮存时间以不超过 12 h 为宜，注射用水的贮存时间以不超过 24 h 为宜。

（1）储水罐的构造

注射用水储罐的通气口应安装不脱落纤维的疏水性除菌过滤器（0.2 μm），减少微生物和微粒的吸入，并可以加热消毒或有夹套，能经受高于 121 ℃高温蒸汽清毒。储水罐内部还应有喷淋球以确保所有的内表面始终处于润湿的状态来对微生物进行控制。

（2）贮存与分配设备及管道材质选用

制药用水贮存与分配的设施通常指储罐、水泵、管道和阀门等。饮用水管道可采用镀锌钢管或塑料管，阀门和法兰等配件需采用相同的材质。纯化水储罐和输送管道所用材料应无毒、耐腐蚀且采用 316 L 不锈钢阀门，法兰等配件采用相同的材质。

注射用水管道及储罐应选用无毒、耐腐蚀且内壁抛光的优质低碳 316 L 不锈钢。注射用水阀门应采用 316 L 不锈钢隔膜阀。

（3）贮存与分配设备及管道结构设计

纯化水、注射用水输送管道应避免出现死角、盲管，不应出现水滞留和不易清洗的部位。在使用点可安装终端净化装置，使用点接管长度不应大于管径的 3 倍，管道宜采用氩弧焊焊接、卫生卡箍连接、法兰连接，法兰垫片材料宜采用无毒硅橡胶。其输送的管道，应该保持循环，以便不用时注射用水可回流至主管，防止在支管内滞留而滋生细菌。此外，贮存与分配设备及管道结构的设计、安装应尽量考虑缩短距离，尽量有利于减少贮存与停留时间，方便清洁、消毒与灭菌。

（4）贮存与分配设备及管道消毒灭菌

制药用水贮存与分配设备及管道消毒灭菌的方法、程序和周期等，必须建立在科学验证的基础上，在制药用水首次使用前应对管道进行清洗钝化，在日常的使用中制定周期性的消毒灭菌措施，消毒灭菌方式有纯蒸汽消毒灭菌、臭氧消毒灭菌、巴氏消毒灭菌、过热水消毒灭菌和紫外消毒灭菌等方式。

## 三、水质监测和记录

应对制药用水及原水的水质进行定期监测，要建立制备水质监测的操作规程等管理制度并做好记录，定期对水质和设备的状况进行分析和评价。

制药用水系统的运行管理包括水处理设备运行能力的设计，也就是根据企业实际需要设计产水能力，一旦确定，实际产水量不得超出其设计能力。

整个系统要进行全面验证，不仅在安装竣工使用前需要，而且投入使用后每隔一定周期也应进行再验证，确保制水系统能够持续稳定地生产出符合标准的制药用水。要从水的制备、水质监测、贮存分配、维护保养和清洁灭菌等方面建立工艺与操作规程及管理制度，做好记录、定期分析与评价、资料档案等方面的基础管理工作。

纯化水、注射用水制备系统的日常运行管理至少包括以下内容。

1. 编写制水系统的操作、维修和清洁消毒操作规程。

2. 对制药用水及原水水质的关键参数和运行参数进行定期监测，并进行相应的记录。

3. 检测取样口的确定，包括储罐取样口、系统总送水处取样口、系统总回水处取样口和各使用点取样口。检测取样的频率在系统验证数据的基础上确定。

4. 定期消毒、灭菌计划。按照已制定的清洁消毒操作规程定期消毒纯化水、注射用水管道、储罐以及其他必要的辅助管道（如清洁、消毒用的管道，生产用临时连接管道)，并进行相关记录。操作规程还应详细规定制药用水微生物污染的警戒限度、纠偏限度和应采取的措施。

5. 水处理设备预防性维修计划。

6. 关键水处理设备及零部件、管路分配系统及运行变更的管理方法。

# 实践实训二　纯化水的在线监测

## 一、实训目的

1. 熟悉纯化水的质量标准。

2. 掌握纯化水的质量检查操作。

## 二、实训场地与材料

纯化水制备岗位。一般工作服、电热恒温水浴锅和电导率仪等。

## 三、实训内容

1. 人员进入和离开

按照一般生产区的要求，穿好一般工作服进入制水岗位，结束后脱掉工作服方可离开。

2. 在线监测

按照以下的程序进行纯化水的质量检查，并判断质量结果，填写相关记录。

（1）性状：本品为无色的澄明液体，无臭无味。取本品 10 mL，置一洁净容器中，于光亮处对光观察，应为无色透明，无细小颗粒及沉淀。

（2）酸碱度：取本品 10 mL，加甲基红指示液 2 滴，不得显红色；另取 10 mL，加溴麝香草酚蓝指示液5滴，不得显蓝色。

（3）硝酸盐：取本品5 mL置试管中，于冰浴中冷却，加0.4 mL的10%氯化钾溶液与0.1 mL的0.1%二苯胺硫酸溶液，摇匀，再缓缓滴加5 mL硫酸，摇匀，将试管于50 ℃水浴中放置15 min，溶液产生的蓝色与标准硝酸盐溶液0.3 mL，加无硝酸盐的水4.7 mL，用同一方法处理后的颜色比较，不得更深（0.000 006%）。

（4）亚硝酸盐：取本品10 mL置纳氏管中，加1 mL对氨基苯磺酰胺的稀盐酸溶液（1→100）及1 mL盐酸萘乙二胺溶液（0.1→100），产生的粉红色与标准亚硝酸盐溶液0.2 mL，加无亚硝酸盐的水9.8 mL，用同一方法处理后的颜色比较，不得更深（0.000 002%）。

（5）氨：取本品50 mL，加2 mL碱性碘化汞钾试液，放置15 min，如显色，与氯化铵溶液1.5 mL，加无氨水48 mL与碱性碘化汞钾试液2 mL制成的对照液比较，不得更深（0.000 03%）。

（6）电导率：按照电导率检查法检查，应符合规定。

（7）重金属：取本品100 mL，加水19 mL，蒸发至20 mL，放冷，加2 mL醋酸盐缓冲液（pH3.5）与水适量使成25 mL，加2 mL硫代乙酰胺试液，摇匀，放置2 min，与标准铅溶液1.0 mL加水19 mL用同一方法处理后的颜色比较，不得更深（0.000 01%）。

3. 检验记录

纯化水的检验记录见表5－2。

**表5－2　　纯化水检验记录表**

| 取样地点 | | 检验依据 | | |
|---|---|---|---|---|
| 取样日期 | 年　月　日 | 检验日期 | 年　月　日 | |
| 项目 | 内容 | | | 结果 |
| 性状 | 本品为：______________。 | | | |
| 酸碱度 | 取本品10 mL，加甲基红指示液2滴，显________；另取10 mL，加溴麝香草酚蓝指示液5滴，显________。 | | | |
| 硝酸盐 | 取本品5 mL置试管中，于冰浴中冷却，加10%氯化钾溶液0.4 mL与0.1%二苯胺硫酸溶液0.1 mL，摇匀，缓缓滴加硫酸5 mL，摇匀，将试管于50 ℃水浴中放置15 min，溶液产生的蓝色与标准硝酸盐溶液0.3 mL，加无硝酸盐的水4.7 mL与用同一方法处理后的颜色比较，颜色________（0.000 006%）。 | | | |
| 亚硝酸盐 | 取本品10 mL置纳氏管中，加对氨基苯磺酰胺的稀盐酸溶液（1→100）1 mL与盐酸萘乙二胺溶液（0.1→100）1 mL，产生的粉红色，与标准亚硝酸盐溶液0.2 mL，加无亚硝酸盐的水9.8 mL，用同一方法处理后的颜色比较，颜色________（0.000 002%）。 | | | |
| 氨 | 取本品50 mL，加碱性碘化汞钾试液2 mL，放置15 min；如显色，与氯化铵溶液1.5 mL，加无氨水48 mL与碱性碘化汞钾试液2 mL制成的对照液比较，颜色________（0.000 03%）。 | | | |
| 电导率 | 测试温度：________℃；电导率：________μS/cm。 | | | |
| 重金属 | 取本品100 mL，加水19 mL，蒸发至20 mL，放冷，加醋酸盐缓冲液（pH3.5）2 mL与水适量使成25 mL，加硫代乙酰胺试液2 mL，摇匀，放置2 min，与标准铅溶液1.0 mL加水19 mL用同一方法处理后的颜色比较，颜色________（0.000 01%）。 | | | |

## 四、实训考核

评价包括两方面，采用百分制，总分为 100 分。其中，职业素养与操作规范占该项目总分的 20%，工作质量占该项目总分的 80%。职业素养与操作规范、工作两项均需合格，总成绩评定为合格。评分表见表 5－3。

表 5－3　　纯化水在线监测实训评分表

| 评价内容 | | 分值 | 评分细则 | 评分 |
|---|---|---|---|---|
| 职业素养与操作规范 20 分 | | 10 | 穿工作服，不披发、化妆和佩戴首饰得 10 分 | |
| | | 10 | 保持工作环境干净、整洁得 10 分 | |
| 工作 80 分 | 酸碱度 | 10 | 选择合适的玻璃仪器得 3 分 | |
| | | | 正确取用指示剂得 3 分 | |
| | | | 观察颜色准确，结果判断正确得 4 分 | |
| | 硝酸盐 | 15 | 选择合适的玻璃仪器得 3 分 | |
| | | | 正确取用试液，滴加动作标准得 2 分 | |
| | | | 正确加热得 3 分 | |
| | | | 准确配制溶液得 3 分 | |
| | | | 正确比较颜色，结果判断正确得 4 分 | |
| | 亚硝酸盐 | 12 | 正确选择玻璃仪器得 3 分 | |
| | | | 正确取用试液，滴加动作标准得 2 分 | |
| | | | 正确配制供试品溶液得 4 分 | |
| | | | 正确比较颜色，结果判断正确得 3 分 | |
| | 氨 | 15 | 选择合适的玻璃仪器得 3 分 | |
| | | | 正确取用试液得 6 分 | |
| | | | 观察颜色准确，结果判断正确得 4 分 | |
| | 电导率 | 10 | 正确操作仪器得 8 分 | |
| | | | 读数正确，记录无误得 2 分 | |
| | 重金属 | 18 | 选择合适的玻璃仪器得 3 分 | |
| | | | 正确使用水浴锅得 5 分 | |
| | | | 正确配制供试品溶液得 3 分 | |
| | | | 正确配制标准铅溶液得 4 分 | |
| | | | 结果判断准确得 3 分 | |

## 知识回顾

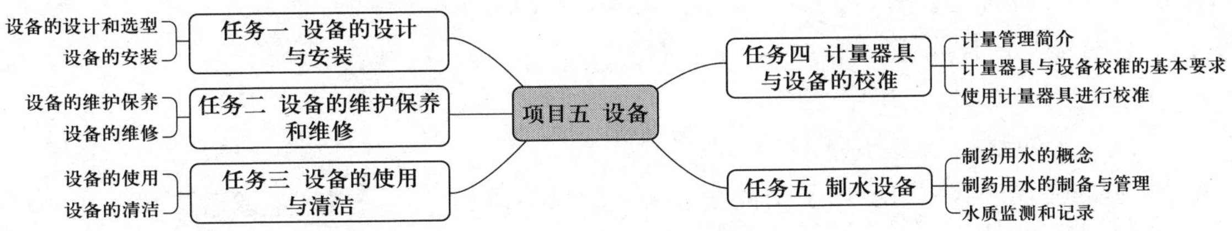


## 目标检测

### 一、单选题

1. 设备的设计和选型应满足（　　）。

A. 生产活动的要求　B. 洁净的要求

C. 操作、维护方便的要求　D. 以上都是

2. 生产设备需要清洁的是（　　）。

A. 更换品种时　B. 更换批号时

C. 维修和保养后　D. 以上都是

3. 设备的清洁状态不包括（　　）。

A. 已清洁　B. 待清洁　C. 未清洁　D. 维修中

4. 制备注射用水的水源应当采用（　　）。

A. 自来水　B. 饮用水　C. 纯化水　D. 注射用水

5. 设备所用的润滑剂应当采用的标准为（　　）。

A. 食用标准　B. 药用标准　C. 对应质量标准　D. 以上均可

### 二、配伍选择题

A. 自来水　B. 饮用水　C. 纯化水　D. 注射用水

1. 制药用水应当适合其用途，至少应当采用（　　）。

2. 非无菌原料药的精制工艺用水应当采用（　　）。

3. 中药饮片的清洗、浸润、提取等用水应当采用（　　）。

4. 中药注射剂、滴眼剂的溶剂应当采用（　　）。

5. 口服、外用制剂配制用溶剂或稀释剂应当采用（　　）。

## 三、多选题

1. 与药品直接接触的生产设备表面应当满足的要求有（　　）。

A. 平整、光洁　　B. 易清洗或消毒、耐腐蚀

C. 不得与药品发生化学反应　　D. 不得向药品中释放物质

2. 计量器具的校验标识有（　　）。

A. 黄色　　B. 红色　　C. 绿色　　D. 黑色

3. 纯化水的制备方法包括（　　）。

A. 蒸馏法　　B. 离子交换法　　C. 反渗透法　　D. 电渗析法

4. 按 GMP 要求，主要固定管道应标明内容物的（　　）。

A. 名称　　B. 批号　　C. 颜色　　D. 流向

5. 计量器具的校准记录应当标明所用计量标准器具的（　　），确保记录的可追溯性。

A. 名称　　B. 编号

C. 校准有效期　　D. 计量合格证明编号

# 项目六

# 物料与产品

## 学习目标

**知识目标：**

1. 掌握物料的接收、检验、存储、养护、发放与使用等要求，成品的入库、贮存、发放、运输、退货等内容。

2. 熟悉物料的采购管理、供应商质量审计等内容，中间产品与待包装产品的贮存和包装要求，特殊管理的物料和产品的管理要求。

3. 了解药品包装对质量的影响。

**技能目标：**

1. 能规范进行物料的接收、物料的标识管理。

2. 能规范进行印刷性包装材料的贮存、发放与使用。

3. 能规范进行成品的入库与发放。

**【案例导入】**

从2015年5月中旬开始的非法银杏叶提取物事件引发公众高度关注。国家食品药品监督管理总局此前通报，广西桂林某制药公司和湖南某制药公司两家企业为降低成本，违法将银杏叶提取生产工艺由稀乙醇提取改为3%盐酸提取，生产出的银杏叶提取物产品基本失去临床疗效。据悉，改用盐酸提取，每生产一吨银杏叶提取物能够节约4 000元成本。同时桂林某制药公司还从不具备资质的企业购进以盐酸工艺生产的银杏叶提取物，用于生产银杏叶片，并将外购的提取物销售给其他的药品生产企业，伪造原料购进台账和生产检验记录。经核查发现，24家购买了此类产品的药企中，已确认有部分企业将此类银杏叶提取物产品用于药品生产。5月31日，国家食品药品监督管理总局在其官网上发出了《关于进一步做好银杏叶药品专项治理的通知》，通知要求相关企业“确保应召回药品在6月3日前全部召回到位”。

**讨论：**

1. 上述两家药企违反了GMP哪些条款？

2. 上述24家药企给我们带来的关于原辅料管理的反思是什么？

3. 作为供应商和生产药企，分别应肩负的职责有哪些？

药品是一种特殊商品，“好药治病，坏药致命”，药品质量的好坏直接关系到广大人民群众的生命健康安全，而药品生产过程中所使用的物料将直接影响到最终药品的质量。药品质量基于物料质量，形成于药品生产的全过程。物料质量是药品质量的先决条件和物质基础，采用符合质量标准的物料进行药品生产是保证药品质量的基本要求。通过建立严格、科学、系统的物料管理，确保药品生产所用物料的采购、贮存、检验、发放和使用全过程管理受控。

# 任务一　物料、产品概念及其标准

## 一、物料、产品概念

1. 物料

物料是指原料、辅料和包装材料等。

化学药品制剂的原料是指原料药；生物制品的原料是指原材料；中药制剂的原料是指中药材、中药饮片和外购中药提取物；原料药的原料是指用于原料药生产的除包装材料以外的其他物料。原料药是指任何用于成品药产品的，旨在提供药理活性，或对疾病在诊断、治疗、缓解或预防作用的，或对人类生理功能有恢复纠正或改进作用的物质或物质的组合。

辅料是指生产药品和调配处方时使用的赋形剂和附加剂。药用辅料是药品的重要组成部分，直接影响药品的质量。

原辅料是指除包装材料之外，药品生产中使用的任何物料。

药品包装所用的材料，包括与药品直接接触的包装材料和容器、印刷包装材料，但不包括发运用的外包装材料。印刷包装材料是指具有特定式样和印刷内容的包装材料，如印字铝箔、标签、说明书、纸盒等。

2. 产品

产品包括药品的中间产品、待包装产品和成品。

中间产品是指完成部分加工步骤的产品，尚需进一步加工方可成为待包装产品。

待包装产品是指尚未进行包装但已完成所有其他加工工序的产品。

成品是指已完成所有生产操作步骤和最终包装的产品。

## 二、质量标准

质量标准是指对产品的结构、规格、质量、检验方法所作的技术规定。质量标准是由质量特性的各个方面的指标综合构成的。产品质量标准是产品生产、检验和评定质量的技术依据。

1. 药品质量标准

药品质量标准是指根据药物自身的理化与生物学特性，按照批准的来源、处方、生产工艺、贮存运输条件等所制定的，用以检测药品质量是否达到用药要求并衡量其质量是否稳定均一的技术规定。药品质量标准是对药品的质量指标、生产工艺和检验方法等所作的技术要求和规范。药品质量标准是鉴别药品真伪、控制药品质量的依据。

2. 药品质量标准的分类

药品质量标准分为法定标准和非法定标准。法定标准包括《中华人民共和国药典》、药品注册标准和其他药品标准。非法定标准有行业标准、企业标准等。法定标准属于强制性标准，是药品质量的最低标准，上市销售的任何药品都必须达到这个标准。企业标准由药品生产企业自己制定，只作为企业的内控标准，各项指标均不得低于国家药品标准。

3. 法定标准

（1）《中华人民共和国药典》

《中华人民共和国药典》（以下简称《中国药典》）是由国家药典委员会编纂，依据《中华人民共和国药品管理法》，经国家药品监督管理部门批准并颁布。《中国药典》是国家药品标准的重要组成部分，是国家药品标准体系的核心，是一部具有法律性质的国家药品标准，拥有最高的权威性。

（2）国家药品监督管理部门颁布的其他药品标准

《中华人民共和国卫生部药品标准》（简称《部颁药品标准》）及《国家食品药品监督管理局国家药品标准》（简称《局颁药品标准》），也收载了国内已生产、疗效较好，需要统一标准但尚未载入《中国药典》的品种，也具有法律约束力，可作为药品生产、供应、使用、监督等部门检验药品质量的法定依据。

（3）药品注册标准

药品注册是指国家药品监督管理部门根据药品注册申请人的申请，依照法定程序，对拟上市销售药品的安全性、有效性、质量可控性等进行审查，并决定是否同意其申请的审批过程。药品注册标准是指国家药品监督管理部门批准给申请人特定药品的标准，生产该药品的药品生产企业必须执行该注册标准。药品注册标准内容包括质量指标、检验方法以及生产工艺等技术要求。药品注册标准应当符合《中国药典》要求，不得低于《中国药典》的规定。

4. 非法定标准

（1）企业标准

由药品生产企业自己制定并用于控制相应药品质量的标准，称为企业标准或企业内部标准。企业标准仅在本厂或本系统的管理中有约束力，属于非法定标准。企业标准一般高于法定标准。

（2）其他质量标准

1）药包材质量标准：生产、进口和使用药包材，必须符合药包材国家标准。药包材国家标准由国家药品监督管理部门制定和颁布。国家药品监督管理部门制定注册药包材产品目录，并对目录中的产品实行注册管理。

2）进口药品执行标准：进口药品必须取得国家食品药品监督管理局核发的《进口药品注册证》（或者《医药产品注册证》），或者《进口药品批件》后，方可办理进口备案和口岸检验手续。

## 任务二　原辅料

原辅料是药品的重要组成部分，没有原辅料，药品的生产就无从谈起，原辅料是药品生产的先决条件，同时原辅料的质量对药品质量有着直接的影响，使用符合国家标准要求的原辅料是保证药品质量的前提。

我国 GMP（2010 版）对原辅料管理有如下规定。

**第一百零二条**　药品生产所用的原辅料、与药品直接接触的包装材料应当符合相应的质量标准。药品上直接印字所用油墨应当符合食用标准要求。

进口原辅料应当符合国家相关的进口管理规定。

**第一百零三条**　应当建立物料和产品的操作规程，确保物料和产品的正确接收、贮存、发放、使用和发运，防止污染、交叉污染、混淆和差错。

物料和产品的处理应当按照操作规程或工艺规程执行，并有记录。

**第一百零四条**　物料供应商的确定及变更应当进行质量评估，并经质量管理部门批准后方可采购。

**第一百零五条**　物料和产品的运输应当能够满足其保证质量的要求，对运输有特殊要求的，其运输条件应当予以确认。

**第一百零六条**　原辅料、与药品直接接触的包装材料和印刷包装材料的接收应当有操作规程，所有到货物料均应当检查，以确保与订单一致，并确认供应商已经质量管理部门批准。

物料的外包装应当有标签，并注明规定的信息。必要时，还应当进行清洁，发现外包装损坏或其他可能影响物料质量的问题，应当向质量管理部门报告并进行调查和记录。

每次接收均应当有记录，内容包括：

（一）交货单和包装容器上所注物料的名称；

（二）企业内部所用物料名称和（或）代码；

（三）接收日期；

（四）供应商和生产商（如不同）的名称；

（五）供应商和生产商（如不同）标识的批号；

（六）接收总量和包装容器数量；

（七）接收后企业指定的批号或流水号；

（八）有关说明（如包装状况）。

**第一百零七条**　物料接收和成品生产后应当及时按照待验管理，直至放行。

**第一百零八条**　物料和产品应当根据其性质有序分批贮存和周转，发放及发运应当符合先进先出和近效期先出的原则。

**第一百零九条**　使用计算机化仓储管理的，应当有相应的操作规程，防止因系统故障、停机等特殊情况而造成物料和产品的混淆和差错。

使用完全计算机化仓储管理系统进行识别的，物料、产品等相关信息可不必以书面可读的方式标出。

**第一百一十条**　应当制定相应的操作规程，采取核对或检验等适当措施，确认每一包装内的原辅料正确无误。

**第一百一十一条**　一次接收数个批次的物料，应当按批取样、检验、放行。

**第一百一十二条**　仓储区内的原辅料应当有适当的标识，并至少标明下述内容：

（一）指定的物料名称和企业内部的物料代码；

（二）企业接收时设定的批号；

（三）物料质量状态（如待验、合格、不合格、已取样）；

（四）有效期或复验期。

**第一百一十三条**　只有经质量管理部门批准放行并在有效期或复验期内的原辅料方可使用。

**第一百一十四条**　原辅料应当按照有效期或复验期贮存。贮存期内，如发现对质量有不良影响的特殊情况，应当进行复验。

**第一百一十五条**　应当由指定人员按照操作规程进行配料，核对物料后，精确称量或计量，并作好标识。

**第一百一十六条**　配制的每一物料及其重量或体积应当由他人独立进行复核，并有复核记录。

**第一百一十七条**　用于同一批药品生产的所有配料应当集中存放，并作好标识。

**讨论：**

2007年5月，江南某制药企业生产的A片剂，在化验检验结果中显示金属铁含量严重超标。铁超标可促使药物有效成分发生氧化反应，直接影响药物的有效期，甚至可能产生有毒有害氧化物，会给临床应用造成严重的后果。对此现象进行调查分析发现，该企业仓库药用辅料碳酸钙有两种（a、b）分别对应两种标准，成品A必须使用含铁量低于百万分之十的碳酸钙（a），而成品B则可使用含铁量高达百万分之二百的碳酸钙（b）。而由于该企业物料管理人员的失误，错误发放了不同标准的药用碳酸钙辅料，致使该企业损失近20万元。

**思考：**

1. 为何该企业会出现药用碳酸钙辅料混淆、错发的现象？

2. 该企业物料标识管理是否到位？生产岗位人员与过程控制人员物料的投料前复核是

否到位？如何有效避免上述混淆现象的发生呢？

## 一、原辅料的采购

目前制药企业生产所用原辅料大多数需要进行采购，原辅料采购是药品生产活动得以正常运行的必要前提，原辅料供应商的质量管理体系水平、生产工艺稳定性关系到原辅料的质量，而原辅料的质量直接影响到最终药品的质量，因此严格把控供应商的质量管理对药企来说就显得尤为重要。

1. 原辅料供应商的核准

原辅料供应商负责为药品生产企业提供生产用原辅料，供应商的管理是整个质量管理的基石，只有从源头把原辅料质量抓好，后续的生产过程控制才有意义。根据 GMP 供应商管理要求，药品生产企业质量管理部门应当对生产用物料的供应商资质是否符合要求进行评估，同时还需要对物料供应商的质量体系进行现场质量审计，并对质量评估不符合要求的供应商行使否决权。

（1）原辅料供应商资质评估

质量管理部门对原辅料供应商资质进行评估，评估至少应当包括供应商的资质证明文件、质量标准、检验报告、企业对物料样品的检验数据和报告等内容。如原料药生产企业必须具备《营业执照》《药品生产许可证》、所供应物料生产批准文号或备案登记号、产品质量标准、厂家检验报告书等内容；辅料生产企业必须具备《营业执照》、所供应物料生产批准文号或备案登记号、产品质量标准、厂家检验报告书等内容；药用原辅料经销单位必须具备《营业执照》《药品经营许可证》、产品质量标准、厂家检验报告书等内容。

（2）供应商现场质量审计

在对原辅料供应商资质评估确认符合公司质量标准要求后，还需要对供应商的质量体系进行现场质量审计，评估其质量管理体系是否完善，确保能始终如一供应符合质量标准要求的原辅料。质量审计的内容应当包括质量管理、厂房设施设备管理、生产管理、物料管理、验证等内容。对现场质量审计中存在的问题向供应商发出整改通知，现场质量审计应有报告并存档。

（3）供应商确定

经过上述质量评估与现场质量审计符合质量要求后，质量管理部门可将其列为原辅料合格供应商，物料管理部门只能从质量管理部门批准的合格供应商处采购物料，不得从未经批准的供应商处采购物料。物料供应商确定后，一般情况下不对供应商随意进行变更，这样有利于生产工艺的稳定以及产品质量的可靠。如果物料供应商的生产工艺、生产设备、质量标准等发生变化时，必须及时通知企业，企业根据变更的风险评估，采取必要的审计措施。如因各种原因必须变更或增加供应商时，应进行新供应商的质量评估与现场质量审计。如关键原材料变更后应对变更前后关键原材料和成品质量情况进行统计对比研究，必要时进行工艺验证及稳定性试验，评价变更对质量的影响。制剂生产用原料药的供应商变更或增加应在药监部门备案或进行补充申请。对合格的供应商，质量管理部门要定期进行审计，并对产品的质量情况进行回顾分析。

2. 原辅料供应商供货合同的签订

合格供应商应与企业签署长期供货协议及质量协议并保证产品质量。供应商应保证能够长期稳定提供所需的合格的原辅料，发货及运输符合质量要求。质量协议至少应包含的内容有物料应达到的质量标准要求以及承诺客户对重大变更的知情权。涉及影响产品质量的变更，供应商应及时通知企业。

## 二、原辅料的接收

原辅料按照规定运输要求运送到药品生产企业后，仓储部门应安排专门管理人员对送达的原辅料按照操作规程进行接收复核。

1. 送货凭据和单据的核查

原辅料送到仓库时，仓库保管员首先应对送达的物料进行相关送货凭据和单据的核查，如供应商名称、供货合同、采购订单、发票、检验报告、合格证、货物明细等内容应进行逐项复核。若是已批准的合格供应商且各项单据无误，则进行下一步验收。若供应商不在合格供应商目录，仓库管理人员应拒收相关物料。

2. 原辅料验收

将到货的物料卸下后，由仓库保管员对物料进行相关验收工作。首先进行到货物料的外观检查，外包装是否完好，应无受潮、无霉渍、无虫蛀、无鼠害等污染现象；固体原辅料应采用双层药用薄膜袋包装，封口应严密，无破损；液体原辅料的容器封口应严密，无启封迹象，无渗出或漏液现象。物料的标签应完好，核对品名、规格、批号、数量、生产单位、有效期、供应厂商等信息。外观检查符合要求后，采用干毛巾或者湿毛巾擦拭对原辅料的外包装进行清洁处理。发现外包装损坏或者其他可能影响物料质量的问题，应进行调查和记录，并向质量管理部门报告。如果原辅料需冷藏运输，还需确认物料运输条件是否符合要求，查验冷藏车、车载冷藏箱或保温箱的温度状况，核查并留存运输过程的温度记录，冷藏运输过程验收无异常后及时将物料转移至冷库暂存；对未采用规定的冷藏设备运输或温度不符合要求的，应予以拒收。上述验收无误后，还需对到货物料数量进行验收复核，核对应接收总量、包装容器数量，原辅料须对其毛重进行称量复核。

3. 原辅料入库暂存

将验收后的原辅料按照分类、分批次放置于托盘上，托盘上放置物料库卡，库卡上注明物料品名、规格、物料编码、原始批号、批次号、收货日期、收货数量、供应商、有效期等信息。按照仓库物料管理系统进行相应的物料入库操作，根据该物料的贮存条件，将物料存放在常温仓库、冷库或阴凉库内。同批产品应尽量集中存放，物料码放时应离墙、离地，货行间须留有一定间距。放置于待验区域，按照待验管理，直至放行。仓库保管员根据验收实物信息录入并核对采购入库单相关信息。

## 三、原辅料的检验

接收后的原辅料贮存于暂存区后，仓库保管员对于待验的物料及时填写物料请验单，向QC 部门申请检验，同时将厂家检验报告单一并交给 QC 部门。QC 部门接到请验单后安排取样员到仓库领取物料进行取样，取样后，取样员填写取样标签（白色）贴至取样件的外包装上，仓库保管员按照取样标签上的取样量更新物料库卡。QC 部门及时对取样样品进行检验，开具检验报告单提交至 QA 部门；QA 部门审核，符合质量标准要求后发放合格证至仓储部门；仓储保管员接收到物料合格证后，将物料转移至合格品库区存储，同时将物料标识由待验标识（黄色）更换为合格标识（绿色）。如检验结果不符合质量标准要求，QA 部门通知仓储该批物料不合格，不予以放行；仓储保管员将该批不合格物料转移至不合格品区隔离存放，同时将物料标识由待验标识（黄色）更换为不合格标识（红色）。

## 四、原辅料的贮存

科学合理规范的贮存是保证物料质量的基础，原辅料贮存不当可直接影响其质量。仓储部门应建立原辅料贮存管理制度，规范在库原辅料的贮存管理，保证物料贮存质量，防止物料贮存不当发生变质，防止发生物料的污染、交叉污染、混淆和差错。

1. 相关概念

待验是指原辅料、包装材料、中间产品、待包装产品或成品，采用物理手段或其他有效方式将其隔离或区分，在允许用于投料生产或上市销售之前贮存、等待作出放行决定的状态。

有效期是指原料、辅料在规定的贮存条件下质量能够符合规定要求的期限。该期限是通过稳定性实验数据分析，并经过药品监督管理部门注册批准的时限。

复验期是指原辅料、包装材料贮存一定时间后，为确保其仍适用于预定用途，由企业确定的需重新检验的日期。

贮存期是指在规定的条件下，预计性能会变化的物料可保持其基本性能的存放时间。原辅料应当按照有效期或复验期贮存。贮存期内，如发现对质量有不良影响的特殊情况，应当进行复验。

2. 原辅料贮存管理基本要求

（1）仓库贮存区域应当环境整洁，无污染源。

（2）应按其属性分类分库存放，按不同物料类别、不同品种分库存放。

（3）物料应按不同质量状态分区存放，库存物料应有明显的状态标识。

（4）物料应按品种、规格、批号分区码放。

（5）原辅料有贮存温度、湿度要求的，应按其标准规定贮存。

（6）原辅料应当按照有效期或复验期贮存，原辅料应准确注明有效期或复验期。贮存期内，如发现对质量有不良影响的特殊情况时应随时进行复验。

（7）仓库内所有物料的账、卡、记录、表格、单据、状态标识应由专人妥善保管，仓库保管员应及时准确填写相应的台账，确保账、卡、实物一致。

(8) 贮存物料的货架、托盘等设施设备应当保持清洁，无破损和杂物堆放；物料应整齐、稳固地码放在托盘上。

(9) 库房内物料的码放距离通常应符合规定。

(10) 物料在贮存过程中发生泄漏时应及时处理。

(11) 未经批准的人员不得进入贮存作业区，贮存作业区内的人员不得有影响原辅料质量和安全的行为。

(12) 贮存作业区内不得存放与贮存管理无关的物品。

## 五、原辅料的养护

原辅料的养护是一项经常性的工作，对保证原辅料的质量具有重要作用。原辅料贮存于仓库后，仓库管理部门应安排专门养护人员负责仓库区物料的养护工作，养护人员应当根据库房条件、外部环境、原辅料质量特性等对原辅料进行养护，养护工作就是针对物料的不同特性积极地创造适宜的贮存条件，采取适当的措施，以保证物料贮存的质量不受影响。养护的主要内容如下。

1. 指导和督促贮存人员对原辅料进行合理贮存与作业

根据生产用量、供货能力、供货周期合理制定仓储库存量。合理的库存量可以充分利用仓储空间，减少不必要的人力、物力用于养护，同时还可保证物料质量。在库物料保管作业时应严格落实定置管理，按不同物料类别、不同品种分库存放。合理贮存与作业有利于提高养护的效率和质量。

2. 检查并改善贮存条件、防护措施、卫生环境

在贮存期间，库区要保持良好的通风状态，并随气候的变化，采取有效的措施，做好防冻、保暖、防暑降温、降湿或升湿工作，以保证物料在适宜的温湿度下贮存。同时还应做好防尘、防虫、防鼠措施以及安全防火要求。

3. 对库房温湿度进行有效监测、调控

应根据物料的存储环境要求，采取适宜的密封、通风、吸潮等各种控制和调节温湿度的办法，保证仓库温湿度符合相关存储要求。现代仓库温湿度控制系统多采用温湿度自动监控系统，通过温湿度传感器采集仓库温湿度数值，自动存储、记录并上传至监控主机，与系统设定的温湿度数值进行对比分析后下达控制命令，自动控制设备，自动调节库房内温湿度，实现对温湿度的有效监测、调控。

4. 按照养护计划对物料检查，并建立养护记录

对在库物料应进行日常及定期的检查，保管养护，并随时调整养护方法和保管措施，切实保证贮存物料无潮湿、霉变、虫蛀、鼠咬污染、渗漏、挥发、破损等现象发生。对贵重原料，以及易变质、不稳定、近效期、有变质迹象的物料要加强巡查，一般情况每月巡查一次，并如实填写养护记录。

## 六、原辅料的发放

原辅料发放是指仓储保管员根据生产指令单或者生产部门开具的领料单，将原辅料发放至生产部门的过程。仓库管理中，原辅料的发放关系到后续生产的正常运作，原辅料发放不及时将导致生产产能低下，原辅料错发、漏发有可能造成严重的生产质量事故，因此加强原辅料发放的管理是仓库管理中一项重要的内容，应制定完善的原辅料发放管理规程保证原辅料及时、正确发放。

1. 原辅料发放的原则

（1）先进先出原则

先进先出原则是指在原辅料发放管理中，按照原辅料入库的时间顺序，在出库时按照先入库的原辅料先出库的原则进行操作。对于有保质期的原辅料尤其是较短保质期的原辅料来说，先进先出是指生产日期靠前的（即先生产的）先出库。

（2）近效期先出原则

近效期是指距离规定的有效期较近，不及时使用可能会超过规定的有效期。对于同一原辅料，仓库保管员在物料发放时应遵循近效期先出原则，即接近失效期的原辅料优先发放使用。

（3）“三不”原则

“三不”原则是指未经检验合格的物料不得发放，已过有效期的原辅料不得发放，领料手续不全的原辅料不得发放。

2. 原辅料发放流程

（1）仓库保管员接到生产指令单或者生产车间开具的领料单后，检查单据填写是否完整规范，是否经过相关部门领导审批签字，相关原辅料是否已检验放行，确认无误后根据单据核对原辅料物料编码、品名、规格、批号、数量、生产厂家是否一致。

（2）检查物料外包装是否整洁完好，物料标识是否齐全，是否贴有产品合格证，是否在有效期或复验期内等信息。

（3）仓库保管员按照生产指令单或者领料单进行配料，仓库过程控制人员负责复核相关操作及配料量。如需称配中心称配，则需仓库保管员先将原辅料转交至称配人员进行称配分装后再转交至仓库保管员发放。

（4）配料过程中依据原辅料的性状和配料要求不同需分别进行不同的处理。①在仓储称配中心称配分装的固体状原辅料使用药用聚乙烯薄膜袋扎口密闭；若原辅料见光易分解，应采取避光措施（棕色或黑色的药用聚乙烯薄膜袋扎口密闭），贴挂物料标签，放入物料周转桶内或采用双层药用聚乙烯薄膜袋扎口密闭。②在仓储称配中心称配的液体状原辅料根据其性质盛放于带盖不锈钢、玻璃或塑料桶内，容器的外部须贴挂物料标签。③若不需或不便在仓储称配间称量分装的原辅料，可在库区指定脱包区脱去外包装。

（5）确认无误后，将称配后的原辅料转交至送料员核对，核对无误后运送至生产车间交接。

（6）配料过程中及时填写相关配料记录，及时更新物料库卡信息，及时核对账、卡、物是否相符。

（7）原辅料发放结束后对作业区域内进行清洁清扫，将剩余原辅料送到原货位码放整齐。

## 七、原辅料的使用

原辅料转运至生产车间后，生产车间必须严格按照原辅料传递、接收、使用管理规程要求进行严格管理，防止运输过程中原辅料受到污染，确保原辅料名称及数量正确无误，杜绝混淆、差错的发生。

1. 原辅料的车间接收

（1）外观核对

送料员将原辅料、生产配料单传递至车间原辅料外清岗位接收区后，外清岗位人员根据配料单核对仓库下发的原辅料，确认原辅料外包装完好、性状符合规定，确认所有原辅料物料标签上名称、批次号、原始批号与配料单一致。

（2）清洁消毒

外清岗位人员对原辅料包装的外表面进行清洁消毒，根据物料的性质或包装的性质可以选择使用75%乙醇消毒剂喷洒外表面，然后用洁净抹布擦净或者采用紫外线灭菌灯照射的消毒方法进行清洁消毒。清洁消毒后的物料，通过传递窗传递或转运至缓冲间净化处理。净化结束后车间岗位人员将原辅料转移至暂存间暂存。

（3）配料量的复核

车间岗位人员根据配料单计算原料的总配料量是否与应下发量一致，根据配料单核对辅料的配料量是否与应下发量一致，核对物料标签上的名称、批次号、毛重、净重等内容是否与配料单一致。袋装原辅料使用电子天平或台秤复核每个原辅料包装的毛重，若毛重误差在工艺允许的误差范围内，则通过复核，在配料单上签名。若确认不在允许误差范围内，则应上报偏差。配料量复核为双人独立复核，第二人复核无误后在配料单车间复核人处签字确认，称量复核过程须在过程控制人员监督下进行。

2. 剩余物料车间暂存管理

桶装或者瓶装物料不适宜分装时，仓库发放物料时以整桶或者整瓶发放，实际发放量大于应下发量。若连续生产且不更换品种时，剩余的辅料贴好物料标签、做好标识后可在车间暂存间内暂存，车间岗位人员及时将配料单送至仓库，用于下一批次该辅料发放量的计算，减少人力的浪费，提高工作效率。若车间更换品种或停产时，车间岗位人员需及时将剩余的辅料及配料单退给仓库并填写退库交接记录。

# 任务三　包装材料

药品包装是指为了保证药品的原有性状及质量在生产、运输、贮存及使用时不受到损害和影响，选用适宜的材料与容器，对药品所采取的一系列技术手段，包括贴签、装盒、装箱、封箱等操作步骤。药品包装与一般商品包装不同，药品包装首先必须考虑保证药品的质量，保障药品的安全卫生，因此对于药品包装材料有着严格的质量要求。合格的药品包装应具备密封，稳定，轻便，美观，规格适宜，包装标识规范、清晰等特点，满足药品流通、贮存以至到用户使用为止的全过程保护。

我国 GMP（2010 版）对包装材料有如下规定。

**第一百二十条** 与药品直接接触的包装材料和印刷包装材料的管理和控制要求与原辅料相同。

**第一百二十一条** 包装材料应当由专人按照操作规程发放，并采取措施避免混淆和差错，确保用于药品生产的包装材料正确无误。

**第一百二十二条** 应当建立印刷包装材料设计、审核、批准的操作规程，确保印刷包装材料印制的内容与药品监督管理部门核准的一致，并建立专门的文档，保存经签名批准的印刷包装材料原版实样。

**第一百二十三条** 印刷包装材料的版本变更时，应当采取措施，确保产品所用印刷包装材料的版本正确无误。宜收回作废的旧版印刷模版并予以销毁。

**第一百二十四条** 印刷包装材料应当设置专门区域妥善存放，未经批准人员不得进入。切割式标签或其他散装印刷包装材料应当分别置于密闭容器内储运，以防混淆。

**第一百二十五条** 印刷包装材料应当由专人保管，并按照操作规程和需求量发放。

**第一百二十六条** 每批或每次发放的与药品直接接触的包装材料或印刷包装材料，均应当有识别标志，标明所用产品的名称和批号。

**第一百二十七条** 过期或废弃的印刷包装材料应当予以销毁并记录。

## 一、药品包装对质量的影响

药品与人们的生命健康息息相关，药品质量的高低直接关系到人们的生命健康安全，影响药品质量的因素除了药品自身的性质外，药品包装对药品质量的影响也是极其重要的因素之一。药品的质量容易受到外界因素如温度、湿度、光照、空气、微生物等的影响，适宜的药品包装材料可保证药品质量的稳定。

1. 内在因素

影响药品质量的内在因素即药品自身的理化性质对药品质量的影响。与药品直接接触的包装材料应当自身性质稳定，不得与药品发生化学反应或者吸附药物或向药品中释放物质。

2. 外在因素

影响药品质量的外在因素有很多，如光照、空气、温度、湿度等。因此应根据药品的特性，全面考虑可能引起变质的各种因素，选择适当的包装材料，以防止药品发生变质或延缓其变质的速度。

## 二、药品包装的作用

药品包装是药品的延伸，是药品整体的一部分。药品的包装有以下几个方面的作用。

1. 保护作用

通过选择适宜的包装形式，保证容器内药物不穿透、不泄漏，起到隔绝保护作用，阻隔外界的空气、阳光、水分、热量、微生物等与药物接触；同时药品包装还具有缓冲保护作用，可防止药品在运输、贮存过程中，免受各种外力的震动、冲击和挤压。

2. 便于使用和携带

随着包装材料与包装技术的发展，药品包装呈多样化，如采用单剂量包装，可以方便患者使用和携带，也可以减少药品的浪费。

3. 指导作用

标签、说明书与包装纸盒是药品包装的重要组成部分，它向人们科学而准确地介绍具体药品的基本成分、适应证、用法用量、使用方法、注意事项等内容，可以有效指导医生和患者科学、安全地使用药物。同时药品包装上的生产日期、有效期等信息为药品使用期限提供了重要信息，避免服用过期药物现象的发生。

4. 推广作用

优良的药品包装，通过精心设计与印刷，增加了药品假冒、伪造的难度，有利于企业形象的树立。包装材料优良的外观设计、材质状况、色彩与图案等容易获得消费者的好感，增强消费者对药品的信心，激发购买欲望，从而提升药品的推广力度，在同类产品市场中保持竞争优势。

## 三、包装材料的概念与分类

包装材料是指药品包装所用的材料，包括与药品直接接触的包装材料和容器、印刷包装材料，但不包括发运用的外包装材料。

药品包装材料（以下简称“药包材”）按使用方式可分三类。Ⅰ类药包材：直接接触药品且直接使用的包装材料，如塑料输液袋或瓶、固体或液体药用塑料瓶。Ⅱ类药包材：直接接触药品，但便于清洗，清洗后可以消毒灭菌的包装材料，如玻璃输液瓶、输液瓶胶塞、玻璃口服液瓶。Ⅲ类药包材：Ⅰ、Ⅱ类以外其他可能直接影响药品质量的包装材料，如输液瓶铝盖、铝塑组合盖。

## 四、包装材料的管理

药品包装材料作为药品密不可分的一部分，伴随药品生产、使用、流通的全过程，是保证药品安全性和有效性的重要保障。采用适当的包装材料可以实现保证药品质量的目的，但如果包装材料选用不当则会影响药品的有效性、安全性及稳定性。为提高药包材质量，确保药品安全有效，促进医药经济健康发展，药包材科学规范管理及加强监管尤为重要。2004年7月，为加强直接接触药品的包装材料和容器的监督管理，保证药包材质量，国家食品药品监督管理局颁布实施《直接接触药品的包装材料和容器管理办法》。

1. 药包材的标准管理

生产、进口和使用药包材，必须符合药包材国家标准。药包材国家标准由国家药品监督管理部门制定和颁布。药包材国家标准，是指国家为保证药包材质量、确保药包材的质量可控性而制定的质量指标、检验方法等技术要求。

2. 药包材的注册管理

国家食品药品监督管理局制定注册药包材产品目录，并对目录中的产品实行注册管理。药包材注册申请包括生产申请、进口申请和补充申请。申请药包材注册所报送的资料必须完整、规范，数据真实、可靠。申请人应当对其申报资料内容的真实性负责。

3. 生产监督管理

药包材生产监督管理是指食品药品监督管理部门依法对药包材生产企业从事药包材生产活动的监督管理。药包材生产监督检查分为日常检查和有因检查。

4. 使用监督管理

药品生产企业和配制制剂的医疗机构必须严格进行药包材的使用管理，使用经批准的药包材包装药品。药包材使用单位必须对所使用的药包材质量严格把关，确保符合药用要求。

5. 印刷包装材料的管理

印刷包装材料是指具有特定式样和印刷内容的包装材料，如印字铝箔、标签、说明书、纸盒等。为规范药品说明书和标签的管理，国家食品药品监督管理局颁布了《药品说明书和标签管理规定》，自 2006 年 6 月 1 日起施行。

（1）说明书的管理

药品说明书应当包含药品安全性、有效性的重要科学数据、结论和信息，用以指导安全、合理使用药品。药品说明书应当列出全部活性成分或者组方中的全部药味。注射剂和非处方药还应当列出所用的全部辅料名称。

（2）标签的管理

药品的标签是指药品包装上印有或者贴有的内容，药品的标签应当以说明书为依据，其内容不得超出说明书的范围，不得印有暗示疗效、误导使用和不适当宣传产品的文字和标识。

（3）印刷包装材料的接收、发放、使用管理

前述原辅料的管理程序和方法同样适用于包装材料。仓库保管员初验合格后接收入库，填写“请验单”，由质量部负责取样、检验。质量部根据公司提供的标准样张与样品对照检查，对文字内容、图案、色泽等进行核查，包装材料上印刷或模压的内容应清晰、不褪色、不易擦去。检验合格后出具检验报告。印刷包装材料未经检验合格不得放行。

对仓库送料员送来的外包材，由包装岗位操作人员、仓库备料人员按照包装配料单和批记录的内容对包材逐一进行核对，核对标签、说明书、纸盒、大箱、合格证等包材的名称、数量、印刷内容、包材质量、包材数量等。发放的零头包材需单独核查确认。核对无误后由包装岗位操作人员在包装配料单上签名确认方能使用。

包材进车间后，若不能及时使用，则存放在指定区域，标签、说明书和合格证全部锁入专柜，大箱和纸盒堆垛在指定的托盘区域。在包装开始前，所有外包材均由包装班长统一发放至岗位上，包材的发放按照“先进先出”的原则。生产结束后报废的标签、纸盒、大箱、

合格证、说明书应分别集中计数撕毁，并如实填写相关记录。

# 任务四 中间产品与待包装产品

中间产品与待包装产品介于原辅料与成品之间的过渡状态，其经过了一定的生产工艺加工，但尚未加工成最终成品。中间产品与待包装产品的质量对最终成品质量有着重要的影响，其贮存和管理应当确保其质量不发生变化。企业应当建立中间产品与待包装产品的管理规程，使中间产品与待包装产品在规定的贮存条件下贮存，同时还应避免保管、发放时发生混淆、差错。

## 一、贮存

中间产品与待包装产品一般存放于车间的中间站贮存。中间站存放的中间产品和待包装产品实行分类管理，分为待验品、合格品、不合格品。不合格品需有明确的区域，并与其他中间产品采取适当的隔离措施。中间产品和待包装产品应当在适当的条件下贮存，贮存期间应做好中间站的温湿度记录，中间站洁净级别应等同于下一道工序生产要求的洁净级别。中间产品与待包装产品贮存期限应经稳定性考察后确定，并在规定的条件下贮存。超过规定贮存期限的中间产品和待包装产品不得使用。

## 二、包装

中间产品与待包装产品贮存过程中应注意避免外界环境因素对其产生影响，因此应当选择适当的盛放容器或者包装方式以保护中间产品与待包装产品的质量稳定。所选用的盛放容器应根据中间产品的性质进行必要的清洁消毒处理，以确保其适用性。容器不得与中间产品发生反应、释放物质或吸附作用而影响中间产品的质量。如中间产品需转移运输时，应考虑采取必要的封闭措施或者密闭包装方式以免不良影响的发生。

## 三、管理

中间站应设置专人管理，保持干净整洁，不得有散落的物料，地上撒落的物料不得回收。中间产品与待包装产品在贮存期间必须保持外观清洁状态，内包装完整无破损。进入中间站的中间产品与待包装产品每个包装均应有物料/产品货签，存放区域应当有明确的标识——物料/产品标识卡。中间产品在中间站必须按品种、批号码放整齐，不同品种批号之间要有一定距离，并挂牌注明品名、批号、规格、数量。根据中转的物料检验状态，分别将物料存放于待检区、合格区、不合格区（分别用黄色、绿色、红色的色带来区分管理）。中间站物料进出流程应按照以下方式进行管理。

1. 进站

每天生产结束后，生产岗位人员负责将岗位的中间产品或待包装产品挂上物料标签，放置在蓝色物料桶内的中间产品或待包装产品应在药用薄膜袋扎带处挂有物料标签，并在蓝色物料桶上挂有物料标签，标明产品名称、产品规格、产品批号、物料罐编号或桶号、操作人签名、复核人签名、日期等信息；用扎带扎紧袋口密封后，及时转入中间站并称重，在物料标签上填写皮重、毛重、净重等信息，并由中间站管理员签字复核物料标签信息，做好物料交接。中间站管理员按物料标签逐项核对无误，检查外包装清洁后，在标签上签字，并填写中间站进出站台账。双方签字后，由中间站管理员收货，将中间产品或待包装产品码放到规定位置。中间站管理员对进入中间站的中间产品或待包装产品须及时挂上相应的质量状态标识。待验品悬挂黄色“待验”标识，车间接到中间产品检验报告后，及时通知中间站管理员更换状态标识，合格品悬挂绿色“合格”标识，不合格品及时转移至不合格品区，并采取隔离措施，悬挂红色“不合格”标识。

2. 出站

车间暂存的中间产品与待包装产品只有经质量管理人员确认合格，同意放行后方可发往下道工序。不合格产品不得流入下道生产工序。根据生产计划安排，下道工序操作人员领取中间产品或待包装产品时，认真核对品名、代码、规格、批号、数量、检验报告单等信息，双方确认无误并在交接单上签字后方可领出中间站，中间站管理员填写中间站出站台账。

## 任务五　成品与特殊管理的物料和产品

### 一、成品的管理

企业应当根据企业生产产品的情况建立成品库管理的规章制度，确保成品的接收入库、贮存、发放在操作规程的指导下开展，保证成品的质量不受影响。

我国 GMP（2010 版）对成品与特殊管理的物料和产品有如下规定。

**第一百二十八条**　成品放行前应当待验贮存。

**第一百二十九条**　成品的贮存条件应当符合药品注册批准的要求。

**第一百三十条**　麻醉药品、精神药品、医疗用毒性药品（包括药材）、放射性药品、药品类易制毒化学品及易燃、易爆和其他危险品的验收、贮存、管理应当执行国家有关的规定。

**第一百三十一条**　不合格的物料、中间产品、待包装产品和成品的每个包装容器上均应当有清晰醒目的标志，并在隔离区内妥善保存。

**第一百三十二条**　不合格的物料、中间产品、待包装产品和成品的处理应当经质量管理负责人批准，并有记录。

**第一百三十三条**　产品回收需经预先批准，并对相关的质量风险进行充分评估，根据评估结论决定是否回收。回收应当按照预定的操作规程进行，并有相应记录。回收处理后的产品应当按照回收处理中最早批次产品的生产日期确定有效期。

**第一百三十四条**　制剂产品不得进行重新加工。不合格的制剂中间产品、待包装产品和成品一般不得进行返工。只有不影响产品质量、符合相应质量标准，且根据预定、经批准的操作规程以及对相关风险充分评估后，才允许返工处理。返工应当有相应记录。

**第一百三十五条**　对返工或重新加工或回收合并后生产的成品，质量管理部门应当考虑需要进行额外相关项目的检验和稳定性考察。

**第一百三十六条**　企业应当建立药品退货的操作规程，并有相应的记录，内容至少应当包括：产品名称、批号、规格、数量、退货单位及地址、退货原因及日期、最终处理意见。

同一产品同一批号不同渠道的退货应当分别记录、存放和处理。

**第一百三十七条**　只有经检查、检验和调查，有证据证明退货质量未受影响，且经质量管理部门根据操作规程评价后，方可考虑将退货重新包装、重新发运销售。评价考虑的因素至少应当包括药品的性质、所需的贮存条件、药品的现状、历史，以及发运与退货之间的间隔时间等因素。不符合贮存和运输要求的退货，应当在质量管理部门监督下予以销毁。对退货质量存有怀疑时，不得重新发运。

对退货进行回收处理的，回收后的产品应当符合预定的质量标准和第一百三十三条的要求。

退货处理的过程和结果应当有相应记录。

**讨论：**

**山东疫苗事件**

2016 年 3 月，山东警方破获了一起案值 5.7 亿元非法经营疫苗案。庞某、孙某等人从山东某生物科技有限公司业务员和疫苗贩子手中，低价购入流感、乙肝、狂犬病等 25 种儿童及成人使用的二类疫苗，这些非法疫苗没有经过严格的冷链存储就运输销往全国各地，涉及安徽、北京、福建等 20 多个省份近 80 个县。经查，这些疫苗虽为正规厂家生产，但由于未按照国家相关法律规定运输、保存，脱离了 2 ~ 8 ℃的恒温冷链，已难以保证品质和使用效果，注射后甚至可能产生副作用。庞某等人非法经营疫苗案曝光后，山东、河南、河北等地检察机关批准逮捕 355 人，起诉 291 人，立案查处失职渎职等职务犯罪 174 人。主犯庞某及孙某以非法经营罪分别获有期徒刑 19 年、6 年，没收全部财产近 800 万元。

**思考：**

1. 储运条件对药品质量的影响有哪些？
2. 如何保证疫苗冷链物流运输条件满足要求？

1. 成品的验收入库

生产车间完成成品的生产后，车间管理人员根据生产产品的数量及时打印成品请验单和成品入库单。成品请验单递交至 QC 部门进行成品检验的申请，包装岗位人员及时将成品及入库单转运至成品仓库保管员，办理入库交接手续。仓库保管员根据入库单内容，核对产品名称、规格、批号、产品编码、数量、包装是否正确无误，检查有无其他不同规格、不同类别产品混入，检查成品的外包装有无破损、污染。上述内容核对无误后，办理转运入库手续，经验收合格的成品转移至成品指定货位码齐放好。若在验收中出现以下问题，仓库保管员应当予以拒收：有入库单而没有成品；有成品而没有入库单；与入库单数量、规格、型号不同；包装不符合要求；混入不同规格、不同类别产品。仓库保管员在未收到成品检验合格证书以及成品放行通知单前应按待验贮存管理。

2. 成品的发放

成品在发放出厂前必须取得成品检验合格证书以及成品放行通知单，否则不得发放出厂。产品放行前须完成所有必需的检查、检验，所有必需的生产和质量控制，每批药品均应当由质量受权人签名批准放行，保证药品及其生产应当符合注册和规范要求。仓库保管员接到销售部下发的成品调拨单后，方可办理成品出库手续，并及时填写成品出库单。按照先进先出、近效期先出的原则确定应发成品的批号及数量，依照成品调拨单认真核对出库成品的物料名称、规格、批号、数量、合格证、成品放行单、成品接收单位等信息，并检查外包装是否完好无损，确认无误后将成品运送至发货区。装货完成后仓库保管员和承运商在成品调拨单上签字确认，货物方可出库。仓库保管员及时填写发运记录、成品出库台账，更新成品货位卡。发运记录内容应当包括产品名称、规格、批号、数量、收货单位和地址、联系方式、发货日期、运输方式等。

3. 成品的运输

发运药品时，仓库保管员应当检查运输工具，发现运输条件不符合规定的，不得发运。运输药品，应当根据药品的包装、质量特性并针对车况、道路、天气等因素，选用适宜的运输工具，采取相应措施防止出现破损、污染等问题。若产品有特殊的温度运输要求或贮存条件要求时，企业应当根据药品的温度控制要求，在运输过程中采取必要的保温或者冷藏、冷冻措施。运输过程中，药品不得直接接触冰袋、冰排等蓄冷剂，防止对药品质量造成影响。在冷藏、冷冻药品运输途中，应当实时监测并记录冷藏车、冷藏箱或者保温箱内的温度数据。

4. 退货处理

退货是指将药品退还给企业的活动。退货的原因有多种，如质量原因（外包装质量原因、内包装质量原因、产品质量问题等）、销售市场原因（滞销、落标、发错订单等）、物流运输原因（包装挤压变形、产品破损、运输贮存条件不符合要求、未按规定时间运达等）、效期原因（产品近效期或过效期）等引发的退货。因质量原因退货和召回的产品，均应当按照规定监督销毁，有证据证明退货产品质量未受影响的除外。企业应建立退货管理的书面操作规程，内容包括退货产品的接收、贮存、调查、评估、最终处理（重新包装、重新销售、返工、再加工），并有相关记录。销售部门根据市场退货申请，填写退货信息及退货原因，启动退货程序。仓库退货库保管员对照退货申请表核实退货产品，核实信息包括产品名称、规格、批号、数量、产品外包装、退货原因等，确认无误后，将退货产品放置在单独隔离的退货区，粘贴退货物料标签并标识为待检状态，直至产品经质量管理部门评估、放行后转为合格状态并存放在合格区，退货物料标签应注明产品名称、规格、批号、退货数量、退货原因、退货日期等。同一产品同一批号不同渠道的退货产品应分别记录、分开存放和处理。QA 部门对退货产品进行全面充分的评估，若产品无异常，符合质量标准要求，无须返工，可重新上市销售。若产品仅外包装破损，可进行更换包装返工处理，若产品质量不合格，则对退货产品予以销毁处理。

## 二、特殊管理的物料和产品

特殊管理的药品本身具有重要的医疗价值，在防病治病和维护社会公众健康方面发挥积极的作用，但是特殊管理药品具有自身的特殊药理、生理作用，如监管、使用不当，可能会造成严重的社会危害，危及人们的生命健康，因此，为了保证药品合法、安全、合理使用，必须对其实施特殊管理。特殊管理的物料和产品主要包括麻醉药品、精神药品、医疗用毒性药品、放射性药品、药品类易制毒化学品，以及易燃易爆和其他危险化学品。

1. 麻醉药品管理

麻醉药品是指对中枢神经有麻醉作用，连续使用、滥用或者不合理使用易产生生理依赖性和精神依赖性，能成瘾癖的药品。麻醉药品的范围包括阿片类、可卡因类、大麻类、合成麻醉药品及国务院药品监督管理部门制定的其他类易成瘾癖的药品、药用原植物及其制剂。国家对麻醉药品药用原植物以及麻醉药品和精神药品实行管制。麻醉药品定点生产企业应建立完善的麻醉药品生产管理规程，使麻醉药品生产符合 GMP 规范要求的同时杜绝麻醉原料药、产品流入非法渠道。应配备专人负责麻醉药品管理工作，麻醉药品应存放于专门仓库，必须双人双锁保管，并设有监控设施。麻醉药品应建立专用账册，做到账物相符。

2. 精神药品管理

精神药品是指作用于中枢神经系统，使之兴奋或抑制，连续使用能产生依赖性的药品。依据其药理作用及临床应用可分为抗精神病药、抗抑郁药、抗焦虑药、镇静催眠药、中枢神经兴奋剂等。精神药品分为第一类精神药品和第二类精神药品。

国家对麻醉药品和精神药品实行定点生产制度，定点生产企业应当依照规定，将麻醉药品和精神药品销售给具有麻醉药品和精神药品经营资格的企业或者批准的其他单位。

3. 医疗用毒性药品管理

医疗用毒性药品是指毒性剧烈、治疗剂量与中毒剂量相近，使用不当会致人中毒或死亡的药品。药厂必须由医药专业人员负责生产、配制和质量检验，并建立严格的管理制度，严防与其他药品混杂。

4. 放射性药品管理

放射性药品是指用于临床诊断或者治疗的放射性核素制剂或者其标记药物。开办放射性药品生产、经营企业，必须具备《药品管理法》规定的条件，符合国家有关放射性同位素安全和防护的规定与标准，并履行环境影响报告的审批手续。开办放射性药品生产企业，经国务院国防科技工业主管部门审查同意，国务院药品监督管理部门审核批准后，由所在省、自治区、直辖市药品监督管理部门发给《放射性药品生产企业许可证》。

5. 药品类易制毒化学品

易制毒化学品是指可用于制造毒品的原料及配剂的化学物品。易制毒化学品分为三类，第一类是可以用于制毒的主要原料，第二类、第三类是可以用于制毒的化学配剂。药品类易制毒化学品是指在第一类易制毒化学品中的药品类物质。

6. 易燃易爆和其他危险化学品管理

危险化学品是指具有毒害、腐蚀、爆炸、燃烧、助燃等性质，对人体、设施、环境具有危害的剧毒化学品和其他化学品。在化学药品生产中，很多物料具有易燃易爆的性质，因此，医药生产企业对于防火防爆应尤为重视，加强安全管理。

# 实践实训三　原辅料管理模拟实训

## 一、实训目的

1. 掌握原辅料的接收、取样、检验等操作。
2. 能规范进行原辅料的质量状态标识管理。
3. 能规范填写原辅料的接收、取样、检验等记录。

## 二、实训场地与材料

GMP 实训车间。实训工作服、对乙酰氨基酚原料、淀粉、糊精、糖粉、硬脂酸镁、平板小车、电子秤、75% 乙醇喷壶、洁净抹布等。

## 三、实训情景简介

1. 实训任务

实训模拟以班级为单位，以小组分组进行，人员分成 4 个小组，每组成员 10 人左右，各小组成员分别扮演送货员、仓库保管员、取样员、QC 部门人员、QA 部门人员、车间接收人员、复核人员若干名等。各小组分组制定实训实施方案，小组成员互相讨论、共同参与，小组之间互相评价，对实训实施方案再修订完善，总结提升仓库原辅料管理实训技能。

2. 实训情景模拟

根据市场销售需求计划，××制药公司现需生产 10 万片对乙酰氨基酚片（0.3 g），采购部根据销售需求计划，已与原辅料供应商联系下达采购订单，现开展模拟后续原辅料的接收、贮存、取样、检验、使用等操作。

3. 实训产品介绍（见表6－1）

**表6－1** **对乙酰氨基酚片处方信息**

| 物料名称 | 物料代码 | 每千片（g） | 100 000片（kg） | 供应商 |
| --- | --- | --- | --- | --- |
| 对乙酰氨基酚 | 00101002 | 300 | 30 | a |
| 羟丙纤维素 | 20020006 | 7.56 | 0.756 | b |
| 羧甲淀粉钠 | 20020007 | 6 | 0.6 | c |
| 预胶化淀粉 | 20020008 | 19.2 | 1.92 | d |
| 糊精 | 20020009 | 4.8 | 0.48 | e |
| 十二烷基硫酸钠 | 20020010 | 0.6 | 0.06 | f |
| 硬脂酸美 | 20020011 | 3.24 | 0.324 | g |

## 四、实训内容

1. 原辅料的接收

（1）送货凭据和单据的核查

1）供应商根据采购订单，安排送货员将原辅料送到企业仓库卸货区，与仓库保管员联系接收。

2）仓库保管员核对相关送货凭据和单据，对供应商名称、供货合同、采购订单、发票、厂家检验报告、合格证、货物明细等内容进行逐项复核。

3）复核无误，可以进行下一步接收；复核异常，拒绝接收相关物料。

技能操作：各小组查阅资料，设计相关送货凭据和单据；设计验收单；按上述步骤实施实训操作。

（2）原辅料验收

1）安排叉车司机将到货的物料卸下，整齐码放。

2）仓库保管员对物料进行相关验收工作。首先进行到货物料的外观检查：外包装是否完好，应无受潮、无霉渍、无虫蛀、无鼠害等污染现象；物料的标签应完好，核对品名、规格、批号、数量、生产单位、有效期、供应厂商等信息。

3）用干毛巾或者湿毛巾擦拭，对原辅料的外包装进行清洁处理。

技能操作：各小组查阅资料，提前准备相关的物料并设计物料标签；按上述步骤实施实训操作。

（3）原辅料入库

1）验收的原辅料分类、分批次放置于托盘上，托盘上放置物料库卡。

2）联系叉车司机，将物料入库至相应的仓库货架上。

3）物料的码放应离墙、离地，货行间须留有一定间距。

4）填写货位卡，并核对账卡物是否一致。

5）原辅料放置于待验区域，按照待验管理。

技能操作：各小组查阅资料，设计物料库卡、货位卡；正确码放物料；正确核对账卡物三者是否一致；管理质量状态标识；按上述步骤实施实训操作。

2. 原辅料的取样

（1）填写请验单

接收后的原辅料贮存于暂存区后，仓库保管员对于待验的物料及时填写物料请验单向 QC 部门申请检验。

技能操作：各小组查阅资料，进行请验单的设计与填写。

（2）取样

1）QC 部门接到请验单后安排取样员到仓库领取物料进行取样。

2）取样后，取样员填写取样标签贴至取样件的外包装上。

3）仓库保管员按照取样标签上的取样量更新物料库卡。

技能操作：各小组查阅资料，设计取样操作步骤、取样标签；管理质量状态标识；更新物料库卡；按上述步骤实施实训操作。

3. 原辅料的检验

（1）QC 部门人员及时对取样样品进行检验。

（2）开具检验报告单提交至 QA 部门。

（3）QA 部门审核，符合质量标准要求后发放合格证至仓储部门。

（4）仓储保管员接收到物料合格证后，将物料转移至合格品库区存储，同时将物料标识由待验标识（黄色）更换为合格标识（绿色）。

（5）如检验结果不符合质量标准要求，QA 部门通知仓储该批物料不合格，不予以放行；仓储保管员将该批不合格物料转移至不合格品区隔离存放，同时将物料标识由待验标识（黄色）更换为不合格标识（红色）。

技能操作：各小组查阅资料，依据《中国药典》质量标准设计检验方法并进行检验；设计检验报告单、质量标准、合格证；管理质量状态标识；按上述步骤实施实训操作。

## 五、实训考核

评价包括两方面，采用百分制，总分为 100 分。其中，职业素养与操作规范占该项目总分的 20%，工作质量占该项目总分的 80%。职业素养与操作规范、工作两项均须合格，总成绩评定为合格。评分表见表 6－2。

**表 6－2　原辅料管理实训评分表**

| 评价内容 | 分值 | 评分细则 | 评分 |
|---|---|---|---|
| 职业素养与操作规范 20 分 | 10 | 按时到岗，不迟到早退，三有一无（有本、笔、书，无手机），积极思考回答问题得 10 分 | |
| | 10 | 保持工作环境干净、整洁，物品定置管理得 10 分 | |

续表

| 评价内容 | | 分值 | 评分细则 | 评分 |
| --- | --- | --- | --- | --- |
| 工作80分 | 原辅料接收 | 40 | 送货凭据、单据、验收单设计科学规范得5分 | |
| | | | 保管员复核凭据、单据认真正确得5分 | |
| | | | 物料卸货动作轻缓，物料码放整齐得2分 | |
| | | | 验收核对内容规范、无遗漏得5分 | |
| | | | 物料外包装清洁处理规范得3分 | |
| | | | 物料库卡、货位卡设计合理得2分 | |
| | | | 账卡物核对操作规范得3分 | |
| | | | 质量状态标识管理规范得5分 | |
| | | | 实训操作步骤正确，操作实施规范得10分 | |
| | 原辅料取样 | 20 | 请验单设计、填写合理规范得5分 | |
| | | | 取样操作步骤规范得5分 | |
| | | | 取样标签设计、填写规范得3分 | |
| | | | 货架库更新规范得2分 | |
| | | | 实训操作步骤正确，操作实施规范得5分 | |
| | 原辅料检验 | 20 | 设计检验方法合理得2分 | |
| | | | 检验操作规范，步骤正确得5分 | |
| | | | 检验报告单、质量标准设计、填写正确得3分 | |
| | | | 合格证设计、发放规范得3分 | |
| | | | 管理质量状态标识得2分 | |
| | | | 实训操作步骤正确，操作实施规范得5分 | |

# 知识回顾

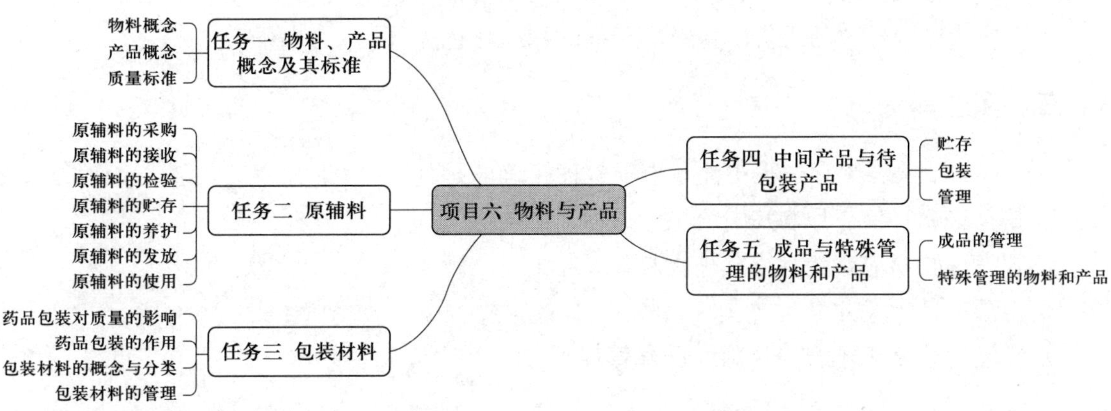

# 目标检测

## 一、单选题

1. 不合格的物料、中间产品、待包装产品和成品的处理应当经（　　）批准，并有记录。

A. 质量受权人　　B. 生产管理负责人

C. 质量管理负责人　　D. 企业负责人

2. 过期或废弃的印刷包装材料应当予以（　　）并记录。

A. 保存　　B. 存放　　C. 上锁　　D. 销毁

3. 只有经（　　）部门批准放行并在有效期或复验期内的原辅料方可使用。

A. 质量管理　　B. 生产管理　　C. 行政　　D. 销售

4. 原辅料应按有效期或复验期贮存。贮存期内，如有对质量有不良影响的特殊情况时，应进行（　　）。

A. 销毁　　B. 复验　　C. 放行　　D. 返工

5. 药品上直接印字所用油墨应符合（　　）标准要求。

A. 原料　　B. 化工　　C. 食用　　D. 检验

## 二、配伍选择题

A. 红色　　B. 黄色　　C. 绿色　　D. 白色

1. 物料质量状态处于待验状态时，应悬挂的待验标识颜色为（　　）。

2. 物料已完成取样时，应悬挂的已取样标识颜色为（　　）。

3. 物料质量检验结果为合格时，应悬挂的合格标识颜色为（　　）。

4. 物料质量检验结果为不合格时，应悬挂的不合格标识颜色为（　　）。

5. 因质量原因导致的退货，物料应悬挂的标识颜色为（　　）。

## 三、多选题

1. 下列关于物料贮存过程中注意事项叙述正确的是（　　）。

A. 固体原料和液体原料应分开贮存

B. 挥发性物料应避免污染其他物料

C. 温湿度无须关注

D. 待验、合格、不合格物料应严格管理

2. 不合格物料的处理方式有（　　）。

A. 返工　　B. 分类　　C. 再加工　　D. 销毁

3. 印刷包装材料包括（　　）。

A. 说明书　　B. 标签　　C. 纸盒　　D. 缠绕膜

4. 影响药品质量的环境因素有（　　）。

A. 空气　　B. 晶型　　C. 温度　　D. 湿度

5. 属于特殊管理类药品的有（　　）。

A. 麻醉药品　　B. 精神药品

C. 放射性药品　　D. 医疗用毒性药品

# 项目七

# 确认与验证

## 学习目标

**知识目标：**

1. 掌握确认与验证的含义，设备确认、工艺验证以及清洁验证等要求。
2. 熟悉确认与验证的目的和作用，确认与验证组织的工作流程。
3. 了解确认与验证的关系。

**技能目标：**

1. 能根据标准和要求设计和制定确认与验证计划及方案。
2. 能参与实施确认与验证，并编制相关的文件。

**【案例导入】**

某企业蒸汽灭菌柜对洁净区使用的无菌衣物进行装载验证时可放置30套洁净服。但在日常生产使用时，每次放置的衣物数量与验证时数量不一致，最高时达50套。

**讨论：**

1. 此种日常操作是否符合GMP要求？
2. 假如日常确实需要50套无菌衣物同时进行灭菌，需要做些什么？

1970年至1976年，美国暴发了一系列的败血症病例，FDA（美国食品药品监督管理局）成立了特别工作组，对美国的输液生产厂着手进行全面调查。调查结果表明，与败血症案例相关的产品不是由于企业没做无菌检查或违反药事法规的条款将无菌检查不合格的批号投放了市场，而在于无菌检查本身的局限性、设备或系统设计建造的缺陷以及生产过程中的各种偏差及问题。FDA从败血症案例的调查分析中深切地体会到，产品需要检验，然而检验并不能确保药品的质量。从质量管理是系统工程的观念出发，FDA当时认为有必要制定一个新的文件，以“通过验证确立控制生产过程的运行标准，通过对已验证状态的监控，控制整个工艺过程，确保质量”为指导思想，强化生产的全过程控制，进一步规范企业的生产及质量管理实践。这个文件即是1976年6月1日发布的“大容量注射剂GMP规程”，它首次将验证以文件的形式载入GMP史册。

# 任务一　确认与验证的概念

企业应当确定需要进行的确认或验证工作，以证明有关操作的关键要素能够得到有效控制。确认与验证应当贯穿于产品生命周期的全过程。

我国 GMP（2010 版）对确认与验证有如下规定。

**第一百三十八条**　企业应当确定需要进行的确认或验证工作，以证明有关操作的关键要素能够得到有效控制。确认或验证的范围和程度应当经过风险评估来确定。

**第一百三十九条**　企业的厂房、设施、设备和检验仪器应当经过确认，应当采用经过验证的生产工艺、操作规程和检验方法进行生产、操作和检验，并保持持续的验证状态。

## 一、相关术语

确认：证明厂房、设施、设备能正确运行并可达到预期结果的一系列活动。

验证：证明任何操作规程（或方法）、生产工艺或系统能够达到预期结果的一系列活动。

首次验证：指一项工艺、一个操作规程、一个系统、一种分析方法、一个设备或一种物料在正式投入使用时进行的，按照设定的验证方案进行的验证。

同步验证：在商业化生产过程中进行的验证，验证批次产品的质量符合验证方案中所有规定的要求，但未完成该产品所有工艺和质量的评价即放行上市。

再验证/确认：指一项工艺、一个过程、一个系统、一个设备或一种材料经过验证并在使用一个阶段以后进行的，旨在证实已验证状态没有发生飘移而进行的验证。

设计确认（DQ）：为确认设施、系统和设备的设计方案符合期望目标所做的各种查证及文件记录。

安装确认（IQ）：为确认安装或改造后的设施、系统和设备符合已批准的设计及制造商建议所做的各种查证及文件记录。

运行确认（OQ）：为确认已安装或改造后的设施、系统和设备能在预期的范围内正常运行所做的试车、查证及文件记录。

性能确认（PQ）：为确认已安装连接的设施、系统和设备能够根据批准的生产工艺和产品的技术要求有效稳定（重现性好）运行所做的试车、查证及文件记录。

持续工艺确认：指在产品生命周期中，商业化生产阶段采用统计工具、趋势分析等手段，开展的确保工艺始终处于受控状态的活动。

工艺验证：为证明工艺在设定参数范围内能有效稳定地运行并生产出符合预定质量标准和质量特性药品的验证活动。

## 二、确认与验证目的与作用

1. 确认与验证目的

确认与验证的目的都是以真实证据证明人员、硬件、软件达到 GMP 要求和相关标准。

2. 确认与验证作用

药品生产企业实施确认与验证，具有以下作用。

（1）确保操作规程文件中有控制整个过程的运行标准，包括产品关键质量属性、常规生产及工艺控制中的关键工艺参数范围的工作指引和依据。

（2）确保厂房设施、系统、设备、计算机系统、物料、生产过程处于受控状态并持续保持最佳状态。

（3）确保厂房设施、系统、设备、计算机系统、工艺、物料、规程、生产过程、检验方法、清洁方法等新项目和改造项目变更后的可靠性。

（4）确保有关操作的关键要素能够得到有效控制。

（5）确保为相应的偏差纠正措施和预防措施提供依据。

（6）确保消除隐患，降低质量风险。

（7）能够按设计的工艺参数持续生产出符合预定用途和注册要求的产品。

# 任务二　确认与验证的类型

确认按实施阶段的不同，可分为设计确认（DQ）、安装确认（IQ）、运行确认（OQ）、性能确认（PQ）。

验证按实施阶段的不同，可分为首次验证、持续工艺确认、变更验证、同步验证、再确认与再验证。

验证按实施项目的不同，可分为工艺验证、运输确认与验证、检验验证、清洁验证、计算机化系统验证。

通常一项工艺、一个操作规程、一个系统、一种分析方法、一个设备或一种物料在正式投入使用时应开展连续三批验证，通过验证确立文件的各项依据。

我国 GMP（2010 版）对各类确认与验证类型有如下规定。

**第一百四十条**　应当建立确认与验证的文件和记录，并能以文件和记录证明达到以下预定的目标：

（一）设计确认应当证明厂房、设施、设备的设计符合预定用途和本规范要求；

（二）安装确认应当证明厂房、设施、设备的建造和安装符合设计标准；

（三）运行确认应当证明厂房、设施、设备的运行符合设计标准；

（四）性能确认应当证明厂房、设施、设备在正常操作方法和工艺条件下能够持续符合标准；

（五）工艺验证应当证明一个生产工艺按照规定的工艺参数能够持续生产出符合预定用途和注册要求的产品。

**第一百四十一条**　采用新的生产处方或生产工艺前，应当验证其常规生产的适用性。生产工艺在使用规定的原辅料和设备条件下，应当能够始终生产出符合预定用途和注册要求的产品。

**第一百四十二条**　当影响产品质量的主要因素，如原辅料、与药品直接接触的包装材料、生产设备、生产环境（或厂房）、生产工艺、检验方法等发生变更时，应当进行确认或验证。必要时，还应当经药品监督管理部门批准。

**第一百四十三条**　清洁方法应当经过验证，证实其清洁的效果，以有效防止污染和交叉污染。清洁验证应当综合考虑设备使用情况、所使用的清洁剂和消毒剂、取样方法和位置以及相应的取样回收率、残留物的性质和限度、残留物检验方法的灵敏度等因素。

**第一百四十四条**　确认和验证不是一次性的行为。首次确认或验证后，应当根据产品质量回顾分析情况进行再确认或再验证。关键的生产工艺和操作规程应当定期进行再验证，确保其能够达到预期结果。

## 一、确认

1. 设计确认

设计确认通常指对项目设计方案的预审查，包括平面布局、水系统、净化空调系统、待订购设备对生产工艺适用性的审查及对供应厂商的选定等。设计确认被认为是项目及验证的关键要素，因为设计的失误往往会造成项目的先天性缺陷。

设计确认由科研机构、设计单位、咨询机构专家、本企业生产技术负责人和专业技术人员参加，对设计进行审查和确认。

设计确认主要内容包括：设计选型、性能参数范围设定；按用户需求标准对主要性能指标确认，如生产能力、产品规格、主要技术参数、噪声等；主要工艺功能；可清洗和消毒（灭菌）性；关键部分材质；电气系统和控制功能；安全保护功能；与设备及相关公用设施的接口关系；结构和外观。

2. 安装确认

安装确认旨在证明制药设施、系统和设备安装符合随机安装手册提供的技术要求，且其外形特征和规格、电气特性和设备性能都将被验证。

从原则上看，安装确认包括两方面的工作。其一是核对供应商所提供的技术资料是否齐全，如设备、仪表、材料的合格证书，设备总图，零部件图纸，操作手册，安装说明书，备品备件清单等，并根据所提供资料与设备核对，检查到货与清单是否相符，是否与订货合同一致；其二是根据工艺流程、安装图纸检查设备的安装情况，如设备的安装位置是否合适，管路焊接是否光洁，所配备的仪表精度是否符合规定要求，安装是否符合供货商提出的安装条件等。

3. 运行确认

运行确认旨在通过对制药设备各功能的测试、空载和负载运行，确认制药设备运行、操作和控制性能符合相应生产工艺条件和生产能力的要求。

运行确认主要内容包括：工作条件确认；功能确认；空载、负载运转确认；控制程序确认；安全性能确认；各项技术指标确认；负载运行可靠性试验。

4. 性能确认

性能确认旨在证明制药设备的运行达到预定用途而进行的系统性试验，通过观察、记录、取样检测等手段，采集及分析数据，考察制药设备运行的可靠性、主要参数的稳定性和结果的重现性。

性能确认一般要求在安装确认和运行确认合格后进行，用替代物或实际生产原材料按设定的程序进行系统性运行，必要时进行挑战性试验。

性能确认主要内容包括：在负载运行条件下，对药品生产要求的适应性；生产能力；药品生产质量相关指标；运行结果的重复性；控制精度准确性；安全性能；负载运行的可靠性试验；其他所需的挑战性试验。

## 二、工艺验证

工艺验证应当证明一个生产工艺按照规定的工艺参数能够持续生产出符合预定用途和注册要求的产品。

工艺验证包括首次验证、影响产品质量的重大变更后的验证、必要的再验证以及在产品生命周期中的持续工艺确认，以确保工艺始终处于验证状态。

采用新的生产处方或生产工艺进行首次工艺验证应当涵盖该产品的所有规格。企业可根据风险评估的结果采用简略的方式进行后续的工艺验证，如选取有代表性的产品规格或包装规格、最差工艺条件进行验证，或适当减少验证批次。工艺验证批的批量应当与预定的商业批的批量一致。

工艺验证前至少应当完成以下工作：厂房、设施、设备经过确认并符合要求，分析方法经过验证或确认；日常生产操作人员应当参与工艺验证批次生产，并经过适当的培训；用于工艺验证批次生产的关键物料应当由批准的供应商提供，否则需评估可能存在的风险。

工艺验证内容应包括：工艺过程的设计，包括批量等；关键质量属性的设计及可接受限度；关键工艺参数的设计及设定参数范围；应当进行验证的其他质量属性和工艺参数的设计；确认使用的主要设备、设施清单以及校准状态；产品放行的质量标准；使用的检验方法并列清单；中间控制参数及其范围；拟进行的包括最差条件挑战试验等额外试验及其测试项目的可接受标准和已验证的用于测试的分析方法；取样方法及计划；记录和评估结果的方法，包括偏差处理。

## 三、变更验证

变更验证是指影响产品质量的因素发生变化时需进行并达到预期结果的验证。

为防止随意变更导致不期望的后果发生，使变更后的生产管理与质量控制处于受控状态，须对变更进行控制，对产品特性有潜在重大影响的变更须经确认和验证，并增加额外的检验与稳定性考察，以确定变更的合理性。

药品生产变更涉及的情形包括：产品所用原辅料、与药品直接接触的包装材料的所有变更，尤其是来自新供应商的原辅料与药品直接接触的包装材料；生产设备发生变更，特别是更换了不同设计和不同操作原理的生产设备；生产环境、厂房发生变更，特别是生产在不同建筑物内，生产设备、人员、操作规程、环境条件、空气洁净度等发生变化的；生产工艺、关键中间控制点发生变更；关键中间控制点及成品的检验结果出现异常；所有重大偏差及相关的调查、所采取的整改措施和预防措施的有效性考察结果不符合要求或出现异常；检验方法发生变更；已批准或备案的药品注册发生变更；稳定性考察的结果及出现的任何不良趋势；所有因质量原因造成的退货、投诉、召回及调查结果；相关设备和设施，如空调净化系统、水系统、压缩空气等的确认状态结果不符合要求或异常；委托生产或检验的技术合同履行情况不符合要求或出现异常。

药品生产企业这些情形发生变更时，应当进行确认或验证，其中涉及物料、设备、工艺、检验方法等主要变更须经药品监督管理部门批准。

## 四、清洁验证

为确认与产品直接接触设备的清洁操作规程的有效性，使之符合药品生产的要求，应进行清洁验证。应当根据所涉及的物料，合理地确定活性物质残留、清洁剂和微生物污染的限度标准。

清洁验证的次数应当根据风险评估确定，通常应当至少进行连续三次。

清洁验证过程中每个批次后的清洁效果需及时进行确认。必要时，企业在清洁验证后应当对设备的清洁效果进行持续确认。

清洁验证主要内容包括：设备使用及被清除物质的情况；所使用的清洁剂和消毒剂性质；取样方法和位置；取样回收率；活性物质残留、清洁剂和微生物污染的限度标准；残留物检验方法的灵敏度；清洁剂使用及其去除方法及残留量的限定；设备清洁效果的持续确认；基于法定标准毒理试验数据或毒理学文献资料评估的活性物质残留限度标准；细菌内毒素污染评价。

**【知识链接】**

**清洁验证的取样方法**

当清洁人员按照标准操作程序的要求对设备进行清洗后，就要对其进行取样检验。取样方法应根据设备的类型、被取样点的材料、设备的结构、取样点的方便性和重现性等综合确定，也可以采用几种取样方法，使得各取样方法得到补充。取样点数目应根据设备的复杂性、结构材料的不同部位及设备的总尺寸确定。较常采用的取样方法有以下两种。

1. 洗液法：取清洗过程中最终洗出液作为被检样品，适用于储罐、提取罐、浓缩设备、喷雾干燥收粉设备管道、混料机、搅拌釜、包衣锅、液体制剂灌封机等内部残留物的测试。

2. 棉签取样：取样棉签应不易脱落纤维，能很好地被清洗溶剂所润湿，不对清洁验证的检测产生影响，且有一定的机械强度和韧性，能对设备表面产生一定的压力和摩擦力。取样时用清洁的或含有乙醇的棉签等擦拭指定的区域面积，适用于各种机械表面残留物的测定，取样部位必须选择机械设备的边角，即最容易被固体残留物、液体沾污的地方作为清洗的验证关键点，每个棉签取样面积一般为 25 $cm^2$。

## 五、运输的确认与验证

对于有冷藏、冷冻要求的物料和产品运输，依据《药品冷链物流运作规范》（GB/T 28842—2012）要求，应对冷藏和冷冻的运输条件、运输过程、冷藏车及其温度控制和监控进行确认或验证。

冷链运输确认与验证的主要内容包括：冷链运输用户需求的确认，冷链贮运应满足用户的冷藏需求；冷链运输温度监控及温度数据可追溯性确认，冷链运输应提供温度监控记录，确保运输过程中温度可追溯，并予以确认；冷链运输温度异常应急预案确认或验证；冷链运输受托方质量保证体系的确认。

## 六、再确认与再验证

再确认与再验证是对设施、设备和工艺包括清洁方法进行的定期评估，以确认它们持续保持验证状态。

关键的生产工艺和操作规程应当定期进行再验证，确保其能够达到预期效果。应当采用质量风险管理方法评估变更对产品质量、质量管理体系、文件、验证、法规符合性、校准、维护和其他系统的潜在影响，必要时，进行再确认或再验证。当验证状态未发生重大变化，可采用对设施、设备和工艺等的回顾审核，来满足再确认或再验证的要求。当趋势出现渐进性变化时，应当进行评估并采取相应的措施。

再确认与再验证适用情形包括：灭菌工艺的有效性定期进行再验证，每年至少一次；检验方法获得的结果做趋势分析，发现系统性偏差；对工艺方法进行了修订，工艺条件、生产作业有关规程发生了变更；程序、生产过程、设备、物料、活动或系统验证后经过一段使用时间，对其进行再次验证；关键设备、仪器更新或大修；程控设备经过一定时间的运行；批次量数量级的变更。

# 任务三　确认与验证的管理

药品生产企业中，确认与验证是一项经常性工作，需投入资金、时间和人力，并进行协调、管理。验证对象所涉及部门的直接负责人为部门负责人，验证执行区域主管组织相关人员进行验证文件的起草和验证工作的具体实施，负责验证实施过程的跟踪和验证相关操作人员的培训，对整个验证过程方案起草、实施过程、出具报告负责。

我国 GMP（2010 版）对确认与验证的管理有如下规定。

**第一百四十五条**　企业应当制定验证总计划，以文件形式说明确认与验证工作的关键信息。

**第一百四十六条**　验证总计划或其他相关文件中应当作出规定，确保厂房、设施、设备、检验仪器、生产工艺、操作规程和检验方法等能够保持持续稳定。

**第一百四十七条**　应当根据确认或验证的对象制定确认或验证方案，并经审核、批准。确认或验证方案应当明确职责。

**第一百四十八条**　确认或验证应当按照预先确定和批准的方案实施，并有记录。确认或验证工作完成后，应当写出报告，并经审核、批准。确认或验证的结果和结论（包括评价和建议）应当有记录并存档。

**第一百四十九条**　应当根据验证的结果确认工艺规程和操作规程。

## 一、提出验证要求

由企业确认与验证小组按 GMP 规范，针对企业的厂房设施、系统、设备、生产过程、活动等制订确认与验证总计划，提交企业确认与验证负责人批准。

验证总计划也称项目验证规划，是项目工程整个验证计划的概述。验证总计划一般包括：项目概述，验证的范围，所遵循的法规标准，被验证的厂房设施、系统、生产工艺，验证的组织机构，验证合格的标准，验证文件管理要求，验证大体进度计划等内容。

## 二、建立验证组织

验证的组织形式有几种可能的方式，其中之一就是根据验证对象的不同建立一个个验证小组。正式验证组织管理机构派出一名人员专门负责验证，由其组成验证小组。根据验证对象确定验证小组成员，对验证文件进行审核及验证实施进行监督。

药品生产企业确认与验证组织的主要职责包括：负责建立项目确认与验证小组，指导和检查确认与验证工作；制定和修订有关确认与验证的操作规程；负责确认与验证所需的培训；审批确认与验证计划、方案及其变更；指导和监督确认与验证项目的实施；指导确认与验证文件的编制和管理；审批确认与验证过程的每个阶段具体方案和报告；负责确认与验证文件的审批和管理。

## 三、提出验证项目

确认与验证项目由企业确认与验证组织或生产技术、质量管理、工程部门、车间等各有关部门提出，提交企业确认与验证组织审核，企业确认与验证负责人批准确定。

## 四、制定验证方案

验证方案是阐述如何进行验证并确定验证合格标准的书面计划，它包括验证的目标、内容、方法和合格标准，还必须包括验证要求质量标准、实施验证所需要的条件（人员、设备、仪器、物资等）以及时间进程安排等。验证方案一般由相关部门负责人指定人员起草。

封面应包括方案名称、方案起草人、起草日期，方案审核人、审核日期，方案批准人、批准日期，文件编号等。

目录及正文至少应包括验证对象、验证目的、验证组织机构与职责、验证计划安排及人员培训、验证内容、验证记录（含附件、附图）、验证过程中偏差处理与分析、再验证周期、验证结论分析与评价等。

厂房设施类确认方案应包括厂房的设计确认、文件的检查、洁净区设计要点确认、特殊房间要点确认、洁净级别要求、HVAC 系统确认、制药用水及工业气体验证、其他确认等。

设备确认类方案应包括设备信息确认、设计确认、安装确认、运行确认、性能确认等。

工艺/清洁验证类验证方案应包括系统当前状态、操作方法、取样计划、可接受标准等。

## 五、审批验证方案

验证方案由专门人员起草，交至起草部门主管和部门负责人进行审核，待审核结束后，交至其他部门进行审核。验证文件若涉及其他部门的，如新品、检测中心，均需经其部门主管审核。

起草部门将审核后的方案和审核单一同送至质量管理部门负责人由其进行最终批准。

质量管理部对验证方案法规性、有效性负责，实施部门对验证方案实施可行性、真实性、完整性负责，使用部门对验证可操作性负责，辅助部门对验证提供材料的真实性负责。

## 六、组织实施验证

验证实施必须严格依据验证管理员下发的加盖受控章的验证方案执行，验证开始前必须通知质量管理部门，并要求做好以下工作。

验证前由验证起草人员做好相关人员的培训工作，方案受训人应涉及验证实施小组所有成员。

验证原始记录要求准确、客观，按文件书写要求进行填写；验证数据记录应详细，反映验证过程的真实性。

未经批准人批准，验证方案内容不得随意更改或违反方案执行，验证报告实施受控件，验证实施过程中及时填写。如确需改变，提出验证变更申请，其审批程序同验证方案审批程序，获批准后实施变更，由验证管理员归档。

各部门必须严格按照各自的验证计划开展相关验证工作。质量管理部门应对验证实施过程进行监督，保证验证实施过程按既定的方案进行，并对验证实施过程进行评价。

## 七、形成验证报告

验证报告是指汇集了整个验证过程的记录、结果以及评估的文件。验证报告的格式、审批流程与方案一致。

验证实施过程中要及时填写验证报告，需要检验数据支持时及时追踪检验报告，将相关数据及时填写到验证报告中。参与验证的相关部门人员对验证结果进行统计、分析和讨论后形成验证报告。

验证报告应包括：验证过程概述；验证时间、产品、批号等；是否严格按验证方案执行，有无变更与偏差；验证记录、验证结果；验证原始数据（含检验报告）；验证数据的统计与分析；偏差分析及解决方法；验证结论与评价。

将验证结果与可接受标准进行比较、分析，最后得出该系统（方法）是否满足预先所设定的标准，是否有效、可行的结论，评价系统的有效性，决定是否将验证项目内容完善到工艺规程、批生产记录和相关标准操作规程中。

验证报告的内容应与验证方案匹配，存在不同的地方应以偏差、变更或备注等形式体现。

### 八、审批验证报告

验证报告交由企业负责人和质量管理负责人或由他们指定的人员进行审查，合格并经批准后发给合格证明。

验证报告应经过有关人员的复核与审批方为有效，验证的工艺相关参数及流程在验证报告及验证合格证下发后，方可正式用于生产。

验证结论由相关部门负责验证人员及时收集，必要时将结论完善到工艺规程、批生产记录和相关标准操作规程中。

### 九、发放验证证书

验证证书就是对一个验证或重复验证的最终的审定和正式的批准，接着这个工艺便可以常规使用。根据 GMP 的要求，确信验证工作已达到要求，由企业负责人发放验证证书。

### 十、验证文件管理

工作结束后应将各类验证文件及时整理归档，建立验证档案以便于查找。验证档案的内容应包括验证方案、验证报告、验证记录（如有）。验证档案由质量管理部门统一归档。

## 实践实训四　电子天平安装、安装运行确认

### 一、实训目的

1. 掌握电子天平安装、运行确认实施过程，按要求填写验证记录。
2. 熟悉药品生产企业确认和验证的内容。

3. 了解药品生产企业生产技术文件验证方案的撰写。

## 二、实训场地与材料

GMP 实训车间。电子天平、标准砝码等。

## 三、实训内容

依据电子天平的说明书，参考电子天平确认方案，以项目七相关内容为基础，规范完成电子天平安装、运行确认，及时填写相关确认记录。每组同学提交一份确认报告。

1. 前提条件确认

确认工作开始之前，对执行的前提条件进行确认，并将确认结果填入表 7－1。

**表 7－1　　前提条件确认表**

| 序号 | 确认项目 | 是否符合 |
|---|---|---|
| 1 | 方案已批准 | □是　□否 |
| 2 | 确认涉及的人员已完成培训，培训记录见表 7－2 | □是　□否 |
| 确认结论 | | |
| □符合要求　□不符合要求 | | |
| 备注： | | |
| 确认人/日期： | 复核人/日期： | |

2. 培训及相关记录填写

确认前，方案制定人员还应对相关实施人员开展培训，并完成相关培训记录的填写，见表 7－2。

**表 7－2　　培训情况记录表**

| 验证方案名称及编号 | |
|---|---|
| 培训时间、地点 | |
| 培训人 | |
| 培训要点及评价： | |
| 受训人签名并确认效果（受训人员签名即代表对本次培训内容的了解及对验证实施过程真实性负责）：<br>签名：　□清楚　□不清楚 | |
| 签名：　□清楚　□不清楚 | |
| 签名：　□清楚　□不清楚 | |
| 签名：　□清楚　□不清楚 | |
| 备注： | |

3. 仪器仪表校验情况确认

确认前，操作人员应对确认使用的仪器仪表的校验情况进行确认，并将确认结果填入表7－3。

表7－3　仪器仪表校验情况确认表

| 序号 | 仪器名称 | 仪器编号 | 有效期限 | 是否在效期内 |
| --- | --- | --- | --- | --- |
| | | | | |
| | | | | |
| | | | | |
| | | | | |

备注：

| 记录人/日期 | | 复核人/日期 | |
| --- | --- | --- | --- |

4. 安装确认

（1）仪器信息确认

现场查看仪器铭牌，检查仪器制造商、型号、序列号、准确度等级、最大秤量、最小秤量、实际分度值、检定分度值等，相关信息应符合要求，并对其进行记录，并将确认结果填入表7－4。

（2）安装水平确认

电子天平安装到位后，调节水平调节脚，水平泡应能居中，对其进行记录，并将确认结果填入表7－4。

（3）安装环境确认

使用经校验合格的温湿度计检查安装房间环境的温湿度，环境温度：5～40 ℃，相对湿度：10%～80% RH；对其进行记录，并将确认结果填入表7－4。

（4）供电系统确认

检查供电电源应满足仪器使用要求，电压满足100～240 V AC的要求，并对其进行记录，并将确认结果填入表7－4。

（5）文件确认

检查制造商所提供的文件应完整无破损、可读且已归档，对其进行记录，并将确认结果填入表7－4。

（6）仪器计量确认

现场查看仪器，仪器应经过计量，且在校验有效期内，对其进行记录，并将确认结果填入表7－4。

表 7 – 4　　　　安装确认记录表

<table>
<tr><th>序号</th><th>接受标准</th><th colspan="3">确认记录</th><th>是否符合要求</th></tr>
<tr><td rowspan="10">1</td><td rowspan="10">仪器信息准确，符合使用要求</td><td>名称</td><td colspan="2">记录</td><td rowspan="10">□是<br>□否</td></tr>
<tr><td>制造商</td><td colspan="2"></td></tr>
<tr><td>型号</td><td colspan="2"></td></tr>
<tr><td>序列号</td><td colspan="2"></td></tr>
<tr><td>准确度等级</td><td colspan="2"></td></tr>
<tr><td>最小秤量</td><td colspan="2"></td></tr>
<tr><td>最大秤量</td><td colspan="2"></td></tr>
<tr><td>实际分度值</td><td colspan="2"></td></tr>
<tr><td>检定分度值</td><td colspan="2"></td></tr>
<tr><td></td><td colspan="2"></td></tr>
<tr><td>2</td><td>通过水平调节脚调节，水平泡应能居中</td><td colspan="3">电子天平安装到位后，调节水平调节脚，水平泡□是□否能居中</td><td>□是<br>□否</td></tr>
<tr><td>3</td><td>环境温度：5 ~ 40 ℃，相对湿度：10% ~80% RH</td><td colspan="3">环境温度：________<br>环境湿度：________</td><td>□是<br>□否</td></tr>
<tr><td>4</td><td>电压满足 100 ~ 240 V AC 的要求</td><td colspan="3">电压：________</td><td>□是<br>□否</td></tr>
<tr><td rowspan="2">5</td><td rowspan="2">文件应完整无破损、可读且已归档</td><td>文件名称</td><td>数量</td><td>归档位置</td><td rowspan="2">□是<br>□否</td></tr>
<tr><td></td><td></td><td></td></tr>
<tr><td>6</td><td>仪器应经计量且在校验有效期内</td><td colspan="3">仪器□是 □否已校验，仪器经校验后有效期至：</td><td>□是<br>□否</td></tr>
<tr><td colspan="2">记录人/日期</td><td></td><td>复核人/日期</td><td colspan="2"></td></tr>
</table>

5. 运行确认

（1）权限控制确认

选择用户分别输入正确密码和错误密码，检查仪器密码登录功能应有效；检查系统内各级人员操作权限应与标准一致；对其进行记录，并将确认结果填入表 7 – 5。

（2）功能按键确认

现场将仪器上的功能键分别进行测试，查看各功能键应符合预期要求；对其进行记录，并将确认结果填入表 7 – 5。

（3）报警功能确认

仪器非水平状态下，查看应出现天平未处于非水平状态的提示；抬起秤盘，查看应有欠载提示；取超出该仪器最大称量的重物进行称重，查看应有超载提示；对其进行记录，并将确认结果填入表 7 – 5。

（4）内部校正功能确认

点击内部校准按钮，查看天平应开始进行内部自校；校准完成，仪器应打印校准结果，并将打印报告附在附件后面；对其进行记录，并将确认结果填入表 7 – 5。

（5）时间准确性确认

用标准参照时钟对比计算机上网络时间（北京时间）进行调整，再和仪器上的时间进行比对，记录在附件中；对其进行记录，并将确认结果填入表 7－5。

（6）打印功能确认

进行一次模拟称重，点击打印，检查打印过程应流畅、无卡顿，打印信息应完整清晰，将打印报告附在附件后面；对其进行记录，并将确认结果填入表 7－5。

**表 7－5　　运行确认记录表**

<table>
<tr><th>序号</th><th>接受标准</th><th colspan="4">确认记录</th><th>是否符合要求</th></tr>
<tr><td rowspan="10">1</td><td rowspan="10">1. 输入正确密码方可登录系统，输入错误密码无法登录系统<br>2. 系统内各级人员操作权限应与标准一致</td><td colspan="4">1. 输入正确密码□是□否了登录系统，输入错误密码□是□否可登录系统<br>2. 权限分级测试</td><td rowspan="10">□是<br>□否</td></tr>
<tr><td>权限</td><td>操作员</td><td>技术员</td><td>管理员</td></tr>
<tr><td>内部校正</td><td></td><td></td><td></td></tr>
<tr><td>更改显示单位</td><td></td><td></td><td></td></tr>
<tr><td>进行称重打印</td><td></td><td></td><td></td></tr>
<tr><td>锁定/解锁天平</td><td></td><td></td><td></td></tr>
<tr><td>开始外部校正</td><td></td><td></td><td></td></tr>
<tr><td>配置用户管理</td><td></td><td></td><td></td></tr>
<tr><td>配置常规测试</td><td></td><td></td><td></td></tr>
<tr><td colspan="4">备注：√表示可以操作；×表示无法操作</td></tr>
<tr><td>2</td><td>各按键的功能符合预期结果</td><td colspan="4">现场将仪器上的功能键分别进行测试，各功能键□是□否符合预期要求</td><td>□是<br>□否</td></tr>
<tr><td>3</td><td>1. 仪器不水平状态下，出现天平未处于不水平状态的报警<br>2. 抬起秤盘，有欠载提示<br>3. 取超出该仪器最大称量的重物进行称重，有超载提示</td><td colspan="4">1. 仪器不水平状态下，□是□否出现天平未处于不水平状态的提示<br>2. 抬起秤盘，□是□否有欠载提示<br>3. 取超出该仪器最大称量的重物进行称重，□是□否有超载提示</td><td>□是<br>□否</td></tr>
<tr><td>4</td><td>点击内部校准按钮，仪器应进行自校，校准完成应打印校准结果</td><td colspan="4">点击内部校准按钮，天平□是□否开始进行内部自校；校准完成，仪器□是□否打印校准结果，打印报告附在本附件后面</td><td>□是<br>□否</td></tr>
<tr><td>5</td><td>仪器显示时间与标准参照时钟，两者之差不超过 ±1 min</td><td colspan="4">仪器显示时间：<br>标准参照时钟：<br>误差：</td><td>□是<br>□否</td></tr>
<tr><td>6</td><td>天平打印过程流畅、无卡顿，打印信息完整清晰</td><td colspan="4">进行一次模拟称重，点击打印，检查打印过程是否流畅、无卡顿，打印信息□是□否完整清晰，打印报告附在本附件后面</td><td>□是<br>□否</td></tr>
<tr><td colspan="2">确认人/日期</td><td colspan="2"></td><td colspan="2">复核人/日期</td><td></td></tr>
</table>

## 四、考核与评价

根据学生提交的验证记录和验证报告，按照实训考核标准进行综合考核评价，采用百分制计分。评分表见表 7－6。

**表 7－6** 考核评分表

| 序号 | 评价要点 | 配分 | 得分 | 总评 |
|---|---|---|---|---|
| 1 | 能够按照确认方案进行确认 | 5 | | A□（86～100 分）<br>B□（76～85 分）<br>C□（60～75 分）<br>D□（60 分以下） |
| 2 | 在验证过程中能严格按照 GMP 规范进行操作 | 10 | | |
| 3 | 能规范填写确认记录 | 40 | | |
| 4 | 能规范形成确认报告 | 40 | | |
| 5 | 与同学之间能相互合作完成确认工作 | 3 | | |
| 6 | 及时完成老师布置的任务 | 2 | | |
| 小结 | | | | |

# 知识回顾

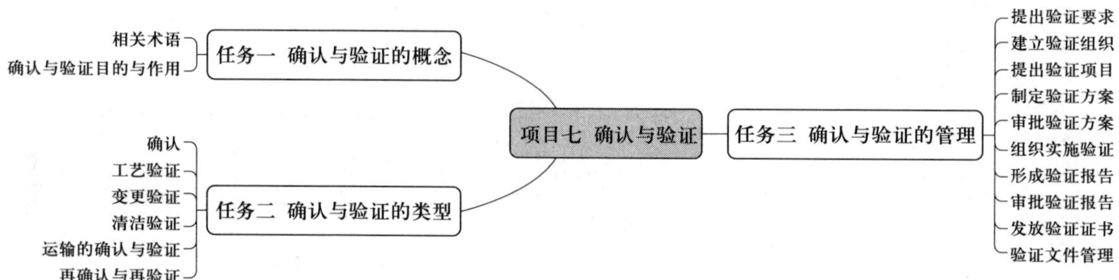


# 目标检测

## 一、单选题

1. 下列情形变更时，应进行验证的为（　　）。

A. 操作人员　　B. 检验方法

C. 运输包装　　　　D. 生产用盛装器具

2. “性能确认”缩写为（　　）。

A. DQ　　B. IQ　　C. OQ　　D. PQ

3. “安装确认”缩写为（　　）。

A. DQ　　B. IQ　　C. OQ　　D. PQ

4. “运行确认”缩写为（　　）。

A. DQ　　B. IQ　　C. OQ　　D. PQ

5. 以下情况不需要再验证的是（　　）。

A. 设备保养、维护后　　　　B. 关键工艺和质量控制方法变更

C. 生产操作规程变更　　　　D. 主要原辅料、内包材变更

## 二、多选题

1. 应当建立确认与验证的文件和记录，并能以文件和记录证明达到以下预定的目标（　　）。

A. 设计确认应当证明厂房、设施、设备的设计符合预定用途和本规范要求

B. 安装确认应当证明厂房、设施、设备的建造和安装符合设计标准

C. 运行确认应当证明厂房、设施、设备的运行符合设计标准

D. 性能确认应当证明厂房、设施、设备在正常操作方法和工艺条件下能够持续符合标准

2. 当影响产品质量的主要因素（　　）变更时，均应当进行确认或验证。必要时，还应当经药品监督管理部门批准。

A. 原辅料、与药品直接接触的包装材料变更

B. 生产设备、生产环境（或厂房）、生产工艺变更

C. 检验方法变更

D. 人员变更

3. 验证是（　　）。

A. 为了 GMP 认证的需要　　　　B. 实施 GMP 的一部分

C. 为了保证药品质量　　　　D. 为了证明生产过程的可靠性

4. 验证的意义是（　　）。

A. 降低偏差风险　　　　B. 降低生产缺陷成本

C. 应对药品监管部门的检查　　　　D. 证明生产工艺处于受控状态

5. 工艺验证主要是针对（　　）。

A. 生产设备的适用性　　　　B. 成品检验方法的符合性

C. 特定条件下工艺的合理性　　　　D. 成品质量产生差异和影响的主要工艺条件

6. 清洁验证的关注点是（　　）。

A. 清洁方法和程序　　　　B. 清洁剂和清洁效果

C. 清洁对象和地点　　D. 残留物检测仪器和方法

7. 设备的设计确认主要内容有（　　）。

A. 设备的性能参数

B. 符合 GMP 要求的材质

C. 结构便于清洁和操作

D. 选型符合国家标准、满足药品生产需要

8. 药品生产企业的验证项目应包括（　　）。

A. 厂房设施　　B. 生产设备　　C. 生产工艺　　D. 组织机构

9. 性能确认主要内容有（　　）。

A. 观察设备空转正常　　B. 设备运转速度、工艺参数的波动

C. 产品内、外观质量情况　　D. 操作安全和保护功能

10. 工艺验证的主要内容有（　　）。

A. 工艺参数的合理性、准确性　　B. 生产控制手段的可靠性、重现性

C. 厂房设施、设备的适用性　　D. 中间产品、成品质量的符合性

11. 验证的组织机构是（　　）。

A. 质量管理部门　　B. 验证领导小组或验证委员会

C. 验证实施小组　　D. 生产管理部门

12. 关于验证的正确表述包括（　　）。

A. 设定验证标准原则：合法性、国际公认惯例、质量保证

B. 验证必要条件：基本具备 GMP 条件

C. 验证设施：必须有验证方案和计划书

D. 验证的要求：用最终产品检测结果推论生产过程是合理的

# 项目八

# 文件管理

## 学习目标

**知识目标：**

1. 掌握文件起草、使用管理要求。
2. 熟悉文件管理原则、GMP 对质量标准文件和生产技术文件要求。
3. 了解文件分类。

**技能目标：**

能编制药品生产相关文件。

**【案例导入】**

2007 年 1 月 23 日，卫生部与国家食品药品监督管理局联合发出通知，要求各地暂停销售和使用广东某药业有限公司生产的静注人免疫球蛋白。同时通报：广东某药业有限公司在生产静注人免疫球蛋白过程中存在违规行为，部分产品不能提供有效完整的生产记录和检验记录，且套用正常生产批号上市销售；在临床应用中发现该企业的部分产品导致用药者出现丙肝抗体阳性，经专家论证，与该企业的涉嫌产品存在关联性。

**讨论：**

1. 完整的生产记录和检验记录应该包括什么内容？
2. 药品生产过程中相关文件有哪些？

药品生产企业的文件是药品质量保证系统的基本要素。文件系统的建立与严格管理可以确保药品经营的全过程有章可循、有章必循、有据可查，最大限度地减少药品生产过程中的混淆和差错，确保药品生产活动都在有效控制之下。记录文件要求记载所有操作的过程和时间节点，进而使生产活动可被追溯。因此，文件的设计、制定、审核和发放应合理合规，内容清晰、易懂，有助于追溯每批产品的历史情况。

# 任务一　文件系统及其基础管理

## 一、文件的概念及分类

文件是以文字符号的形式记录和传达某种意图或活动情况的具有特定体式的信息材料。GMP 中所指的文件包括一切涉及药品生产和管理的书面标准和实施记录。文件系统是指贯穿药品生产和经营管理全过程的连贯有序的系统文件，包括技术标准、管理标准、操作标准、记录等文件（如图 8－1 所示）。

1. 技术标准文件

技术标准文件（Standard Technical Procedure，STP）是由国家、地方、行业与企业所颁布和制定的技术性规范、准则、规定、办法、标准、规程和程序等书面要求，包括产品工艺规程、质量标准（原料、辅料、工艺用水、包装材料、半成品、中间体、成品等）等，如《中国药典》规定的阿司匹林片质量标准等。

2. 管理标准文件

管理标准文件（Standard Management Procedure，SMP）是指企业为了行使生产计划、指挥、控制等管理职能，使之标准化、规范化而制定的制度、规定、标准、办法等书面要求，是 GMP 软件系统的核心，要求与 GMP 完全一致。药品生产企业管理文件主要包括生产管理规程、质量管理规程、生产卫生管理规程等。另外，还涉及辅助部门管理、人员培训、紧急情况处理等。

3. 操作标准文件

操作标准文件（Standard Operation Procedure，SOP）是指经过批准用来指导设备操作、

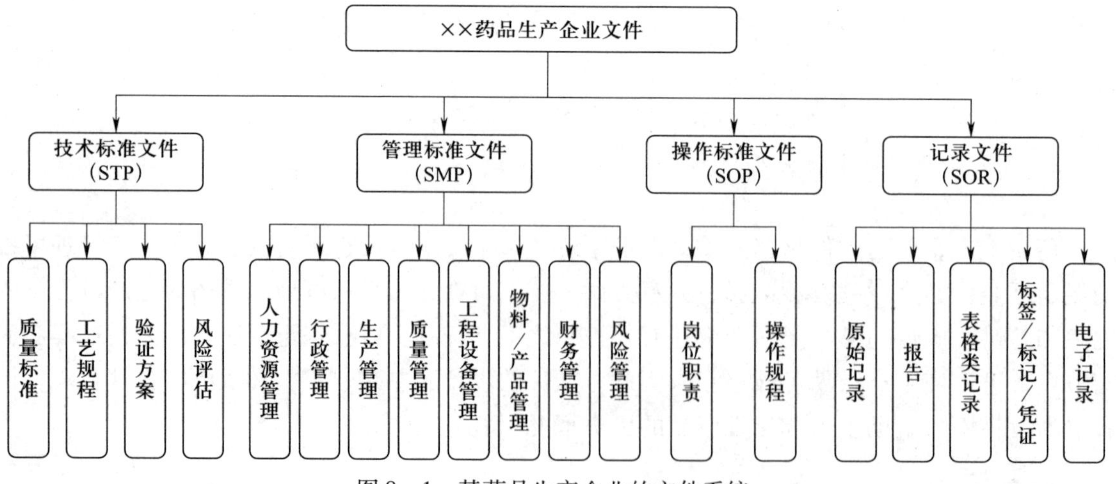


图 8－1　某药品生产企业的文件系统

维护与清洁、验证、环境控制、取样和检验等药品生产活动的通用性文件。操作标准文件通常是以工作岗位或操作设备为对象，对其工作职责、内容、程序作出规定等书面要求，如配液岗位职责规程、压片机操作规程、包装间清洁操作规程等。

4. 记录文件

记录文件（Standard Operating Records，SOR）是反映实际生产活动中执行标准情况的实施结果，如报表、台账、生产操作记录、检验记录等记录，也包括表示状态等的卡、牌、单、证等凭证，如设备状态卡等。

## 二、文件管理基本原则

文件管理是指文件的起草、审核、批准、生效、修订、撤销、分发、培训、归档等一系列过程的管理活动。管理好文件是保证企业生产经营等各项活动的全过程按书面规定进行运转的基本保证，因此，药品生产相关人员除具有专业技能外，还应掌握GMP中文件管理的相关内容。

我国GMP（2010版）对文件管理的原则规定如下。

**第一百五十条**　文件是质量保证系统的基本要素。企业必须有内容正确的书面质量标准、生产处方和工艺规程、操作规程以及记录等文件。

**第一百五十一条**　企业应当建立文件管理的操作规程，系统地设计、制定、审核、批准和发放文件。与本规范有关的文件应当经质量管理部门的审核。

**第一百五十二条**　文件的内容应当与药品生产许可、药品注册等相关要求一致，并有助于追溯每批产品的历史情况。

**第一百五十三条**　文件的起草、修订、审核、批准、替换或撤销、复制、保管和销毁等应当按照操作规程管理，并有相应的文件分发、撤销、复制、销毁记录。

**第一百五十四条**　文件的起草、修订、审核、批准均应当由适当的人员签名并注明日期。

**第一百五十五条**　文件应当标明题目、种类、目的以及文件编号和版本号。文字应当确切、清晰、易懂，不能模棱两可。

**第一百五十六条**　文件应当分类存放、条理分明，便于查阅。

**第一百五十七条**　原版文件复制时，不得产生任何差错；复制的文件应当清晰可辨。

**第一百五十八条**　文件应当定期审核、修订；文件修订后，应当按照规定管理，防止旧版文件的误用。分发、使用的文件应当为批准的现行文本，已撤销的或旧版文件除留档备查外，不得在工作现场出现。

**第一百五十九条**　与本规范有关的每项活动均应当有记录，以保证产品生产、质量控制和质量保证等活动可以追溯。记录应当留有填写数据的足够空格。记录应当及时填写，内容真实，字迹清晰、易读，不易擦除。

**第一百六十条**　应当尽可能采用生产和检验设备自动打印的记录、图谱和曲线图等，并标明产品或样品的名称、批号和记录设备的信息，操作人应当签注姓名和日期。

**第一百六十一条** 记录应当保持清洁，不得撕毁和任意涂改。记录填写的任何更改都应当签注姓名和日期，并使原有信息仍清晰可辨，必要时，应当说明更改的理由。记录如需重新誊写，则原有记录不得销毁，应当作为重新誊写记录的附件保存。

**第一百六十二条** 每批药品应当有批记录，包括批生产记录、批包装记录、批检验记录和药品放行审核记录等与本批产品有关的记录。批记录应当由质量管理部门负责管理，至少保存至药品有效期后一年。

质量标准、工艺规程、操作规程、稳定性考察、确认、验证、变更等其他重要文件应当长期保存。

**第一百六十三条** 如使用电子数据处理系统、照相技术或其他可靠方式记录数据资料，应当有所用系统的操作规程；记录的准确性应当经过核对。

使用电子数据处理系统的，只有经授权的人员方可输入或更改数据，更改和删除情况应当有记录；应当使用密码或其他方式来控制系统的登录；关键数据输入后，应当由他人独立进行复核。

用电子方法保存的批记录，应当采用磁带、缩微胶卷、纸质副本或其他方法进行备份，以确保记录的安全，且数据资料在保存期内便于查阅。

## 三、文件起草管理

药品生产企业结合自身实际情况及需要，在企业新产品投产前、设备安装前、引进新处方或新方法前、处方或方法有重大改变时、验证前后、组织机构职能发生变更时、文件编制质量改进时、使用中发现问题时、接受 GMP 检查认证或质量审计后等情况下，都需起草文件。

1. 文件起草机构

药品生产企业文件起草机构一般由生产负责人或总工程师、质量管理负责人和其他负责人组成，是常设或临时的文件起草小组。

2. 文件的起草

企业建立 GMP 文件起草机构后，根据文件的适用对象，由使用部门负责起草文件，文件的起草人可为部门主管、小组长或工艺员、检验员等。起草人可与部门员工进行讨论，听取意见，总结后再编写。

**【知识链接】**

**文件起草人员素质要求**

文件起草人员必须具备良好的业务素质，接受过全面的 GMP 教育，有较强的实践工作经历，有一定的管理、合作、协调能力。制药企业的文件起草人员往往是来自生产技术部门、质量管理部门、销售部门的业务与管理精英。根据 GMP 中对人员素质的基本要求，文件起草人员应具备以下几点基本素质。

（1）需经过 GMP 培训和学习，掌握 GMP 的要求。

（2）熟悉本专业的基本技术和管理实践经验。

（3）掌握文件撰写的基本要求。

3. 文件的编码

建立规范的文件系统前，先要确定文件编码。文件编码可根据 GMP 要求和企业内部管理情况，统一确定文件编号方法。文件的编号、标题应体现文件的性质。文件编码要求系统、准确、可追溯、格式一致、稳定、易识别、可发展。

文件编码常采用文件性质类别、类别代码、流水号、版本号相结合的方法。文件性质分类码示例见表 8－1；文件类别代码示例见表 8－2；流水号指文件序列号，由 001－999 组成，由各部门自行编号；版本号由 00－99 组成，如首版为 00，第二版为 01。例如，SOP－SC－002－01 表示生产操作规程第 002 号第二版文件。

**表 8－1　某药品生产企业文件性质分类码**

| 部门 | 代码 | 部门 | 代码 |
| --- | --- | --- | --- |
| 管理标准文件 | SMP | 技术标准文件 | STP |
| 操作标准文件 | SOP | 记录文件 | SOR |

**表 8－2　某药品生产企业文件类别代码表**

| 文件类别 | 代码 | 文件类别 | 代码 |
| --- | --- | --- | --- |
| 机构人员 | JG | 生产管理 | SC |
| 文件 | WJ | 卫生 | WS |
| 厂房与设施 | CF | 质量管理 | ZL |
| 设备 | SB | 验证 | YZ |
| 物料 | WL | 销售 | XS |

4. 文件的格式

按照文件制定基本要求，企业应有自己统一的标准文件，各企业在修订文件时必须按照其制定的统一的格式标准。

企业 GMP 文件表头可采用各种格式，但其内容至少包括题目、编码（号）、制定人及制定日期、审核人及审核日期、批准人及批准日期、颁布部门、生效日期、分发部门（见表 8－3）。

**表 8－3　某药品生产企业文件表头**

<table>
<tr><td>题目</td><td colspan="5"></td></tr>
<tr><td colspan="3">生效日期：　年　月　日</td><td colspan="3">第　页，共　页</td></tr>
<tr><td>颁布部门：</td><td colspan="5">分发部门：</td></tr>
<tr><td>编号：</td><td>新订：</td><td colspan="2">修订：</td><td colspan="2">代替：</td></tr>
<tr><td colspan="2">制定人：</td><td colspan="2">审核人：</td><td colspan="2">批准人：</td></tr>
<tr><td colspan="2">日期：</td><td colspan="2">日期：</td><td colspan="2">日期：</td></tr>
</table>

文件正文的前面几点，常根据文件的需要列上目的、原则、适用范围、职责、定义、标准依据等条款，然后再编写文件的内容。各企业有自己的文件编排格式，但必须按企业内部专门的规范规定文件的标准格式。

## 四、文件使用管理

文件使用管理包括文件的批准、发放、培训、执行检查、修订与变更、保管与归档、撤销及销毁等。

1. 文件批准

批准人一般为企业的主管负责人或企业负责人。批准人对文件的内容、编码、格式、编订程序等进行复审，对该文件及相关文件的统一性，各部门之间的协调性，文件内容的先进性、合理性及可操作性等进行把关，在文件符合要求后，批准文件颁发，确定生效日期或执行日期。

2. 文件发放

文件批准后，才能颁布发放。发放的文件应根据企业用文需要印刷，不宜多印，在执行之日前发至有关人员或部门。所有文件均应由专人负责分发，分发文件时必须进行登记。文件分发做好“发放、回收”记录，记录内容一般须包括文件名称、文件编码、复印份数、分发部门、分发份数、分发人、签收人、发送日期等。

3. 文件培训

文件在执行之前，应对文件使用者进行专题培训，以保证所有使用者掌握文件内容。培训可采用传阅、开会宣读、学习班等形式进行。一般情况下，文件批准 10 个工作日后，才正式执行文件，以便于培训、学习和掌握。

4. 文件执行检查

新文件开始执行阶段，相关管理人员应注意监督检查执行情况，以保证文件执行的有效性。

5. 文件修订与变更

药品生产企业应定期组织技术、质量管理部门和相关的业务部门复审文件，并做好记录。任何人均可以提出修订文件的申请。一般由原文件批准人评价变更文件的必要性与可能性，若同意变更，则可启动文件修订程序。重大工艺改革、生产工艺变更、主要原辅料变更、新设备的应用等，需先进行验证再变更。文件管理部门负责检查文件修订后是否引起其他相关文件的变更，并进行及时修订。任何文件修订或变更，必须详细记录，以便追踪检查。

6. 文件保管与归档

文件持有者或部门应按文件类别及编码顺序存放文件并记录，不得丢失、撕毁或涂改，保持文件清洁、整齐及完整。保密的文件，应按有关保密制度管理，严格遵守借阅制度，不得随意复印文件。如果文件采用自控系统或管理系统记录，应仅允许受权人操作。

文件的归档包括现行文件归档和各种记录归档。文件管理部门应有一套现行文件原件

（或样本），并视情况随时更新，记录在案。各种记录一旦填写完成，应按档案管理办法分类归档，并保存至规定日期。

7. 文件撤销及销毁

新修订文件一旦生效，原文件应自动失效。文件管理部门需在规定时间内公布撤销文件名单。修订生效之日，须由文件分发者根据文件分发登记表，向持有原文件的人员或部门收回过时的文件。在工作现场不允许同时有 2 个或 2 个以上版本的文件。收回的文件，档案室必须留存 1 ~2 份备查，必要时，质量管理部门也可考虑留档 1 份，其余文件在清点数量后应全部销毁，由监销人监督并做销毁记录。如文件发现错误，对药品质量及生产经营活动产生不良影响，必须立即废止、及时回收。文件回收时必须在文件发放、回收记录上签字，写明收回日期、收回人，并在回收的文件盖上“回收文件”的印章，以表示回收的文件。

**讨论：**

如果你领到编写“文件发放、回收记录”的任务，那这个任务里的记录至少应包含哪些内容呢？

## 任务二　质量标准文件

药品标准是指规定了药品质量指标、检验方法以及生产工艺等技术要求的技术文件。国家药品标准包括国家药品监督管理部门颁布的《中国药典》、药品注册标准和其他药品标准等。药品生产企业质量标准的制定和执行在符合国家有关标准的前提下，常是高于国家、行业等法定标准，这样能更好地保证物料和产品的质量。

我国 GMP（2010 版）对质量标准文件的要求如下。

**第一百六十四条**　物料和成品应当有经批准的现行质量标准；必要时，中间产品或待包装产品也应当有质量标准。

**第一百六十五条**　物料的质量标准一般应当包括：

（一）物料的基本信息：

1. 企业统一指定的物料名称和内部使用的物料代码；

2. 质量标准的依据；

3. 经批准的供应商；

4. 印刷包装材料的实样或样稿。

（二）取样、检验方法或相关操作规程编号。

（三）定性和定量的限度要求。

（四）贮存条件和注意事项。

（五）有效期或复验期。

**第一百六十六条** 外购或外销的中间产品和待包装产品应当有质量标准；如果中间产品的检验结果用于成品的质量评价，则应当制定与成品质量标准相对应的中间产品质量标准。

**第一百六十七条** 成品的质量标准应当包括：

（一）产品名称以及产品代码；

（二）对应的产品处方编号（如有）；

（三）产品规格和包装形式；

（四）取样、检验方法或相关操作规程编号；

（五）定性和定量的限度要求；

（六）贮存条件和注意事项；

（七）有效期。

## 一、质量标准文件分类

药品生产企业的质量标准主要分为物料质量标准和产品质量标准，具体分为原料、辅料、直接接触药品包装材料、印刷包装材料、成品、制药用水等的质量标准。物料和产品的相关术语前面章节已经讲述，此处不再一一细讲。

## 二、质量标准文件要求

按 GMP 的规定，质量标准由质量管理部门制定，或质量管理部门会同技术部门制定，经质量负责人批准、签章后下达，自规定日期起执行。一般每三年至五年组织复审或修订。审查、批准和执行办法与制定时相同。在修订期限内确实需要修改的可按程序提出申请，审查、批准和执行办法也与制定时相同。质量标准内容依物料产品不同，有以下不同的要求。

1. 原辅料质量标准的要求

原辅料质量标准的要求包括：①名称、代码；②成分、来源、药用部位（中成药）及成分组成，应列出成分组成配方清单或物料处方文件编号；③药品注册证号、批准证明文件编号或备案文号；④标准依据，企业内控标准；⑤企业批准的供应商资料；⑥取样、检验方法或相关操作规程编号；⑦使用的标准品、对照品、标准样品、标本的编号；⑧定性和定量的限度要求；⑨规格和包装；⑩供应商提供的生产厂商产品的与物料直接接触的包装材料质量标准文号；⑪供应商提供的生产厂商产品印刷包装材料实样，包括印有标签内容相同的药品大、中、小包装的包装材料，使用说明书，产品合格证，封口签，防伪签等印刷品标准样板实样；⑫贮存条件及注意事项；⑬有效期或保质期；⑭复验期。

2. 包装材料标准的要求

（1）直接接触药品包装材料质量标准的要求包括：①名称、代码；②材质包装材料的构成、材料组成及化学成分；③注册证号或备案文号，包括药包材注册证号或备案文号；④标准依据应依据国家标准、行业标准，质量指标等同或高于上述标准的企业内控标准；⑤企业批准的供应商资料；⑥取样、检验方法或相关操作规程编号；⑦使用的标准品、对照品、标准样品、标本的编号；⑧技术指标模具图纸；⑨规格和包装；⑩贮存条件及注意事项；⑪保存期；⑫复验期。

（2）印刷包装材料质量标准的要求包括：①材料名称；②材质；③规格及偏差；④标准依据国家标准、行业标准，质量指标同等或高于上述标准的企业内控标准；⑤企业批准的供应商资料；⑥取样、检验或相关操作规程编号；⑦技术指标包括规格及偏差、外观质量要求、物理性能、印刷质量要求；⑧规格和包装；⑨贮存条件及注意事项；⑩保存期；⑪复验期。

（3）包装材料标识印刷标准要求包括：①名称、编号；②文字内容标准，文字须以中文为主，并使用国家语言文字工作委员会公布的规范化汉字，文字及图案不得加入任何未经审批的内容；③文字设计的样稿及复印件；④标准依据，应依据法律法规、药品标签和说明书管理规定、化学药品和生物制品说明书规范细则、中药及天然药物处方药说明书的格式内容书写要求及撰写指导原则、国家标准制定内控标准；⑤印刷质量要求，有印刷标识的，应有印刷用色标、条形码基准、商标基准等标准和标准样板，规格、质量控制项目、合格水平、判定方法及说明的文字准确、清晰，图案不得有错位、遗漏，不同批次印刷不得有明显的色差。

3. 成品标准的要求

成品质量标准的要求包括：①产品名称、代码；②药品注册证号、药品批准证明文号；③处方来源，处方编号；④标准依据，企业内控标准；⑤取样、检验方法或相关要求；⑥定性和定量的限度要求；⑦产品规格和产品包装；⑧印刷包装材料标准样板，包括印有标签内容相同的药品大、中、小包装的包装材料，使用说明书，产品合格证，封口签，防伪签等印刷品标准样板；⑨包装材料质量标准编号；⑩贮存条件及注意事项；⑪有效期。

# 任务三　生产技术文件

药品生产技术文件是保证药品安全有效的重要软件，能加强规范每个生产环节，记录生产过程，使药品生产可追溯。

## 一、生产技术文件种类

药品生产技术文件主要包括工艺规程、批生产记录、批包装记录、操作规程。工艺规程是指为生产特定数量的成品而制定的一个或一套文件，包括生产处方、生产操作要求和包装操作要求，规定原辅料和包装材料的数量、工艺参数和条件、加工说明（包括中间控制）、注意事项等内容。批记录是指用于记述每批药品生产、质量检验和放行审核的所有文件和记录，可追溯所有与成品质量有关的历史信息，包含了批生产记录和批包装记录。操作规程是指经批准用来指导设备操作、维护与清洁、验证、环境控制、取样和检验等药品生产活动的通用性文件，也称标准操作规程。

我国 GMP（2010 版）对生产技术文件有如下要求。

**第一百六十八条** 每种药品的每个生产批量均应当有经企业批准的工艺规程，不同药品规格的每种包装形式均应当有各自的包装操作要求。工艺规程的制定应当以注册批准的工艺为依据。

**第一百六十九条** 工艺规程不得任意更改。如需更改，应当按照相关的操作规程修订、审核、批准。

**第一百七十条** 制剂的工艺规程的内容至少应当包括：

（一）生产处方：

1. 产品名称和产品代码。

2. 产品剂型、规格和批量。

3. 所用原辅料清单（包括生产过程中使用，但不在成品中出现的物料），阐明每一物料的指定名称、代码和用量；如原辅料的用量需要折算时，还应当说明计算方法。

（二）生产操作要求：

1. 对生产场所和所用设备的说明（如操作间的位置和编号、洁净度级别、必要的温湿度要求、设备型号和编号等）；

2. 关键设备的准备（如清洗、组装、校准、灭菌等）所采用的方法或相应操作规程编号；

3. 详细的生产步骤和工艺参数说明（如物料的核对、预处理、加入物料的顺序、混合时间、温度等）；

4. 所有中间控制方法及标准；

5. 预期的最终产量限度，必要时，还应当说明中间产品的产量限度，以及物料平衡的计算方法和限度；

6. 待包装产品的贮存要求，包括容器、标签及特殊贮存条件；

7. 需要说明的注意事项。

（三）包装操作要求：

1. 以最终包装容器中产品的数量、重量或体积表示的包装形式；

2. 所需全部包装材料的完整清单，包括包装材料的名称、数量、规格、类型以及与质量标准有关的每一包装材料的代码；

3. 印刷包装材料的实样或复制品，并标明产品批号、有效期打印位置；

4. 需要说明的注意事项，包括对生产区和设备进行的检查，在包装操作开始前，确认包装生产线的清场已经完成等；

5. 包装操作步骤的说明，包括重要的辅助性操作和所用设备的注意事项、包装材料使用前的核对；

6. 中间控制的详细操作，包括取样方法及标准；

7. 待包装产品、印刷包装材料的物料平衡计算方法和限度。

**第一百七十一条**　每批产品均应当有相应的批生产记录，可追溯该批产品的生产历史以及与质量有关的情况。

**第一百七十二条**　批生产记录应当依据现行批准的工艺规程的相关内容制定。记录的设计应当避免填写差错。批生产记录的每一页应当标注产品的名称、规格和批号。

**第一百七十三条**　原版空白的批生产记录应当经生产管理负责人和质量管理负责人审核和批准。批生产记录的复制和发放均应当按照操作规程进行控制并有记录，每批产品的生产只能发放一份原版空白批生产记录的复制件。

**第一百七十四条**　在生产过程中，进行每项操作时应当及时记录，操作结束后，应当由生产操作人员确认并签注姓名和日期。

**第一百七十五条**　批生产记录的内容应当包括：

（一）产品名称、规格、批号。

（二）生产以及中间工序开始、结束的日期和时间。

（三）每一生产工序的负责人签名。

（四）生产步骤操作人员的签名；必要时，还应当有操作（如称量）复核人员的签名。

（五）每一原辅料的批号以及实际称量的数量（包括投入的回收或返工处理产品的批号及数量）。

（六）相关生产操作或活动、工艺参数及控制范围，以及所用主要生产设备的编号。

（七）中间控制结果的记录以及操作人员的签名。

（八）不同生产工序所得产量及必要时的物料平衡计算。

（九）对特殊问题或异常事件的记录，包括对偏离工艺规程的偏差情况的详细说明或调查报告，并经签字批准。

**第一百七十六条**　每批产品或每批中部分产品的包装，都应当有批包装记录，以便追溯该批产品包装操作以及与质量有关的情况。

**第一百七十七条**　批包装记录应当依据工艺规程中与包装相关的内容制定。记录的设计应当注意避免填写差错。批包装记录的每一页均应当标注所包装产品的名称、规格、包装形式和批号。

**第一百七十八条**　批包装记录应当有待包装产品的批号、数量以及成品的批号和计划数量。原版空白的批包装记录的审核、批准、复制和发放的要求与原版空白的批生产记录相同。

**第一百七十九条**　在包装过程中，进行每项操作时应当及时记录，操作结束后，应当由包装操作人员确认并签注姓名和日期。

**第一百八十条**　批包装记录的内容包括：

（一）产品名称、规格、包装形式、批号、生产日期和有效期。

（二）包装操作日期和时间。

（三）包装操作负责人签名。

（四）包装工序的操作人员签名。

（五）每一包装材料的名称、批号和实际使用的数量。

（六）根据工艺规程所进行的检查记录，包括中间控制结果。

（七）包装操作的详细情况，包括所用设备及包装生产线的编号。

（八）所用印刷包装材料的实样，并印有批号、有效期及其他打印内容；不易随批包装记录归档的印刷包装材料可采用印有上述内容的复制品。

（九）对特殊问题或异常事件的记录，包括对偏离工艺规程的偏差情况的详细说明或调查报告，并经签字批准。

（十）所有印刷包装材料和待包装产品的名称、代码，以及发放、使用、销毁或退库的数量、实际产量以及物料平衡检查。

**第一百八十一条** 操作规程的内容应当包括：题目、编号、版本号、颁发部门、生效日期、分发部门以及制定人、审核人、批准人的签名并注明日期，标题、正文及变更历史。

**第一百八十二条** 厂房、设备、物料、文件和记录应当有编号（或代码），并制定编制编号（或代码）的操作规程，确保编号（或代码）的唯一性。

**第一百八十三条** 下述活动也应当有相应的操作规程，其过程和结果应当有记录：

（一）确认和验证；

（二）设备的装配和校准；

（三）厂房和设备的维护、清洁和消毒；

（四）培训、更衣及卫生等与人员相关的事宜；

（五）环境监测；

（六）虫害控制；

（七）变更控制；

（八）偏差处理；

（九）投诉；

（十）药品召回；

（十一）退货。

## 二、生产工艺规程要求

药品生产工艺规程的制定应当以注册批准的工艺为依据。工艺规程不得随意更改。如需更改，应当经过工艺验证，按照相关规程要求进行修订、审核、批准。

根据 GMP 和工业标准化管理的要求，生产工艺规程的内容可分为概述、正文、补充三个部分。①概述，主要有封面、首页和目次。封面明确写明本工艺是某一剂型或某一产品的生产工艺规程；首页内容相当于说明或企业通知下属部门执行的文件，包括批准人签章及批准执行日期等；目次则是工艺规程内容，可划分若干单元，用于注明标题及所在页码。②正文，是工艺规程的核心部分。GMP 要求生产工艺规程的内容包括品名，剂型，生产工艺的操作要求，中间产品、成品的质量标准和技术参数及贮存的注意事项，理论收得率、计算收得率和实际收得率的计算方法，成品的容器，包装材料的要求等，详见后续分类。③补充部分，包含附录、附加说明、附页。附录是对正文内容的补充，或是用以帮助理解标准的内容，以便正确掌握和使用标准；附加说明多是注明本标准是某单位、部门起草，由某单位负责解释等；附页包含修改时需填写的批准日期、文号、内容等。

1. 化学原料药生产工艺规程内容要求

（1）品名、产品概述、化学反应及副反应过程、生产工艺及设备流程图。

（2）工艺流程及生产操作要求包括：①物料、中间产品名称及代码，投料量、投料比；②工艺过程及参数，操作顺序及要求；③物料、中间产品贮存条件及期限，标签，包装材料。

（3）生产过程的质量控制，物料、中间产品、成品的质量标准，取样方法。

（4）设备，包括型号、材质及主要设备能力的一览表。

（5）预防措施及注意事项，技术安全及防火、劳动保护，原料消耗定额和技术经济指标，副产品、回收品的处理，“三废”治理及排放标准。

（6）操作工时与生产周期，单个步骤或整个工艺过程的时限，劳动组织与岗位定员。

（7）附录包括有关理化常数、曲线、图表、计算公式、换算表等。

2. 制剂生产工艺规程内容要求

请参阅 GMP 相关条款。

3. 中成药工艺规程内容要求

（1）产品概述；

（2）处方和依据；

（3）工艺流程图；

（4）原药材的整理炮制；

（5）制剂操作过程及工艺条件；

（6）原辅料规格（等级）、质量标准和检查方法；

（7）中间产品的质量标准和检查方法；

（8）成品的质量标准和检查方法；

（9）包装材料和包装的规格、质量标准；

（10）说明书、产品包装文字说明和标识；

（11）工艺卫生要求；

（12）设备一览表及主要设备生产能力；

（13）技术安全及劳动保护；

（14）劳动组织、岗位定员、工时定额与产品生产周期；

（15）原材料消耗定额；

（16）包装材料消耗定额；

（17）动力消耗定额；

（18）综合利用和环境保护。

## 三、批记录和批指令

批记录主要包括批生产指令记录、批包装指令记录、批生产记录、批包装记录、批检验记录、批放行记录等。批指令主要包括批生产指令和批包装指令。

1. 批生产指令

批生产指令包括以下主要内容：①记录表格编码；②产品名称及代码、规格、批号、生产日期；③计划产量；④生产技术依据、生产操作规程编号；⑤专用模具代码清单；⑥原辅料定额量、计划领用量；⑦编制人、审批人批准签名及日期。

2. 批生产记录

批生产记录可追溯该批产品的生产历史以及与质量有关的情况。批生产记录应当依据现行批准的工艺规程相关内容制定。记录的设计应当避免填写差错。批生产记录的每一页应当标注产品的名称、规格和批号。

原版空白的批生产记录应当经生产管理负责人和质量管理负责人审核和批准。批生产记录的复制和发放均应当按照操作规程进行控制并有记录，在生产过程中，进行每项操作时应当及时记录，操作结束后，应当由生产操作人员确认并签注姓名和日期。

**讨论：**

查阅我国 GMP 条款，“批”指的是什么？请举例说明如何分批次？

3. 批包装指令

批包装指令包括以下主要内容：①记录表格编码；②包装产品名称及代码、包装规格、批号、生产日期；③计划产量；④包装方法、包装要求、作业顺序、SOP 编号、生产地点、使用设备与生产线及其编号；⑤专用模具代码清单；⑥包装材料定额量、计划领用量；⑦编制人、审批人批准签名及日期。

4. 批包装记录

批包装记录是指一个批次的待包装产品变成成品所需的包括分装、贴签等所有生产操作步骤的详细情况记录。但无菌生产工艺中产品的无菌灌装以及最终灭菌产品的灌装等不视为包装。

每批产品或每批中的部分产品包装，都应当有批包装记录，以便追溯该批产品包装操作以及与质量有关情况。

5. 批检验记录

所有原料、辅料、包装材料、中间产品和成品都必须经过检验确保符合相应标准并有记录。检验记录包括：①原辅料、药包材的检验项目，检验结果报告单；②中间产品检验项目，检验结果报告单；③成品检验项目，检验结果报告单。

6. 放行审核记录

放行审核记录包括对物料和产品的放行，产品包括药品的中间产品、待包装产品和成品。

物料与产品的放行应符合放行要求。物料与产品的放行应进行合规性审查，对药品生产现场的人员操作、清洁及环境监测过程进行核查，审核批生产、批包装、批检验等记录，实施电子记录的，应对电子记录予以审核和确认。对于批记录审核合格的，须经受权人或质量管理负责人批准放行，中间产品可进入下个工序或使用，成品可发运投放市场。

## 四、操作规程和记录要求

药品生产从物料采购到产品售后服务均应有相应的操作规程，其过程和结果应当有记录。

1. 操作规程要求

操作规程内容包括：①操作名称；②编写依据；③操作范围及条件，应注明时间、地点、对象、目的；④操作步骤或程序，包括准备过程、操作过程、结束过程；⑤操作标准；⑥操作结果的验收、检验标准；⑦操作过程复核与控制；⑧操作过程的安全事项与注意事项；⑨操作中使用的物品、设备、器具及其编号；⑩操作异常情况处理等。

2. 记录要求

药品生产企业会依据 GMP 并结合产品要求，对生产原始记录做一定的要求，并形成文件，规范记录。操作人员应按要求适时填写，填写时做到字迹清楚、内容真实、数据完整，并由操作人和复核人签字。不得将生产记录当成“回忆录”或“备忘录”对待，更不得做假记录。此外，记录应保持整洁，不得撕毁或任意涂改。更改错误时，应在原错误的地方画一横线，以便被更改的部分可以辨认，更改人应在更改处签字。记录表格一般不应有未填的空项，如无内容可填时，可在该项中画斜线或横线。

例如，某药品生产企业原始记录填写须知如下：

（1）品名要使用统一的产品名称；与产品相关的每份记录上都必须填写品名；不得随意简写或使用随意编造的代码。例如，硫酸庆大霉素不能写成庆大或 QD。

（2）批号前二数为年份，中间二数为月份，后为批次（常使用月流水号、日期或日期加日流水号）。例如，070701 或 070711 或 070722 - 1，前面 4 位数统一规定不可更改。与产品相关的每张记录上都必须标明批号。

（3）日期应写年月日，例如，2007 年 7 月 22 日不能写成 07 - 07 - 22 或 22/07/07。

（4）操作者应写全名，不能只写姓。

（5）三班连续操作日期不可写错，班次按本厂习惯排列填写（一般为二班，应留出设备清洗灭菌时间）。

（6）按顺序记录，记录及时；不能填好了再做，并注意勿将次序颠倒。

（7）原辅料应写全名，不得简写，如“磷酸氢二钾”不能写成“二钾”。

（8）原料批号必须填上，并与领料单、检验报告和合格证相符。

（9）记录写错不得涂改，可划去重写，并签名。

（10）记录字迹应端正清楚，不得用铅笔填写。

（11）切不可用刀刮、用橡皮擦，不可有重写、涂改。

（12）重复上面记录不能用“同上”或“、、”。

（13）应按要求填写，不能张冠李戴，也不可有空格（有空格时可以斜线或横线划去空格）。

（14）各步中间产品交接者均需签名，上下工序交接不仅要交清数量，还要交清质量，并应有检验凭证。中间产品送样应写送样人名，不得写大组名。

（15）转抄者、复核者应认真转抄、复核，不得写错。

# 实践实训五　旋转压片机 SOP 的编制

## 一、实训目的

1. 掌握操作规程的编制方法，应包括表头、目的、范围、职责、内容。
2. 熟悉药品生产企业技术文件的编制方法与要求。
3. 了解计算机办公软件使用方法，了解文献资料查找方法。

## 二、实训任务

以项目八任务一、任务三相关内容为基础，制定完整规范的旋转压片机 SOP 规范文件。

## 三、实训方式

检索旋转压片机说明书，确定并编制旋转压片机 SOP。每位同学提交一份扩展名为“. PDF”的旋转压片机 SOP 的 PDF 文件。

## 四、实训标准

1. 文件内容要求

文件应当包括文件表头、目的、范围、职责等相关内容。

2. 排版编辑要求

正文宋体五号字、1.5 倍行距，层级关系以 1，1.1，1.1.1 进行排列，页面设置采用 A4 纸张，表格或文字内容均不得超出页边距以外。

## 五、考核与评价

根据学生提交的实训报告，按照实训考核标准进行综合考核评价，采用百分制计分。其中，内容排版占该项目总分的 10%，工作质量占该项目总分的 90%。评分表见表 8－4。

表 8-4　　旋转压片机 SOP 的编制考核表

<table>
<tr><th colspan="2">评价内容</th><th>分值</th><th>评分细则</th><th>评分</th></tr>
<tr><td colspan="2">内容排版<br>10 分</td><td>10</td><td>整体比例要协调，空间设计合理得 10 分</td><td></td></tr>
<tr><td rowspan="12">工作<br>90 分</td><td rowspan="4">表头 20 分</td><td>5</td><td>题目正确得 5 分</td><td></td></tr>
<tr><td>5</td><td>分类代码正确得 5 分</td><td></td></tr>
<tr><td>5</td><td>有制定人及制定日期、审核人及审核日期、批准人及批准日期得 5 分</td><td></td></tr>
<tr><td>5</td><td>有颁布部门、生效日期、分发部门得 5 分</td><td></td></tr>
<tr><td>目的 5 分</td><td>5</td><td>正确描述目的得 5 分</td><td></td></tr>
<tr><td>范围 5 分</td><td>5</td><td>正确描述文件适用范围得 5 分</td><td></td></tr>
<tr><td>职责 5 分</td><td>5</td><td>正确描述职责得 5 分</td><td></td></tr>
<tr><td rowspan="5">内容 55 分</td><td rowspan="5">55</td><td>正确描述开机前准备得 10 分</td><td></td></tr>
<tr><td>正确描述仪器生产使用得 20 分</td><td></td></tr>
<tr><td>正确描述注意事项得 10 分</td><td></td></tr>
<tr><td>有安全操作要求得 10 分</td><td></td></tr>
<tr><td>语言文字简洁、易懂、无错别字得 5 分</td><td></td></tr>
</table>

## 知识回顾

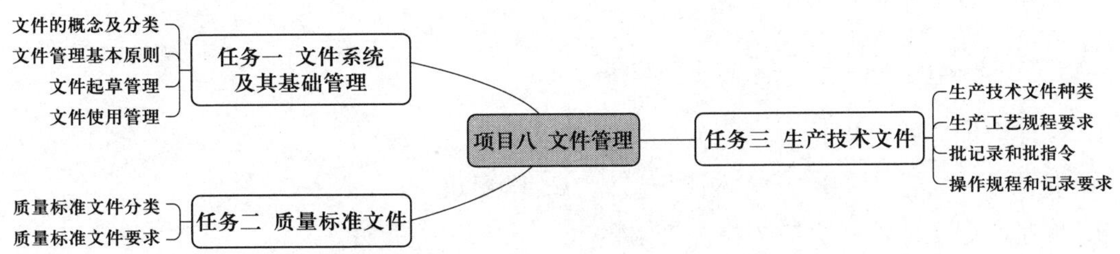


## 目标检测

### 一、单选题

1. 关于文件的起草、修订、审核、批准、替换及保管和销毁等要求的文件应为（　　）。

A. 管理规程　　B. 技术标准　　C. 操作规程　　D. 企业制度

2. 质量标准类文件的批准人为（　　）。

A. 生产负责人　　B. 企业负责人

C. 质量负责人　　D. 技术负责人

3. 药品生产岗位操作记录的填写人员为（　　）。

A. QC　　B. 车间技术人员

C. 岗位操作人员　　D. 班组长

4. 下列对文件管理要求描述不正确的是（　　）。

A. 应建立文件的起草、修订、审查、批准、撤销、印刷、发放、复制及保管制度

B. 文件受控发放，确保使用的文件为批准的各版本

C. 未经授权不得修改文件

D. 使用者能及时获得相关文件

5. 负责部门内部文件批准的是（　　）。

A. 企业负责人　　B. 部门负责人

C. 生产负责人　　D. 质量负责人

## 二、配伍选择题

A. 管理标准　　B. 操作规程　　C. 技术标准　　D. 记录

1. 生产工艺员岗位职责属于（　　）。

2. 复方丹参片生产工艺规程属于（　　）。

3. 小容量注射剂配液 SOP 属于（　　）。

4. 检验报告书属于（　　）。

## 三、多选题

1. 文件培训方式可以是（　　）。

A. 传阅　　B. 开会宣读　　C. 学习班　　D. 考试

2. 批生产记录的每一页应当标注产品的（　　）。

A. 规格　　B. 数量　　C. 名称　　D. 批号

3. 制剂工艺规程的内容至少包括（　　）。

A. 生产处方　　B. 生产操作要求

C. 质量控制要求　　D. 包装操作要求

4. 批生产记录的内容应当包括（　　）。

A. 产品名称、规格、批号

B. 生产以及中间工序开始、结束的日期和时间

C. 每一生产工序的负责人签名

D. 每一原辅料的批号以及实际称量的数量

5. 物料的质量标准一般应当包括（　　）。

A. 物料的基本信息

B. 取样、检验方法或相关操作规程编号

C. 定性和定量的限度要求

D. 贮存条件

# 项目九

# 生产管理

## 学习目标

**知识目标：**

1. 掌握批和批号的概念、生产日期制定要求，生产过程中用到的标准和记录，生产前检查的项目、要求以及生产过程中的管理要点。
2. 熟悉生产过程中污染途径及污染预防措施，清场的范围及清场操作要求。
3. 了解批次的划分方式。

**技能目标：**

1. 能正确划分批次和制定批号、生产日期。
2. 能识读生产指令和SOP。
3. 按规程进行生产操作，并正确填写记录。
4. 能够按照规程进行清场操作，并指出清场中不规范的地方。

**【案例导入】**

**甲氨蝶呤不良事件**

2007年7月6日，根据国家药品不良反应监测中心报告，广西壮族自治区和上海市有三家医院的部分白血病患儿陆续出现下肢疼痛、乏力进而行走困难等症状，患儿共同使用了上海某药厂生产的注射用甲氨蝶呤（涉及四个批次，批号为070403A、070403B、070405B、070502B，规格为5 mg）。

经查，该药厂在生产过程中，现场操作人员将硫酸长春新碱尾液混于注射用甲氨蝶呤及盐酸阿糖胞苷等批号的药品中，导致多个批次的药品被硫酸长春新碱污染，造成重大的药品生产质量责任事故。

**讨论：**

1. 药品生产企业如何避免该类事故发生？
2. 药品生产过程中所需的文件有哪些？

生产管理是药品生产过程中的重要环节，也是GMP的重要组成部分。药品的生产，是一个以工序为基础的连续过程，过程中任何工序出现变化，必然要引起生产过程及成品的质量波动。因此，药品生产质量管理必须重视生产过程的控制。本项目将要学习的生产文件管理、生产过程管理、污染预防措施、清场管理等相关内容，都是确保药品生产质量的重要内容。

## 任务一　生产文件管理

在药品生产过程中，要做到“一切行为有标准，一切操作有记录，一切过程可监控，一发差错可追溯”。因此药品的生产和包装均应当按照批准的工艺规程和操作规程进行操作并有相关记录，以确保药品达到规定的质量标准。应当建立划分产品生产批次的操作规程，每批药品均应当编制唯一的批号。

我国 GMP（2010 版）关于生产文件管理有以下要求。

**第一百八十四条**　所有药品的生产和包装均应当按照批准的工艺规程和操作规程进行操作并有相关记录，以确保药品达到规定的质量标准，并符合药品生产许可和注册批准的要求。

**第一百八十五条**　应当建立划分产品生产批次的操作规程，生产批次的划分应当能够确保同一批次产品质量和特性的均一性。

**第一百八十六条**　应当建立编制药品批号和确定生产日期的操作规程。每批药品均应当编制唯一的批号。除另有法定要求外，生产日期不得迟于产品成型或灌装（封）前经最后混合的操作开始日期，不得以产品包装日期作为生产日期。

### 一、批号与生产日期

1. 批次和批号的定义

批/批次是指经一个或若干加工过程生产的、具有预期均一质量和特性的一定数量的原辅料、包装材料或成品。

批号是指用于识别一个特定批的具有唯一性的数字和（或）字母的组合。

2. 批次的划分

为完成某些生产操作步骤，可能有必要将一批产品分成若干亚批，最终合并成为一个均一的批次。在连续生产情况下，批次必须与生产中具有预期均一特性的确定数量的产品相对应，批量可以是固定数量或固定时间段内生产的产品量。一般按照以下方式划分批次。

（1）口服或外用的固体、半固体制剂以在成型或分装前使用同一台混合设备一次混合所生产的均质产品为一批次。

（2）口服或外用的液体制剂以灌装（封）前经最后混合的药液所生产的均质产品为一批次。

（3）大容量注射剂或小容量注射剂以同一配液罐最终一次配制的药液所生产的均质产品为一批次；同一批次产品如用不同的灭菌设备或同一灭菌设备分次灭菌的，应当可以追溯。

（4）粉针剂以一批无菌原料药在同一连续生产周期内生产的均质产品为一批次。

（5）冻干产品以同一批配制的药液使用同一台冻干设备在同一生产周期内生产的均质产品为一批次。

（6）眼用制剂、软膏剂、乳剂和混悬剂等以同一配制罐最终一次配制所生产的均质产品为一批次。

（7）连续生产的原料药，在一定时间间隔内生产的在规定限度内的均质产品为一批次。间歇生产的原料药，可由一定数量的产品经最后混合所得的在规定限度内的均质产品为一批次。

3. 批号的编制管理

（1）正常批号

正常批号一般采用年 + 月 + 流水号，例如，批号 20220113，其中 202201 表示生产时间为 2022 年 1 月，13 是流水号，表示该批为 2022 年 1 月第 13 批生产；或采用年 + 月 + 日 + 流水号，例如，批号 2020051102，表示 2020 年 5 月 11 日第 2 次配制；也可采用拉丁字母与一组数字联合使用，例如，批号 BP201936，B 表示某车间，P 代表剂型，即 B 车间 P 剂型 2019 年第 36 批。

有的企业利用计算机系统以某一生产日期生产的批次生成相同位数的随机数字与英文字母组合，编制出无规律的随机批号，并将该批号与对应的信息资料录入数据库，便于在流通市场查验产品真伪。

（2）返工批号

返工后的批号不变，只是在原批号后加一代号以示区别，代号由企业自定。例如，批号 2021120125 – R，表示 2021 年 12 月 1 日投料生产的药品经返工处理。要注意的是重新加工产品时批号需重新编制。

（3）混合批号

若为不同批次但为同一性质和质量的药品最后包装要合并为一箱时，因批号不同，只可连续两个批次的成品合箱，合箱外应标明全部批号，并同时建立合箱记录。

（4）亚批号

生产批号应具有专一性。在以下情形下应制定亚批：半成品配制后，在分装至终容器之前，如需分装至中间容器，应按中间容器划分为不同批或亚批。半成品配制后，如采用不同滤器过滤，应按滤器划分为不同批或亚批。半成品配制后直接分装至终容器时，如采用不同分装机进行分装，应按分装机划分为不同批或亚批。半成品配制后经同一台分装机分装至终容器，采用不同灭菌或灭活设备进行灭菌或灭活操作、不同冻干机进行冻干的，应按冻干机划分为不同亚批。亚批号的编码顺序为批号 – 数字序号。如某制品批号为 2021061302，其亚批号应表示为 2021061302 – 1、2021061302 – 2。

4. 生产日期的确定

若严格要求则应该根据起始原料投料日期确定生产日期。化学合成原料及使用化学原料药制剂的生产日期均按此标示。生产日期不得迟于产品成型或灌装（封）前经最后混合的操作开始日期，不得以产品包装日期作为生产日期。

原料药或中间产品混合批次的生产日期和有效期应当根据参与混合的最早批次产品的生产日期确定。

## 二、生产过程中所用的标准和记录

文件是药品生产质量保证系统的基本要素，药品生产过程涉及的文件主要有管理标准、技术标准、操作标准以及记录等。

《药品管理法》规定，药品应当按照国家药品标准和经药品监督管理部门核准的生产工艺进行生产。生产、检验记录应当完整准确，不得编造。

1. 生产管理类文件

生产管理类文件包括生产计划的编制与实施管理制度、生产统计管理制度、生产批号管理规定、不合格中间产品、成品管理程序、生产过程质量控制点监测管理制度等。

2. 生产过程需执行的技术标准

药品生产需严格执行技术标准，以确保所生产的每一批药品质量均尽可能地与原设计一致。

（1）技术标准文件包括原料、辅料、包装材料、半成品、中间体、成品等质量标准文件。药品生产企业所制定的质量标准文件必须符合国家药品标准、包装材料标准、生物制品规程或有关的其他标准。

（2）产品工艺规程是指为生产特定数量的成品而制定的一个或一套文件，包括生产处方、生产操作要求和包装操作要求，规定原辅料和包装材料的数量、工艺参数和条件、加工说明（包括中间控制）、注意事项等内容。工艺规程依据药品设计和生产方法设计制定，确保生产的药品批和批之间最大限度地与原设计吻合。

3. 操作标准

操作标准即标准操作规程，是药品生产企业搞好质量管理工作的基础。生产过程中涉及的操作标准包括岗位操作标准、设备标准操作规程、取样标准操作规程、称量及复核程序等。

4. 记录

（1）批记录

批记录用于记述每批药品生产、质量检验和放行审核的所有文件和记录，可追溯所有与成品质量有关的历史信息。批记录包括批生产指令记录、批包装指令记录、批生产记录、批包装记录、批检验记录、批放行记录。生产中的批指令一般包括批生产指令和批包装指令。

（2）记录的填写要求

记录是反映文件执行情况的真实记载，用于证实、评价药品生产企业的管理和操作，是质量追溯和纠偏的根据，是质量风险分析的基础，是质量持续改进的源泉。因此，记录类文件是保证药品质量的十分重要的文件，甚至是最重要的文件。在填写记录时要求及时、准确、真实、完整，按规定修改。

1）及时。在操作过程中要及时记录，不提前，不滞后，执行到哪步，记录到哪步。

2）准确。按实际执行情况和数据填写，填写数据精度应与工艺要求和显示一致。

3）真实。严禁不真实、不负责地随意记录或捏造数据和记录。

4）完整。对影响质量的因素均应记录，对异常情况必须详细记录。一般按设计表格填写完整即可。记录表格中的某项无数据或无此项时需要按填写规定画线或标注。

**讨论：**

当出现以下情况时，我们应该怎么办？

①工作无文件支持；②文件与实际不相符、操作性差；③文件相互间有矛盾；④记录填写错误。

## 任务二　生产过程管理

生产过程管理是指从人员、物料、设备等资源到最终产品或服务的转换过程中所进行的组织、计划与控制。药品生产企业应当提高全体工作人员对于实施 GMP 管理重要性的认识，创设良好的 GMP 管理环境，提高药品生产企业 GMP 管理的水平，最大限度地降低药品生产过程中污染、交叉污染、混淆、差错等风险，从而提高药品质量。

我国 GMP（2010 版）关于生产过程管理有以下要求。

**第一百八十七条**　每批产品应当检查产量和物料平衡，确保物料平衡符合设定的限度。如有差异，必须查明原因，确认无潜在质量风险后，方可按照正常产品处理。

**第一百九十一条**　生产期间使用的所有物料、中间产品或待包装产品的容器及主要设备、必要的操作室应当贴签标识或以其他方式标明生产中的产品或物料名称、规格和批号，如有必要，还应当标明生产工序。

**第一百九十二条**　容器、设备或设施所用标识应当清晰明了，标识的格式应当经企业相关部门批准。除在标识上使用文字说明外，还可采用不同的颜色区分被标识物的状态（如待验、合格、不合格或已清洁等）。

**第一百九十三条**　应当检查产品从一个区域输送至另一个区域的管道和其他设备连接，确保连接正确无误。

**第一百九十四条**　每次生产结束后应当进行清场，确保设备和工作场所没有遗留与本次生产有关的物料、产品和文件。下次生产开始前，应当对前次清场情况进行确认。

**第一百九十五条**　应当尽可能避免出现任何偏离工艺规程或操作规程的偏差。一旦出现偏差，应当按照偏差处理操作规程执行。

**第一百九十六条**　生产厂房应当仅限于经批准的人员出入。

**第一百九十九条**　生产开始前应当进行检查，确保设备和工作场所没有上批遗留的产品、文件或与本批产品生产无关的物料，设备处于已清洁及待用状态。检查结果应当有记录。

生产操作前，还应当核对物料或中间产品的名称、代码、批号和标识，确保生产所用物料或中间产品正确且符合要求。

**第二百条**　应当进行中间控制和必要的环境监测，并予以记录。

**第二百零二条**　包装操作规程应当规定降低污染和交叉污染、混淆或差错风险的措施。

**第二百零三条**　包装开始前应当进行检查，确保工作场所、包装生产线、印刷机及其他设备已处于清洁或待用状态，无上批遗留的产品、文件或与本批产品包装无关的物料。检查结果应当有记录。

**第二百零四条**　包装操作前，还应当检查所领用的包装材料正确无误，核对待包装产品和所用包装材料的名称、规格、数量、质量状态，且与工艺规程相符。

**第二百零五条**　每一包装操作场所或包装生产线，应当有标识标明包装中的产品名称、规格、批号和批量的生产状态。

**第二百零六条**　有数条包装线同时进行包装时，应当采取隔离或其他有效防止污染、交叉污染或混淆的措施。

**第二百零七条**　待用分装容器在分装前应当保持清洁，避免容器中有玻璃碎屑、金属颗粒等污染物。

**第二百零八条**　产品分装、封口后应当及时贴签。未能及时贴签时，应当按照相关的操作规程操作，避免发生混淆或贴错标签等差错。

**第二百零九条**　单独打印或包装过程中在线打印的信息（如产品批号或有效期）均应当进行检查，确保其正确无误，并予以记录。如手工打印，应当增加检查频次。

**第二百一十条**　使用切割式标签或在包装线以外单独打印标签，应当采取专门措施，防止混淆。

**第二百一十一条**　应当对电子读码机、标签计数器或其他类似装置的功能进行检查，确保其准确运行。检查应当有记录。

**第二百一十二条**　包装材料上印刷或模压的内容应当清晰，不易褪色和擦除。

**第二百一十三条**　包装期间，产品的中间控制检查应当至少包括下述内容：

（一）包装外观；

（二）包装是否完整；

（三）产品和包装材料是否正确；

（四）打印信息是否正确；

（五）在线监控装置的功能是否正常。样品从包装生产线取走后不应当再返还，以防止产品混淆或污染。

**第二百一十四条** 因包装过程产生异常情况而需要重新包装产品的，必须经专门检查、调查并由指定人员批准。重新包装应当有详细记录。

**第二百一十五条** 在物料平衡检查中，发现待包装产品、印刷包装材料以及成品数量有显著差异时，应当进行调查，未得出结论前，成品不得放行。

**第二百一十六条** 包装结束时，已打印批号的剩余包装材料应当由专人负责全部计数销毁，并有记录。如将未打印批号的印刷包装材料退库，应当按照操作规程执行。

## 一、生产前管理

1. 文件准备

生产管理部门根据生产计划，编制批生产指令发放到生产、供应、仓库等相关部门。相应部门根据生产指令单，准备生产工艺规程、标准操作规程及生产记录文件。

生产指令包括包装指令，在每批生产结束时须汇入相应的批生产记录中。

2. 领料

生产车间按生产指令、工艺规程及操作规程，由车间工艺员向各工序分别下达生产计划，各工序根据计划向仓库限额领取原辅料、中间产品、包装材料等，领料时须核对品名、规格、批号、生产厂家、数量及检验合格报告单等，并填写领料记录。

3. 小样试制

对制剂或原料药成品质量有影响的原辅料，在货源、批号改变时，应先进行小样试制，确认符合要求后填写小样试制合格报告单，经质量管理部门审核签署后方可投入生产。

4. 生产前的检查

为防止药品被污染或混淆，生产前应确认无上次生产遗留物。每次正式生产前，都要由经过培训够资格的人员对生产区、设备、清洁等状况等进行检查，检查应保证做到以下几点。

（1）检查生产场所是否符合该区域洁净要求；生产区和设备上没有与本次生产无关的原料；生产区和设备上没有与本次生产无关的包装材料；生产区和设备上没有与本次生产无关的产品；生产区和设备上没有与本次生产无关的书面档案；生产区和设备上没有与本次生产无关的标签和标示物；生产废弃物已清除；生产区域已按要求进行了清洁。

（2）更换批号品种及规格前要有上一批产品的“清场合格证副本”，未取得“清场合格证副本”不得进行另一个品种或同品种不同规格或不同批号产品的生产。

（3）设备清洁完好，有“设备清洁状态标识”。

（4）计量器具与称量范围相符，清洁完好，有“计量检定合格证”，并在周检有效期之内。

（5）衡器、量具使用前应进行检查、调试，对生产上用于测定、测试的仪器、仪表，应进行必要的调试。

（6）正在检修或停用的设备应挂上“不得使用”的状态标识，检修完毕后应由设备员验收合格并清洁干净，符合要求，有设备完好状态标识才允许使用。

（7）所用各种物料、中间产品应按质量标准核对检验报告单，盛装容器要桶、盖编号一致，并有明显标识。

（8）盛装物料的容器外必须贴有标签，标签上应注明品名、规格、批号、重量（皮重、毛重、净重）或数量、本批容器数及加工状态、工序名称、操作日期及班次、操作人、复核人等。

## 二、生产中管理

1. 配料管理

生产过程中物料的投料、计算、称量等操作，都必须有其他人员复核，操作人、复核人应在操作记录上签名，车间工艺员、质量员均应对此关键操作进行监督。对于麻醉药品、精神药品、医疗用毒性药品、放射性药品等特殊药品的生产，应按国家有关规定严格执行，使用后剩余的散装物料应及时密封，由操作人在容器上注明启封日期、剩余数量，使用者、复核者签字后，由专人办理退库手续。再次启封时，应核对记录，检查外观性状，如发现有异常情况或性质不稳定的原辅料，应再次送检，无异常的方可使用。每批生产结束后的剩余物料，操作人员应及时退库，生产现场不得存放未使用完的剩余物料，但中间站存放的中间产品除外。

2. 生产工艺及操作管理

企业生产管理部门和车间工艺员应对生产工艺规程和操作规程的执行情况进行检查，即制定工艺查证制度并定期进行工艺查证，详细记录，以保证工艺规程及操作规程的准确执行。工艺检查内容由企业按各岗位操作规程的要求，检查各工艺参数执行情况、洁净区（室）温湿度，以及定期检查尘粒数、微生物数、质量抽查记录及批生产记录。操作人员必须熟悉相关岗位的工艺控制点、质量控制点，并严格进行自控及监控。

生产过程中如发现物料或中间产品异常，或可能存在质量问题，操作人员不可自作主张，须向相关技术人员及车间负责人报告，按偏差处理程序进行处理，最终由质量受权人决定物料的使用。质量管理部门应遵循“三不放过”的原则，即不合格的原辅料不得投入生产，不合格的中间产品不得流入下一道工序，不合格的成品不得出厂。

不同产品品种、规格的生产操作不得在同一生产操作间同时进行，同一品种同一规格不同批号的制剂生产及包装操作在同一操作间内进行时，应采取隔离或其他有效防止污染或混淆的措施。

3. 工具管理

车间设备管理人员应对生产使用的工具建立档案，各种工具、量具、刃具应按规定使用，严禁违章使用或挪作他用；精密、贵重的工具、量具应严格按规定保管和使用，严禁磕、碰、划伤、锈蚀、受压变形；车间不得使用不合格的或已损坏的工具、量具、刃具。

模具存放于相应的模具间。模具使用前后均应检查其洁净度、零配件是否齐全和有无破损、是否符合生产要求等，并填写模具使用发放记录。

筛网使用前应检查其完好程度，并检查是否符合生产工艺的要求。每次存放的筛网都应标明其规格，如目数或孔径。

4. 定置管理

洁净区的定置管理是指洁净区的设备、物料、容器、操作台等应在固定位置放置。为避免发生污染、混淆和差错的可能性，车间应进行定置管理。可移动的生产设备及操作应按生产工艺的物料流转方向流动，避免物料的交叉流动，减少交叉污染的可能性，且不可遗漏任何生产工序。生产中所使用的器具须专用，在使用完毕后都应放回原位，不可随意乱放，以免被其他工序误用或遗留在设备内部导致事故发生。暂存室等其他区域也应进行定置管理，洁具间应规定各种清洁工具的存放位置。

5. 状态标识管理

状态标识是防止混淆、差错的有效工具。当生产中使用设备、器具、物料、环境（房间）等时，确认是什么设施、设备、器具，现在处于什么状态，能否使用等情况，必须借助于状态标识。状态标识通常采用色标管理，绿色标识表示“合格”“已清场”“可以使用”等状态，红色标识表示“不合格”“不能使用”等状态，黄色标识表示“待检”“待清洁”等状态。

与设备连接的主要固定管道应标明管道内物料的名称及流向；管道应安装整齐、有序，用不同的颜色进行喷涂以示区别。各企业可按实际情况自定，以喷涂颜色和方向表示物料和流向。

各生产操作间也应有状态标识来说明操作间当前的生产状态，生产时应标明所生产的品种、规格、批号、生产日期、操作者等，未生产时应用“已清场”等表示，已清场状态应标明清场日期、清场人等。

设备的状态有“已清洁”“运行中”“备用”“待清洁”“维修”等，设备固定状态标识应标明设备的型号、设备负责人等。对已损坏报废的设备，应从生产线上移除。设备运行时应标明所生产的品种、规格、批号、生产日期、操作人等。计量器具需标明是否合格、是否允许使用标识，并且须注明有效期限制。

物料和使用容器也应有状态标识，标明容器内容物的情况，如品名、规格、批号、状态。

6. 中间站管理

车间生产的中间产品，应存放在中间站内，不得长时间存放于操作间。中间站存放的范围包括中间产品、返工或待重新加工的产品、清洁的周转容器等，除上述范围以外的物品不得存放于中间站，中间站应随时保持清洁，不得有散落的物料，地上散落的物料不得回收。进入中间站的物品其外包装必须清洁、无浮尘。

中间产品在中间站应有明显的状态标识，注明品名、批号、规格、数量，并按品种、批号码放整齐，不同品种、不同批号、不同规格的产品之间应有一定的距离，物料应加盖密封保存。

操作人员每天及时将物料存放到中间站，填写暂存室收料记录，由送料人及暂存室管理员检查外包装清洁情况无异常，并共同签字，填写进站日期，将物料按规定摆放整齐。中间站管理员填写中间产品台账及中间站物料卡，中间站进站记录应附于批生产记录上。

中间站存放的物料要求账、卡、物一致，质量管理部门监督员及车间工艺技术员、质量员应定期对中间站的物料状况进行检查。

中间站管理员对中间产品进行检验时，物料应挂待验状态标识，只有经检验合格后，才能挂合格的状态标识，或由质量管理部门发放中间产品合格证。

根据车间下达的工序生产指令，中间站管理员可向下一工序发放合格的中间产品，并填写中间产品出站记录，由下一工序的领料人员复核品名、重量或数量等，在中间站出站记录上共同签字，同时填写中间站台账及库卡。

中间站应上锁管理，管理人员在上锁后方可离开。

7. 不合格品管理

经质量管理部门检验确认不合格的产品，由检验部门发放不合格品检验报告单，车间及时将不合格品存放于规定的不合格品存放区内，并挂上红色不合格品标识，按不合格品处理程序及时进行处理。由生产管理部门会同有关部门执行偏差处理程序，调查、分析、评估，提出处理意见，后报质量管理部门审核同意后，由企业主管负责人批准执行，限期处理，并填写处理记录。

8. 生产中产生的废弃物管理

生产废弃物是指生产过程中产生的不合格的物料及其他不能继续使用的物品，应按照废弃物管理规程，由生产操作人员及时将废弃物装入专门盛放废弃物的密闭容器中，由专门人员收集后由废弃物通道传出洁净区。

9. 物料平衡核算管理

物料平衡是指产品或物料实际产量或实际用量及收集到的损耗之和与理论产量或理论用量之间的比较，并考虑可允许的偏差范围。

我国 GMP（2010 版）明确规定，药品生产要进行物料平衡检查。通过物料平衡核算可以判断物料与产品间的定量转变关系，以及计算各种物料的消耗量，各种中间产品、副产品的产量、损耗量及组成。

（1）物料平衡及收率的计算

$$\text{物料平衡率}=\frac{\text{实际产量}+\text{抽样量}+\text{损耗量}}{\text{理论产量}}\times 100\%$$

$$\text{收率}=\frac{\text{实际产量}}{\text{理论产量}}\times 100\%$$

其中，理论产量为按照所用的原料量在生产中无任何损失或差错的情况下得出的最大量，实际产量为生产过程实际产出量。

企业应建立并规定物料平衡检查标准，密切关注生产过程中物料消耗和收率的数据，对物料平衡严格控制，使之在合理的范围内，对不正常的情况进行分析处理，这是防止差错和混淆的有效方法之一。

（2）物料平衡检查的注意事项

1）原料在生产中必须按工艺要求量的100%投料。

2）物料平衡核算时，产品的理论产量与实际产量之间应该有一个合理且可允许的偏差。合理偏差值是根据同品种的行业水平和本企业历史水平、技术条件制定的。

3）每批产品在生产作业完成后，应该及时记录物料的结存量，并做物料平衡检查。物料平衡计算结果超出规定范围时，要按偏差处理程序进行分析调查，采取措施要经质量管理部门批准，在得出合理解释、确认无潜在的质量风险后方可进入下一道工序，避免出现差错造成物料失衡。

10. 包装管理

对符合生产工艺规程要求，在质量管理部门和车间工艺员的监控下完成生产全过程，检验合格的待包装产品，可由生产管理部门下达批包装指令。对于一些检验耗费时间长，需要在检验结果前包装的制剂产品，则允许先包装后入库按待验处理，检验合格后才办理入库手续。

（1）药品包装材料的管理

包装材料应当由专人按照操作规程发放、接收和保管，有专门的房间分类存放，包装容器上贴的标识要求内容齐全、清晰，避免混淆和差错，确保用于药品生产的包装材料正确无误。不同的产品包装材料不能互用或代用。

（2）包装操作管理

正式操作前，须认真核对物料信息，确保与工艺规程相符。包装操作场所或包装生产线，应当有标识标明包装中的产品名称、规格、批号和批量的生产状态。若有数条包装线同时进行包装时，应当采取隔离或其他有效防止污染、交叉污染及混淆、差错的措施。

印刷包装材料在使用过程中，须随时注意其质量情况，有质量问题的标签不得使用。生产线质监员须经常检查各小组包装材料质量情况及批号打印情况，如出现较为严重的偏差，须及时向车间质保人员汇报。印刷包装材料不得随便涂划，不得挪作他用，不得带出车间。

在物料平衡检查中，发现待包装产品、印刷包装材料以及成品数量有显著差异时，应当进行调查，查明原因，并做好记录，未得出结论前，成品不得放行。

包装结束时，有未打印批号且完好的印刷包装材料退库，应确保清洁、完整、整齐，并经仓库保管员核对无误后，按照操作规程执行。剩余的破损印刷包装材料不得退库，须经车间标签保管员、质监员在场清点数量，及时销毁，记录销毁数量并签字。已打印批号的剩余包装材料也须由专人负责全部计数销毁，并有记录。标签不得用作他用或涂改后再使用。

**【案例讨论】**

某药厂生产安坦片剂后，剩下原料18.53 kg，既没有按规定交回仓库，也没有贴标签，而是与同为白色结晶性粉末、外包装相似的丙谷胺原料混放在车间。在一年多以后生产丙谷胺片时，保管人员误将安坦原料当作丙谷胺原料发出配料，使生产的丙谷胺片中混入了安坦，致使30多名患者服用后出现精神异常、视物模糊等中毒症状，造成直接经济损失近7万元。

1. 事故形成的主要原因是什么？

2. 你对这些事故有何感想？

3. 这些事故能不能避免？怎样避免？

## 任务三　污染预防措施

我国GMP（2010版）关于生产过程污染预防措施要求如下。

**第一百八十八条**　不得在同一生产操作间同时进行不同品种和规格药品的生产操作，除非没有发生混淆或交叉污染的可能。

**第一百八十九条**　在生产的每一阶段，应当保护产品和物料免受微生物和其他污染。

**第一百九十条**　在干燥物料或产品，尤其是高活性、高毒性或高致敏性物料或产品的生产过程中，应当采取特殊措施，防止粉尘的产生和扩散。

**第一百九十七条**　生产过程中应当尽可能采取措施，防止污染和交叉污染，如：

（一）在分隔的区域内生产不同品种的药品。

（二）采用阶段性生产方式。

（三）设置必要的气锁间和排风；空气洁净度级别不同的区域应当有压差控制。

（四）应当降低未经处理或未经充分处理的空气再次进入生产区导致污染的风险。

（五）在易产生交叉污染的生产区内，操作人员应当穿戴该区域专用的防护服。

（六）采用经过验证或已知有效的清洁和去污染操作规程进行设备清洁；必要时，应当对与物料直接接触的设备表面的残留物进行检测。

（七）采用密闭系统生产。

（八）干燥设备的进风应当有空气过滤器，排风应当有防止空气倒流装置。

（九）生产和清洁过程中应当避免使用易碎、易脱屑、易发霉器具；使用筛网时，应当有防止因筛网断裂而造成污染的措施。

（十）液体制剂的配制、过滤、灌封、灭菌等工序应当在规定时间内完成。

（十一）软膏剂、乳膏剂、凝胶剂等半固体制剂以及栓剂的中间产品应当规定贮存期和贮存条件。

**第一百九十八条**　应当定期检查防止污染和交叉污染的措施并评估其适用性和有效性。

**【知识链接】**

**药品被污染的途径**

药品被污染的途径主要有以下三个方面。

1. 由微生物引起的污染

空气中所含微生物引起的药品污染是主要原因之一，当然微生物也可能来自工艺用水、物料、设备表面及人体等方面。

2. 由微粒引起的污染

空气中的尘粒以及来源于人体及服装、设备表面等方面的微粒是主要污染源。一般微生物都附着在无活性的微粒上面，成为生物微粒。

3. 由原料或产品被另外的物料或产品引起的污染

例如，生产设备中的残留物易引起污染。其危害性随不同污染物类型而不同，危害最大的是高效低剂量物质、致敏物质、细胞毒素等。对于注射用药，大剂量、长效制剂的生产，尤其应该注意这类污染的发生。

## 一、时空控制

1. 分区域生产

各生产车间、操作室的面积按照能够满足安置必要的生产设备、便于生产操作要求设计。在同一厂房内有数台生产设备或数条生产线时，尽可能每台设备或每条生产线置于独立的操作间内，切忌在同一操作室内放置多台设备，特别是生产能力较大的设备，以免造成污染、交叉污染及混淆、差错等风险。

生产区和贮存区应当有足够的空间，确保能够有序地存放设备、物料、中间产品、待包装产品和成品，避免不同产品或物料的混淆、交叉污染，避免生产或质量控制操作发生遗漏或差错。

制剂生产车间除应具有生产的各工序用室外，还应配套足够面积的生产辅助用室。应有原辅料暂存室（区），称量室，备料室，中间产品、内包材料等各自的暂存室（区），工具、器具与周转容器的洗涤、干燥、存放室，清洁用具的洗涤、干燥、存放室，工作服的洗涤、整理、保管室，并按需配置制水间、空调净化机房、车间检验室等。清洁室设置应合理，方便清洁操作；清洁室的洁具应设置带集水功能的地拖架或存放柜悬挂地拖，以便晾干和烘干。

在同一生产区域包括相应的辅助生产区域，只生产同一批号、同一规格的相同产品。在同一生产区域同时生产不同品种、规格或批号的药品是混淆发生的主要原因，必须严格禁止，以防混淆或混批的发生。设置适当的原辅料、包装材料处理区，中间站、中间产品贮存区，不同净化级别的清洁区和通道，减少人流、物流混杂也是防止物料混淆的方法。

对于生物制品、毒性药品、高致敏药品等的生产，所使用的设备、输送管道、容器及其他设施等应专用，使用后必须进行彻底清洗、消毒处理，检验无残留物才能再用于生产。

中药制剂的生产操作区应与中药材的前处理、提取、浓缩以及动物脏器、组织的洗涤或处理等生产操作区严格分开。

2. 阶段性生产

阶段性生产是指在共用生产区内，在一段时间内集中生产某一产品，再对相应的共用生产区、设施、设备、工器具等进行彻底清洁，更换生产另一种产品的方式。须制定不同剂型和产品阶段性生产的原则要求和程序，尤其是严格的清场操作，以确保阶段性生产符合我国GMP（2010 版）和其他相关法规要求，防止污染或交叉污染。

生产某些激素类、细胞毒性类、高活性化学药品应当使用专用设施（如独立的空气净化系统）和设备；特殊情况下，如采取特别防护措施并经过必要的验证，上述药品制剂则可通过阶段性生产方式共用同一生产设施和设备。

而高致敏性药品（如青霉素类）或生物制品（如卡介苗或其他用活性微生物制备而成的药品）、β－内酰胺结构类药品、性激素类避孕药品等高风险药品不可采用阶段性生产方式生产，只能使用独立厂房或独立区域和独立的空气净化设施。

## 二、交叉污染控制

交叉污染是指不同原料、辅料及产品之间发生的相互污染。

交叉污染就是在洁净厂房内，在两种以上药品同时生产过程中，生产、取样、包装、贮存或运输时，彼此的组成成分进入或沾染对方原料、中间产品或成品造成的污染。

1. 洁净区空气压差控制

应当根据药品品种、生产操作要求及外部环境状况等配置空调净化系统，使生产区有效通风，并有温度、湿度控制和空气净化过滤，保证药品的生产环境符合要求。各操作室根据净化要求保持一定的压差。洁净区与非洁净区之间、不同级别洁净区之间的压差应当不低于10 帕斯卡（Pa）。必要时，相同洁净度级别的不同功能区域（操作间）之间也应当保持适当的压差梯度。

2. 人员和物料的净化

为防止污染，对进入洁净区的人和物要进行净化处理，人流、物流应简单合理，因此布置上要考虑设置与净化级别相适应的净化设施，如换鞋、更衣、盥洗、气锁间等人员净化设施。物料入口应单独设置传递的路线，且应尽量缩短，物料进入洁净区之前必须进行清洁处理，因此物料入口处要设置清除外包装的房间，无菌生产所需的物料经无菌处理后再从传递窗中传送，房间应装有防尘及捕尘设施。为防止生产原料的污染，必须贮存在与其他物料明显分开的场所，取样时要有防止污染的设施。建筑物要求密闭，不使外界未经净化的空气进入洁净厂房，并且要设有净化设施和防止昆虫动物进入的措施。洁净厂房的地面、墙壁和顶棚等要使用发尘量小的建筑材料，洁净度级别要求高的无菌室所用的装修材料要经得起消毒清洁和冲洗。工艺过程中产生粉尘、有害物质、易燃易爆物质的工序，其操作室与其他房间或区域之间应保持相对负压，而洁净走廊保持正压，走廊洁净度应与生产房间相同。洁净区内使用的设备尽量密闭，并附有吸尘装置生产所用的设备容器等，尤其是与物料直接接触的部分必须使用不与药品起作用、不吸附物料的材料。

## 三、中间控制

中间控制也称“过程控制”，是指为确保产品符合有关标准，生产中对工艺过程加以监控，以便在必要时进行调节而做的各项检查。可将对环境或设备的控制视为中间控制的一部分。中间控制包括物料的投料、称量、计算操作管理，定置管理，状态标识管理，中间站管理，模具、筛网管理，偏差处理等。在生产过程中要严格执行生产操作规程。

## 四、液体制剂中间环节的时效性

1. 液体制剂的时效性原则

液体制剂由于其自身含水量高容易被微生物大量污染和繁殖，所以对液体制剂的生产条件要求都比较高，其中大容量的注射剂和小容量的注射剂均要求在灌装后进行灭菌处理，并且要对灭菌条件进行验证。而有些液体制剂最终无法进行灭菌或者不要求进行灭菌，就要考虑它们在生产过程中工序之间的时间间隔限制，也就是制备非最终灭菌液体制剂的时效性原则。

我国 GMP（2010 版）规定，液体制剂的配制、过滤、灌封、灭菌等工序应当在规定时间内完成。一般来说，对热不稳定的药品，在其配制及灌装的过程中应尽可能地缩短时间，去除不必要的耽搁。例如，配料时的温度和时间应控制，调 pH 的时间也应尽快处理，在保证灭菌效果的前提下，灭菌温度尽可能低，灭菌时间尽可能短，经论证后要保证无菌；原料药在灭菌处理后投料，尽量减少生产过程中的药品被污染，另外，还应考虑药物本身对氧、金属离子、pH 的稳定性的影响，保证最佳 pH 值。

2. 非最终灭菌的液体制剂工序间的时间限制

我国 GMP（2010 版）规定，无菌药品生产用的直接接触药品的包装材料、设备和其他物品从清洗、干燥、灭菌到使用，时间间隔应有规定。无菌药品的药液从配制到灭菌或除菌过滤的时间间隔应有规定。由于药品生产的复杂性，GMP 无法给出具体时间要求，这就需要由生产企业经过系统验证来制定。虽然不必一个品种规定一个时间，但是要求所制定的药液配制、过滤、灌封、灭菌等工序的时限都由验证实验得来。

总之，在生产过程中，为保证药品的质量，各个工序均应有时间间隔限制，并应在批生产记录中体现出来。时间限制的具体数据要由验证得来，以确保中间品在时限范围内质量不变，保证生产出合格的药品。

# 任务四　清场管理

药品生产在更换品种或在生产同一品种中达到一定时间后须进行清场，清场的目的是防止生产过程中的污染和混淆，保持洁净，保证产品质量。

我国GMP（2010版）关于生产过程清场管理要求如下。

**第二百零一条**　每批药品的每一生产阶段完成后必须由生产操作人员清场，并填写清场记录。清场记录内容包括：操作间编号、产品名称、批号、生产工序、清场日期、检查项目及结果、清场负责人及复核人签名。清场记录应当纳入批生产记录。

## 一、认识清场

清场是指在药品生产过程中，每一个生产阶段完成后，由生产人员按规定的程序和方法对生产过程中所涉及的文件、设施、设备、仪器、物料等进行清理并进行严格彻底清洗和消毒，以便下一阶段的品种或更换其他品种的生产。

1. 清场范围

清场的范围应包括生产操作的所有区域和空间，包括生产区和辅助生产区及涉及的一切设施、设备、仪器、物料等。在药品生产过程中，一般较重视生产现场的清场工作，而和本次生产有关的辅助生产区的清理，往往被忽视或者清理不彻底。

2. 清场内容

清场工作的内容应包括以下四个方面。

（1）物料清理

生产中所用到的物料包括原料、辅料、中间产品、中间体、包装材料、成品、剩余物料等，应对全部物料进行相应的清理、退库、贮存或销毁工作。

（2）配件、器具清理

配件、器具清理是指生产使用的设备配件、模具、器具、容器等的清理工作，应将所有能够拆除的全部拆卸或将可移动设备移出生产区在清洁区域清洗，并检查残留无检出。

（3）文件清理

文件清理是指生产中所用到的各种规程、制度、指令、记录，包括各种状态标识等的清除、交还、交接和归档工作。

（4）清洁卫生

清洁卫生是指对生产区域和辅助生产区域的清洁、整理和消毒灭菌工作，并检查设备、器具残留无检出。

## 二、清场过程管理

清场是对每批产品的每一个生产阶段完成以后的清理和小结工作，是药品生产和质量管理的一项重要工作内容。车间各工序在本批产品生产完毕后，必须及时进行清场，填写清场记录。清场工作由各岗位操作人员严格按照各岗位清场标准操作程序进行。

1. 清场的程序与要求

（1）地面无积尘、无结垢，门窗、室内照明灯、风管、墙面、开关箱外壳无积尘，室内不得存放与下次生产无关的物品（包括物料、中间产品、产品、文件、记录等），生产废弃物已处理，地漏、卫生洁具已清洁消毒。

（2）使用的工具、容器已清洁，无异物，无遗留物。

（3）设备内外无生产遗留物，无油垢。

（4）非专用设备、管道、工具、容器已按规定拆洗或消毒。

（5）凡直接接触药品的设备、管道、工具、容器应每天或每批清理，同一设备连续加工同一非无菌产品时，其清洗周期可按生产工艺规程及标准操作程序执行。

（6）包装工序更换品种或规格时，多余的标签、包装材料应全部按规定退库。

2. 清场记录

清场操作应有清场记录，清场记录内容应包括工序名称、产品名称、规格、批号、清场日期、清场项目、清场人、检查人等。包装清场记录一式两份，分别纳入本批批包装记录（正本）和下一批批包装记录（副本，复印件）之内，其余工序清场记录纳入本批生产记录。

3. 清场检查

清场结束后先由车间工艺员按清场检查细则进行自检，合格后再由质量管理部质量管理人员按清场检查细则复检，并填写清场检查记录，必要时应由质检员检验前次生产遗留物是否有残留。

清场检查合格后，由质量管理人员签发“清场合格证”；清场检查不合格，必须由操作人员重新进行清场，直到清场检查合格后，方可签发“清场合格证”。“清场合格证”一式两份（正本和副本），作为一个品种（或同品种不同批号）的生产凭证之一，正本纳入本批生产记录，副本流入下一批生产记录中。清场合格证应规定有效期，超过有效期的应重新进行检查。未取得“清场合格证”的不得进行另一个品种或同一品种不同批号的产品的生产。

生产接班时，应检查“清场合格证”，在确认无误后方可接班生产。

# 实践实训六　压片岗位的清场

## 一、实训目的

1. 熟悉压片岗位清场的内容及要求。
2. 能够按照规程正确完成清场操作。
3. 能够指出清场中不规范的地方。

## 二、实训场地与材料

GMP 实训车间。压片机、周转桶、洁净工作服、一次性口罩、一次性鞋套、清洁剂、烘手机、酒精喷雾器、拖把、抹布等。

## 三、实训内容

1. 物料粉尘清除

（1）将已压制好并经检验合格放行的片子或片心半成品全部按规定送入中间站（或实训中心规定的中间品存放处）。

（2）清扫压片机及吸尘器内药粉，收集，称重，作好标识，与废片、抽检片一并作污粉处理。

（3）扫除场地内的一切污粉、杂物，按规定处理。

2. 清洗、擦、抹

（1）从压片机中拆下如加料斗、流片槽、饲料器、除粉器、布袋等零部件，用水清洗并擦拭干净，晾干。

（2）拆下来的模具包括上冲、下冲、中模，用水清洗并擦拭干净，干燥后放入食用油中保存。

（3）压片机的大部件机器内外要用抹布或纱布擦净。

（4）压片机中转动部位，把油渍擦净后，从加油孔加润滑油，并试验空车转动是否正常。

（5）场内的日光灯、门窗、风管、开关箱以及墙壁等要擦拭干净。

（6）地面用碱水或洗洁精清洗拖干，再用清水拖干。

（7）清洁所用的工具、拖把、抹布、扫帚等用后按规定清洗烘干，放入定点的洁具贮存处。

3. 清场记录

清场完毕，各小组应自查记录，组长检查签名。

4. 清场检查

各小组推选 1 ~ 2 名成员作为 QA 人员，交换检查其他小组清场情况，判断是否合格，若有不合格的，应指出不合格处。

## 四、实训考核

评价包括两方面，采用百分制，总分为 100 分。其中，职业素养与操作规范占该项目总分的 20%，工作质量占该项目总分的 80%。职业素养与操作规范、工作两项均需合格，总成绩评定为合格。评分表见表 9 – 1。

**表 9 – 1　　压片岗位清场评分表**

| 评价内容 | 分值 | 评分细则 | 评分 |
|---|---|---|---|
| 职业素养与操作规范 20 分 | 10 | 穿工作服，不披发、化妆和佩带首饰得 10 分 | |
| | 10 | 保持工作环境干净、整洁得 10 分 | |

续表

| 评价内容 | | 分值 | 评分细则 | 评分 |
|---|---|---|---|---|
| 工作80分 | 物料粉尘清除 | 15 | 按要求将中间品送入中间站，并正确记录得 5 分 | |
| | | | 清扫药粉彻底，标识准确得 5 分 | |
| | | | 操作间粉尘清扫彻底得 5 分 | |
| | 清洗、擦、抹 | 40 | 正确拆卸压片机（除冲模外）零部件，并清洗及晾干得 5 分 | |
| | | | 正确拆卸冲模，清洗干净，并放入油中保存得 5 分，未放入油中保存扣 3 分 | |
| | | | 压片机主体清洁干净得 5 分 | |
| | | | 压片机中转动部位油渍擦拭干净得 5 分 | |
| | | | 给压片机中转动部位加润滑油操作正确，并试验空车转动是否正常得 5 分 | |
| | | | 场内的日光灯、门窗、风管、开关箱以及墙壁等擦拭干净得 5 分，有一处不干净扣 1 分，扣完为止 | |
| | | | 地面清洁干净得 5 分，未用清洁剂清洁扣 3 分 | |
| | | | 清洁工具按规定放置得 5 分，遗漏一个扣 1 分，扣完为止 | |
| | 清场记录 | 15 | 正确填写清场记录得 15 分 | |
| | | | 填写错误一处扣 1 分，扣完 15 分为止 | |
| | | | 组长未签名，扣 5 分 | |
| | | | 没有填写记录或者不如实填写清场记录不得分 | |
| | 清场检查 | 10 | 清场检查没有遗漏得 5 分，遗漏一项扣 1 分，扣完为止 | |
| | | | 准确指出不合格项得 5 分 | |

## 知识回顾

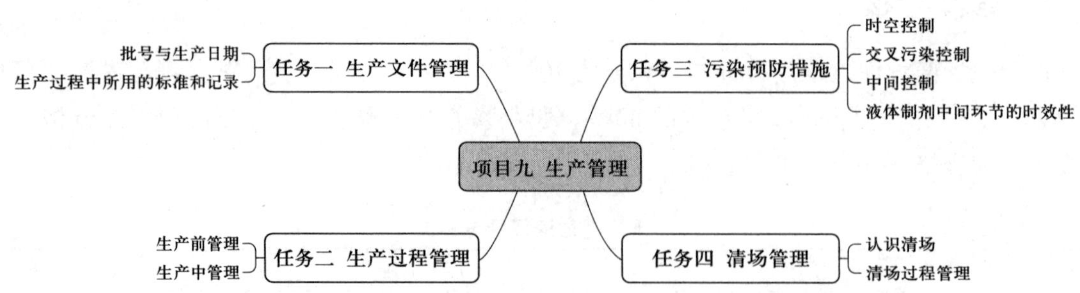

# 目标检测

## 一、单选题

1. 每批药品均应当编制唯一的（　　）。

A. 生产日期　　B. 批次　　C. 批号　　D. 亚批号

2. 所有药品的生产均应当按规定操作，并有相关的（　　）。

A. 订单　　B. 记录　　C. 生产说明　　D. 客户需求说明

3. 下列关于防止生产过程中污染和交叉污染的表述，错误的为（　　）。

A. 不同品种的药品不得在同一区域生产，应在分隔的区域内生产，采用阶段性生产方式

B. 空气洁净度级别不同的区域应当有压差控制

C. 采用密闭系统生产

D. 干燥设备的排风应当有空气过滤器

4. 清场记录应当纳入（　　）。

A. 批生产记录　　B. 批检验记录

C. 批放行记录　　D. 批审核记录

5. 同一性质和质量的最后包装不足一箱的药品，一个合箱内的药品最多批次只能为（　　）。

A. 2 个批号　　B. 3 个批号　　C. 4 个批号　　D. 5 个批号

## 二、配伍选择题

A. 批次　　B. 批号　　C. 亚批号　　D. 生产日期

1. 使用同一灭菌设备分多次灭菌时，为区别所用同一灭菌设备不同次灭菌的批次，产品应编制（　　）。

2. 用于识别一个特定批的具有唯一性的数字和（或）字母组合的是（　　）。

3. 以同一配制罐最终一次配制所生产的非无菌均质产品为一批的是（　　）。

4. 以同一配液罐最终一次配制的药液所生产的无菌均质产品为一批的是（　　）。

## 三、多选题

1. 生产操作间应有状态标识，状态标识应标明的内容至少包括（　　）。

A. 品种、规格　　B. 批号　　C. 生产日期　　D. 操作者

2. 生产期间使用的所有物料、中间产品或待包装产品的容器应贴签标识，标识内容包

括（　　）。

A. 名称　　B. 规格　　C. 批号　　D. 数量

3. 待用分装容器在分装前应当保持清洁，避免混有污染物，污染物包括（　　）。

A. 碎玻璃　　B. 玻璃屑　　C. 金属颗粒　　D. 水汽

4. 包装期间，产品的中间控制检查内容至少应当包括（　　）。

A. 包装外观

B. 包装是否完整

C. 在线监控装置的功能是否正常

D. 打印信息是否正确

5. 下列关于防止生产过程中污染和交叉污染的表述，正确的有（　　）。

A. 液体制剂应当在规定时间内完成灭菌

B. 液体制剂应当在规定时间内完成配制

C. 液体制剂应当在规定时间内完成过滤

D. 液体制剂应当在规定时间内完成灌封

# 项目十

# 质量控制与质量保证

## 学习目标

**知识目标：**

1. 掌握 GMP 关于质量管理和质量检验管理的相关要求，变更与偏差的分类，纠正和预防措施等。

2. 熟悉变更与偏差的处理流程，纠正措施与预防措施。

3. 了解持续稳定性考察，供应商的评估和批准。

**技能目标：**

1. 能根据 GMP 规范要求，对药品生产进行质量控制与质量保证工作。

2. 能按照预防偏差和纠正偏差的方法、风险控制方法、变更验证的方法解决生产中的问题。

**【案例导入】**

2012 年 7 月，一位感染发热患者到某医院输液，护士配制氨苄西林输液时，发现一瓶氨苄西林粉针瓶内有一黑点，仔细观察，里面竟然有一根长约 2 mm 的头发，护士立即将这一情况报告医院药事管理委员会，经调查这批药品的检验报告说明这批药品是合格的。

**讨论：**

1. 药品中出现头发，是质量控制环节还是质量保证环节出现了问题？

2. 药品检验报告合格能否代表药品质量就是合格的？

3. 如果你是企业质量管理人员，在接到医院反馈后，应当进行哪些工作？

---

质量保证（Quality Assurance，QA）和质量控制（Quality Control，QC）是药品生产过程中一项重要的管理工作和技术工作，它要求有科学的实验室管理制度和正确的操作规程以及技术考核措施。

质量保证是为确保药品符合其预定用途并达到规定的质量要求所采取的所有措施的总和。质量保证要求围绕产品质量形成全过程的各个环节，对影响产品质量的人、机、料、法、环五大因素进行控制，并对质量活动的成果进行分阶段验证，以便及时发现问题，尽早采取措施，减少损失。质量保证是质量管理体系的一部分，GMP 规定药品生产企业必须建立质量保证系统。

质量控制是指按照规定的方法和规程对原辅料、包装材料、中间品和成品进行取样、检验和复核，以保证这些物料和产品的成分、含量、纯度和其他性状符合已经确定的质量标准。质量控制也是质量管理体系的一部分，强调对产品质量的要求。

## 任务一　质量控制实验室管理

为完成质量控制的各项工作，如取样、检验、复核等，确保物料或产品在放行前完成必要的检验，确认其质量符合要求，企业应当建立质量控制部门和质量控制实验室。质量控制部门必须独立于生产部门，质量控制实验室是质量管理体系的重要组成部分。

我国 GMP（2010 版）对质量控制实验室有如下规定。

**第二百一十七条**　质量控制实验室的人员、设施、设备应当与产品性质和生产规模相适应。

企业通常不得进行委托检验，确需委托检验的，应当按照第十一章中委托检验部分的规定，委托外部实验室进行检验，但应当在检验报告中予以说明。

**第二百一十八条**　质量控制负责人应当具有足够的管理实验室的资质和经验，可以管理同一企业的一个或多个实验室。

**第二百一十九条**　质量控制实验室的检验人员至少应当具有相关专业中专或高中以上学历，并经过与所从事的检验操作相关的实践培训且通过考核。

**第二百二十条**　质量控制实验室应当配备药典、标准图谱等必要的工具书，以及标准品或对照品等相关的标准物质。

**第二百二十一条**　质量控制实验室的文件应当符合第八章的原则，并符合下列要求：

（一）质量控制实验室应当至少有下列详细文件：

1. 质量标准；

2. 取样操作规程和记录；

3. 检验操作规程和记录（包括检验记录或实验室工作记事簿）；

4. 检验报告或证书；

5. 必要的环境监测操作规程、记录和报告；

6. 必要的检验方法验证报告和记录；

7. 仪器校准和设备使用、清洁、维护的操作规程及记录。

（二）每批药品的检验记录应当包括中间产品、待包装产品和成品的质量检验记录，可追溯该批药品所有相关的质量检验情况。

（三）宜采用便于趋势分析的方法保存某些数据（如检验数据、环境监测数据、制药用水的微生物监测数据）。

（四）除与批记录相关的资料信息外，还应当保存其他原始资料或记录，以方便查阅。

**第二百二十二条**　取样应当至少符合以下要求：

（一）质量管理部门的人员有权进入生产区和仓储区进行取样及调查。

（二）应当按照经批准的操作规程取样，操作规程应当详细规定：

1. 经授权的取样人；

2. 取样方法；

3. 所用器具；

4. 样品量；

5. 分样的方法；

6. 存放样品容器的类型和状态；

7. 取样后剩余部分及样品的处置和标识；

8. 取样注意事项，包括为降低取样过程产生的各种风险所采取的预防措施，尤其是无菌或有害物料的取样以及防止取样过程中污染和交叉污染的注意事项；

9. 贮存条件；

10. 取样器具的清洁方法和贮存要求。

（三）取样方法应当科学、合理，以保证样品的代表性。

（四）留样应当能够代表被取样批次的产品或物料，也可抽取其他样品来监控生产过程中最重要的环节（如生产的开始或结束）。

（五）样品的容器应当贴有标签，注明样品名称、批号、取样日期、取自哪一包装容器、取样人等信息。

（六）样品应当按照规定的贮存要求保存。

**第二百二十三条**　物料和不同生产阶段产品的检验应当至少符合以下要求：

（一）企业应当确保药品按照注册批准的方法进行全项检验。

（二）符合下列情形之一的，应当对检验方法进行验证：

1. 采用新的检验方法；

2. 检验方法需变更的；

3. 采用《中华人民共和国药典》及其他法定标准未收载的检验方法；

4. 法规规定的其他需要验证的检验方法。

（三）对不需要进行验证的检验方法，企业应当对检验方法进行确认，以确保检验数据准确、可靠。

（四）检验应当有书面操作规程，规定所用方法、仪器和设备，检验操作规程的内容应当与经确认或验证的检验方法一致。

（五）检验应当有可追溯的记录并应当复核，确保结果与记录一致。所有计算均应当严格核对。

（六）检验记录应当至少包括以下内容：

1. 产品或物料的名称、剂型、规格、批号或供货批号，必要时注明供应商和生产商（如不同）的名称或来源；

2. 依据的质量标准和检验操作规程；

3. 检验所用的仪器或设备的型号和编号；

4. 检验所用的试液和培养基的配制批号、对照品或标准品的来源和批号；

5. 检验所用动物的相关信息；

6. 检验过程，包括对照品溶液的配制、各项具体的检验操作、必要的环境温湿度；

7. 检验结果，包括观察情况、计算和图谱或曲线图，以及依据的检验报告编号；

8. 检验日期；

9. 检验人员的签名和日期；

10. 检验、计算复核人员的签名和日期。

（七）所有中间控制（包括生产人员所进行的中间控制），均应当按照经质量管理部门批准的方法进行，检验应当有记录。

（八）应当对实验室容量分析用玻璃仪器、试剂、试液、对照品以及培养基进行质量检查。

（九）必要时应当将检验用实验动物在使用前进行检验或隔离检疫。饲养和管理应当符合相关的实验动物管理规定。动物应当有标识，并应当保存使用的历史记录。

**第二百二十四条** 质量控制实验室应当建立检验结果超标调查的操作规程。任何检验结果超标都必须按照操作规程进行完整的调查，并有相应的记录。

**第二百二十五条** 企业按规定保存的、用于药品质量追溯或调查的物料、产品样品为留样。用于产品稳定性考察的样品不属于留样。

留样应当至少符合以下要求：

（一）应当按照操作规程对留样进行管理。

（二）留样应当能够代表被取样批次的物料或产品。

（三）成品的留样：

1. 每批药品均应当有留样；如果一批药品分成数次进行包装，则每次包装至少应当保留一件最小市售包装的成品。

2. 留样的包装形式应当与药品市售包装形式相同，原料药的留样如无法采用市售包装形式的，可采用模拟包装。

3. 每批药品的留样数量一般至少应当能够确保按照注册批准的质量标准完成两次全检（无菌检查和热原检查等除外）。

4. 如果不影响留样的包装完整性，保存期间内至少应当每年对留样进行一次目检观察，如有异常，应当进行彻底调查并采取相应的处理措施。

5. 留样观察应当有记录。

6. 留样应当按照注册批准的贮存条件至少保存至药品有效期后一年。

7. 如企业终止药品生产或关闭的，应当将留样转交受权单位保存，并告知当地药品监督管理部门，以便在必要时可随时取得留样。

（四）物料的留样：

1. 制剂生产用每批原辅料和与药品直接接触的包装材料均应当有留样。与药品直接接触的包装材料（如输液瓶），如成品已有留样，可不必单独留样。

2. 物料的留样量应当至少满足鉴别的需要。

3. 除稳定性较差的原辅料外，用于制剂生产的原辅料（不包括生产过程中使用的溶剂、气体或制药用水）和与药品直接接触的包装材料的留样应当至少保存至产品放行后二年。如果物料的有效期较短，则留样时间可相应缩短。

4. 物料的留样应当按照规定的条件贮存，必要时还应当适当包装密封。

**第二百二十六条**　试剂、试液、培养基和检定菌的管理应当至少符合以下要求：

（一）试剂和培养基应当从可靠的供应商处采购，必要时应当对供应商进行评估。

（二）应当有接收试剂、试液、培养基的记录，必要时，应当在试剂、试液、培养基的容器上标注接收日期。

（三）应当按照相关规定或使用说明配制、贮存和使用试剂、试液和培养基。特殊情况下，在接收或使用前，还应当对试剂进行鉴别或其他检验。

（四）试液和已配制的培养基应当标注配制批号、配制日期和配制人员姓名，并有配制（包括灭菌）记录。不稳定的试剂、试液和培养基应当标注有效期及特殊贮存条件。标准液、滴定液还应当标注最后一次标化的日期和校正因子，并有标化记录。

（五）配制的培养基应当进行适用性检查，并有相关记录。应当有培养基使用记录。

（六）应当有检验所需的各种检定菌，并建立检定菌保存、传代、使用、销毁的操作规程和相应记录。

（七）检定菌应当有适当的标识，内容至少包括菌种名称、编号、代次、传代日期、传代操作人。

（八）检定菌应当按照规定的条件贮存，贮存的方式和时间不应当对检定菌的生长特性有不利影响。

**第二百二十七条**　标准品或对照品的管理应当至少符合以下要求：

（一）标准品或对照品应当按照规定贮存和使用。

（二）标准品或对照品应当有适当的标识，内容至少包括名称、批号、制备日期（如有）、有效期（如有）、首次开启日期、含量或效价、贮存条件。

（三）企业如需自制工作标准品或对照品，应当建立工作标准品或对照品的质量标准以及制备、鉴别、检验、批准和贮存的操作规程，每批工作标准品或对照品应当用法定标准品或对照品进行标化，并确定有效期，还应当通过定期标化证明工作标准品或对照品的效价或含量在有效期内保持稳定。标化的过程和结果应当有相应的记录。

## 一、人员要求

质量控制负责人应当具有足够的管理实验室的资质和经验，可以管理同一企业的一个或多个实验室。质量控制实验室的检验人员至少应当具有相关专业中专或高中以上学历，并经过与所从事的检验操作相关的实践培训且通过考核。

## 二、设施要求

药品生产企业可以根据生产规模设立一个或多个实验室，如理化检验实验室、仪器分析实验室、微生物检验实验室、原辅料检验实验室、包装材料检验实验室、中药材检验实验室、中间产品控制实验室等。质量控制实验室应当配备药典、标准图谱等必要的工具书，以及标准品或对照品等相关的标准物质。

## 三、仪器与试剂管理

1. 仪器的管理

质量控制实验室的仪器应当与物料和产品检验需要相适应，并按要求配备标准品、对照品等相关的标准物质。

应当对实验室容量分析用玻璃仪器、试剂、试液、对照品以及培养基进行校准或质量检查，以确保所得检验数据准确、可靠。

2. 试剂、试液、培养基和检定菌的管理

见 GMP 具体条款（第二百二十六条）。

3. 标准品或对照品的管理

见 GMP 具体条款（第二百二十七条）。

## 四、文件要求

质量控制实验室应详细保存以下文件。

1. 质量标准和检验操作规程。
2. 取样操作规程和记录。
3. 检验记录或实验室工作记事簿。
4. 检验报告或证书。
5. 环境监测操作规程、记录和报告。
6. 检验方法验证报告和记录。
7. 仪器校准和设备使用、清洁、维护的操作规程及记录。

此外，每批药品的检验记录应当包括中间产品、待包装产品和成品的质量检验记录，可追溯该批药品所有相关的质量检验情况。可采用便于趋势分析的方法保存某些数据（如检验数据、环境监测数据、制药用水的微生物监测数据）；除与批记录相关的资料信息外，还应当保存其他原始资料或记录，以方便查阅。

## 五、取样管理

取样是整个质量控制过程中非常重要的一个环节，它可以确定药品或物料的质量是否符合预先制定的质量标准。其工作内容就是根据制定的取样方案对药品或物料进行取样。取样方案应包括取样方法、所用取样器具，确定取样点、取样频率以及样品数量和每个样品的重量，盛装样品用的容器等。对于从一批产品中取出的样品，虽然数量很小，却能反映出该批产品的质量。

取样操作主要服务于以下生产阶段的质量控制：原材料（包括辅料、活性成分和包装材料）、中间产品、中间过程控制的取样、成品（包括留样的取样）。

1. 取样人员

取样人员要求有良好的视力和对颜色分辨识别的能力，能够根据观察到的现象做出可靠的质量判断和评估，无传染病及暴露伤口，对物料的安全知识、职业卫生知识有一定了解，经过取样方案、取样流程、取样工具的使用及清洁等培训。

2. 取样设施

取样设施应能符合以下要求。

（1）取样区的空气洁净度级别应不低于被取样物料的生产环境。

（2）预防因敞口操作与其他环境、人员、物料、产品造成的污染及交叉污染。

（3）在取样过程中保护取样人员。

（4）方便取样操作，便于清洁。

3. 取样工具

取样工具包括包装开启工具、除尘设备、重新封口包装的材料等。必要时，取样前应清洁待取样的包装。

各种移液管、小杯、烧杯、长勺、漏斗等可用于取低黏度的液体，应尽可能避免使用玻璃器皿。高黏度的液体可用适宜的惰性材料制成的取样器具。粉末状与粒状固体可用刮铲、勺、取样钎等取样。无菌物料的取样必须在无菌条件下进行。

所有工具和设备应由惰性材料制成且能保持洁净。使用后应充分清洗，干燥，并存放在清洁的环境里，必要时，使用前用水或适当的溶剂淋洗，干燥。所有工具和设备都必须有书面规定的清洁规程和记录。应证明取样工具的清洁操作规程是充分有效的。

4. 取样办法

（1）对原辅料、中间品、成品及包装材料应分别制定取样办法。对取样环境的洁净要求，取样人员，取样容器，取样部位，取样方法，取样量，样品混合方法，取样容器的清洗、保管，留样时间，以及对无菌或有毒物料在取样时的特殊要求等都应有明确的规定。

（2）取样件数：一般原辅料总件数 $n \leqslant 3$ 时，每件取样；$3 < n \leqslant 300$ 时，取样量为 $\sqrt{n}+1$；$n > 300$ 时，取样量为 $\sqrt{n}/2+1$。中药材取样件数≤5 时，逐件取样；5～99 件时，取样 5 件；100～1 000 件时按 $n$ 的 5% 取样；超过 1 000 件时，超过部分按 1% 取样；贵细药材逐件取样。

包装材料取样按 GB 2828 规定执行。

（3）取样时填写取样记录，内容有取样日期、品种、物料编号、规格、批号、进厂编号、来源、包装、必要的取样说明、取样人签名等。

（4）物体超过规定贮存期时，要重新取样检验。

（5）已取样的物料贴上取样证。

5. 取样数量

每个物料的取样量一般应按全检所需数量 1 ~ 3 倍来取，即一份供检验所用，一份供复检所用，一份供留样所用。

**讨论：**

如果你是取样人员，对仓库中新购进的 200 件预胶化淀粉应当如何取样？

### 六、留样管理

用于留样的样品要能代表整批物料或产品的质量，也可以抽取其他样品来监控生产过程中最重要的环节（如生产的开始和结束环节）。成品留样应该是最终市售包装形式，原料药的留样如不采用市售包装形式的，可采用模拟包装。用于药品生产的活性成分、辅料和包装材料均需要留样。

一般来说，成品留样量应至少为全检样品量的两倍。对于活性成分、辅料和包装材料的留样量，应至少足够进行鉴别检验。

成品留样应该根据批准的贮存条件进行贮存，至少贮存至效期后 1 年。原始物料应按照生产商/供应商要求的条件贮存，如果稳定性条件许可应贮存到物料失效期后 2 年。生产过程中用到的溶剂、气体和制药用水不需要留样。

留样应有相应的留样记录，记录留样的名称、批号、数量、取样日期、产品（物料）失效日期、贮存条件、贮存期限以及留样管理人员的签名等信息。

对于成品留样，应至少每年一次对留样外观进行检查并留下检查记录，一般应每年至少对同一产品的 3 批留样进行外观检查。外观检查不应损坏留样包装。在效期内出现外观异常时（如外包装变形、褪色、字迹不清晰或掉字等），公司质量管理部门应对异常现象进行全面彻底调查并采取相应纠正和预防措施。

## 任务二　持续稳定性考察

我国 GMP（2010 版）对持续稳定性考察的要求如下。

**第二百三十一条**　持续稳定性考察的目的是在有效期内监控已上市药品的质量，以发现药品与生产相关的稳定性问题（如杂质含量或溶出度特性的变化），并确定药品能够在标示的贮存条件下，符合质量标准的各项要求。

**第二百三十二条**　持续稳定性考察主要针对市售包装药品，但也需兼顾待包装产品。例如，当待包装产品在完成包装前，或从生产厂运输到包装厂，还需要长期贮存时，应当在相应的环境条件下，评估其对包装后产品稳定性的影响。此外，还应当考虑对贮存时间较长的中间产品进行考察。

**第二百三十三条**　持续稳定性考察应当有考察方案，结果应当有报告。用于持续稳定性考察的设备（尤其是稳定性试验设备或设施）应当按照第七章和第五章的要求进行确认和维护。

**第二百三十四条**　持续稳定性考察的时间应当涵盖药品有效期，考察方案应当至少包括以下内容：

（一）每种规格、每个生产批量药品的考察批次数；

（二）相关的物理、化学、微生物和生物学检验方法，可考虑采用稳定性考察专属的检验方法；

（三）检验方法依据；

（四）合格标准；

（五）容器密封系统的描述；

（六）试验间隔时间（测试时间点）；

（七）贮存条件（应当采用与药品标示贮存条件相对应的《中华人民共和国药典》规定的长期稳定性试验标准条件）；

（八）检验项目，如检验项目少于成品质量标准所包含的项目，应当说明理由。

**第二百三十五条**　考察批次数和检验频次应当能够获得足够的数据，以供趋势分析。通常情况下，每种规格、每种内包装形式的药品，至少每年应当考察一个批次，除非当年没有生产。

**第二百三十六条**　某些情况下，持续稳定性考察中应当额外增加批次数，如重大变更或生产和包装有重大偏差的药品应当列入稳定性考察。此外，重新加工、返工或回收的批次，也应当考虑列入考察，除非已经过验证和稳定性考察。

**第二百三十七条**　关键人员，尤其是质量受权人，应当了解持续稳定性考察的结果。当持续稳定性考察不在待包装产品和成品的生产企业进行时，则相关各方之间应当有书面协议，且均应当保存持续稳定性考察的结果以供药品监督管理部门审查。

**第二百三十八条**　应当对不符合质量标准的结果或重要的异常趋势进行调查。对任何已确认的不符合质量标准的结果或重大不良趋势，企业都应当考虑是否可能对已上市药品造成影响，必要时应当实施召回，调查结果以及采取的措施应当报告当地药品监督管理部门。

**第二百三十九条**　应当根据所获得的全部数据资料，包括考察的阶段性结论，撰写总结报告并保存。应当定期审核总结报告。

## 一、持续稳定性考察原则

持续稳定性考察应当有考察方案，结果应当有报告。用于持续稳定性考察的设备（尤其是稳定性试验设备或设施）应当按照GMP相关规定进行确认和维护。

## 二、持续稳定性考察的基本要求

见GMP相关条款。

## 三、持续稳定性考察试验

根据《中国药典》2020 年版（四部）通则指导原则，稳定性试验的指导原则分两部分，第一部分为原料药，第二部分为药物制剂，两者都应进行以下三种稳定性试验，即影响因素试验、加速试验、长期试验。其中影响因素试验用一批原料药或一批制剂进行，加速试验与长期试验要求用三批供试品进行。

1. 影响因素试验

影响因素试验的目的是探讨药物的固有稳定性，了解影响其稳定性的因素及可能的降解途径与降解产物，为制剂生产工艺、包装、贮存条件与建立降解产物的分析方法提供科学依据。

（1）高温试验

开口置于 60 ℃下考察检测，若有明显变化则置于 40 ℃下进行试验。

（2）高湿试验

开口置于恒温 25 ℃、相对湿度 90% ±5% 条件下试验，若吸湿增重 5% 以上，则在相对湿度 75% ±5% 条件下，同法进行试验。

（3）强光照射试验

开口置于有适宜光照的装置内，于 4 500 lx ±500 lx 条件下考察供试品的外观变化。

2. 加速试验

在温度 40 ℃ ±2 ℃、相对湿度 75% ±5% 的条件下放置 6 个月，考察检测。

3. 长期试验

在温度 25 ℃ ±2 ℃、相对湿度 60% ±5% 的条件下放置 12 个月，每 3 个月取样考察检测，12 个月以后仍需要继续考察。将结果与 0 月比较，以确定药物的有效期。

长期试验采用的温度为 25 ℃ ±2 ℃、相对湿度为 60% ±5%，是根据国际气候带而定的。

原料药及制剂持续稳定性重点考察项目见表 10 – 1。

**表 10 – 1　　原料药及制剂稳定性重点考察参考项目**

| 剂型 | 稳定性重点考察项目 |
|---|---|
| 原料药 | 性状、熔点、含量、有关物质、吸湿性及依品种性质选定的项目 |
| 片剂 | 性状、含量、有关物质、崩解时限或溶出度或释放度 |
| 胶囊剂 | 性状、含量、有关物质、崩解时限或溶出度或释放度、水分，软胶囊要检查有无沉淀 |
| 注射剂 | 性状、含量、pH 值、可见异物、不溶性微粒、有关物质，应考察无菌 |
| 软膏剂 | 性状、均匀性、含量、粒度、有关物质 |
| 眼用制剂 | 如为溶液，应考察性状、可见异物、含量、pH 值、有关物质；如为混悬液，应考察粒度、再分散性；洗眼剂还应考察无菌；眼丸剂应考察粒度与无菌 |
| 口服溶液剂 | 性状、含量、澄清度、有关物质 |

续表

| 剂型 | 稳定性重点考察项目 |
|---|---|
| 颗粒剂 | 性状、含量、粒度、有关物质、溶化性或溶出度或释放度 |
| 丸剂 | 性状、含量、有关物质、溶散时限 |
| 口服乳剂 | 性状、含量、分层现象、有关物质 |

## 任务三　变更控制

变更控制是指药品生产企业在改变原辅料、包装材料、质量标准、检验方法、操作规程、厂房、设施、设备、仪器、生产工艺和计算机软件之前，进行申请、评估、审核，经药品监督管理部门批准之后方可实施变更。变更控制的目的并不是控制变更的发生，而是对变更进行管理，使得变更有序进行，以确保变更对产品质量不会产生影响。

我国 GMP（2010 版）对变更控制有如下要求。

**第二百四十条**　企业应当建立变更控制系统，对所有影响产品质量的变更进行评估和管理。需要经药品监督管理部门批准的变更应当在得到批准后方可实施。

**第二百四十一条**　应当建立操作规程，规定原辅料、包装材料、质量标准、检验方法、操作规程、厂房、设施、设备、仪器、生产工艺和计算机软件变更的申请、评估、审核、批准和实施。质量管理部门应当指定专人负责变更控制。

**第二百四十二条**　变更都应当评估其对产品质量的潜在影响。企业可以根据变更的性质、范围、对产品质量潜在影响的程度将变更分类（如主要、次要变更）。判断变更所需的验证、额外的检验以及稳定性考察应当有科学依据。

**第二百四十三条**　与产品质量有关的变更由申请部门提出后，应当经评估、制定实施计划并明确实施职责，最终由质量管理部门审核批准。变更实施应当有相应的完整记录。

**第二百四十四条**　改变原辅料、与药品直接接触的包装材料、生产工艺、主要生产设备以及其他影响药品质量的主要因素时，还应当对变更实施后最初至少三个批次的药品质量进行评估。如果变更可能影响药品的有效期，则质量评估还应当包括对变更实施后生产的药品进行稳定性考察。

**第二百四十五条**　变更实施时，应当确保与变更相关的文件均已修订。

**第二百四十六条**　质量管理部门应当保存所有变更的文件和记录。

### 一、变更要求

见 GMP 相关条款。

## 二、变更分类

根据变更对药品安全性、有效性和质量可控性产生影响的风险以及相应的注册法规要求，企业可对所涉及的变更分为三类：重大变更、中等变更（主要变更）和微小变更。对药品的安全性、有效性或质量可控性产生影响的可能性为重大的变更属于重大变更；对药品安全性、有效性或质量可控性产生影响的可能性为中等的变更属于中等变更（主要变更）；对药品的安全性、有效性或质量可控性产生影响的可能性为微小或者不影响的变更属于微小变更。

## 三、变更控制的范围

1. 新产品的上市，新产品是指新品种、新剂量的产品或新包装规格的产品。

2. 现有产品的撤市，是指将现有产品品种、现有剂量的产品或现有包装规格的产品从市场上撤回。

3. 厂房的变更，包括厂房原设计功能的改变、间隔的改变、洁净装修材料或形式的改变、对墙体或地面造成破坏性的改变等。

4. 设备、设施的变更，包括改变送回风管路和送、回、排风口尺寸、位置，改变空气处理机组或消毒系统，改变温湿度控制设施，改变气流组织，改变洁净区内地漏，纯化水制水设备、贮水设施材质、纯化水管管路及用水点的改变，净化空调系统空调过滤器型号改变，高效、亚高效过滤器供应商的改变，直接接触药品的气体过滤器的改变，生产设备的改变（包括新增和报废），直接接触药品的容器材质的改变，洁净区内运输形式的改变等。

5. 检验方法的变更，包括取样方法、条件的变化，样品制备和处理方法的变化，对照品配备方法的变化，检验仪器型号的改变等。

在法定的检验方法（如药典检验方法）变更后，按照企业内部备案流程在企业内部落实变更后的检验方法。

6. 质量标准的变更，包括原辅料、包装材料、中间产品、成品质量标准项目的改变，有效期或贮存期的改变，贮存条件的改变，中间产品项目监控点的改变等。

在法定标准（如药典中的质量标准）变更后，按照企业内部备案流程在企业内部落实变更后的质量标准。

7. 在药品监督管理部门注册、备案的技术文件的变更。

8. 生产工艺的变更，包括辅料品种或数量（数量范围）、溶媒浓度、用量的改变，生产方法的改变，批量调整、药材炮制方法的改变等。

根据《药品注册管理办法》，需要确定该变更是否需要到药品监管部门备案或批准。经药品监督管理部门批准后（取得批件后），在实施变更前按照备案流程落实变更后的生产工艺。

9. 物料供应商的变更，包括化学原料药的生产商，原料药关键起始物料、中药饮片的生产商以及其他原料、辅料和包装材料的供应商。

10. 直接接触药品的包装材料的变更，根据《药品注册管理办法》该类变更需要由药品监管部门批准。

11. 文件、记录的变更，因文件较多，涉及面较大，适宜另外制定文件变更管理办法进行管理，重要的是对每份文件的变更制定文件变更明细表，记录每次变更的原因、时间、内容等，变更实施前对相关人员进行必要的培训。

12. 其他可能影响产品质量的变更，包括用于直接接触药品的设备、工器具、手的消毒剂和用于生产环境的消毒剂的改变，工作服材质和款式的重大变化，产品关键监控点或监控方法的改变，生产地点的改变，与生产、质量控制相关的计算机软件的变更，包装材料设计样稿和内容的变更，产品外观的变化等。

## 四、变更控制流程

变更控制系统由企业质量受权人，生产管理、质量控制、药物不良反应监测、工程设备、物料采购等部门负责人和专业人员组成，必要时聘请医药领域内相关学科专家。变更控制管理的职责为：按照变更控制规程对变更进行分类、评估、审核、批准，确定额外的检验、稳定性考察、确认与验证的必要性以及文件的充分性和技术依据。变更控制流程包括以下内容。

1. 变更的申请

变更通常由变更发生的部门发起。变更应提出申请，主要内容包括变更描述，变更理由，受影响的文件和产品，受影响的供应商或客户，支持变更的依据、文件及需要追加的文件，实施计划及需要进行的验证等。

2. 变更的评估

由变更控制小组基于风险管理评估变更可能带来的影响并确定采取的行动。评估内容包括对产品质量的影响、质量标准、检验方法、稳定性研究、生物等效性研究、工艺验证、杂质等情况。须报送药品监督管理部门批准或备案的，企业批准变更前，应备齐相关资料，经药品监督管理部门批准方可实施。

3. 变更的审核和批准

变更控制系统的管理人员负责变更申请文件的形式审查，确保资料填写齐全，内容准确，所附资料完整，符合规程的要求。如果变更影响到其他供应商、客户等，则应通知并获得其认可。

4. 变更执行

变更批准后，方可执行变更。质量管理部门及相关部门应建立追踪监控体系，以确保变更的实施。对于不影响注册内容的内部变更，批准后即可执行。

5. 变更效果的评估

变更执行后，质量管理部门组织效果评估，以确认变更是否已达到预期目标。

6. 变更关闭

当变更执行完毕，相关文件已被更新，完成评估并得出变更的有效性和可控性结论后，变更即关闭。

变更控制基本流程如图 10－1 所示。

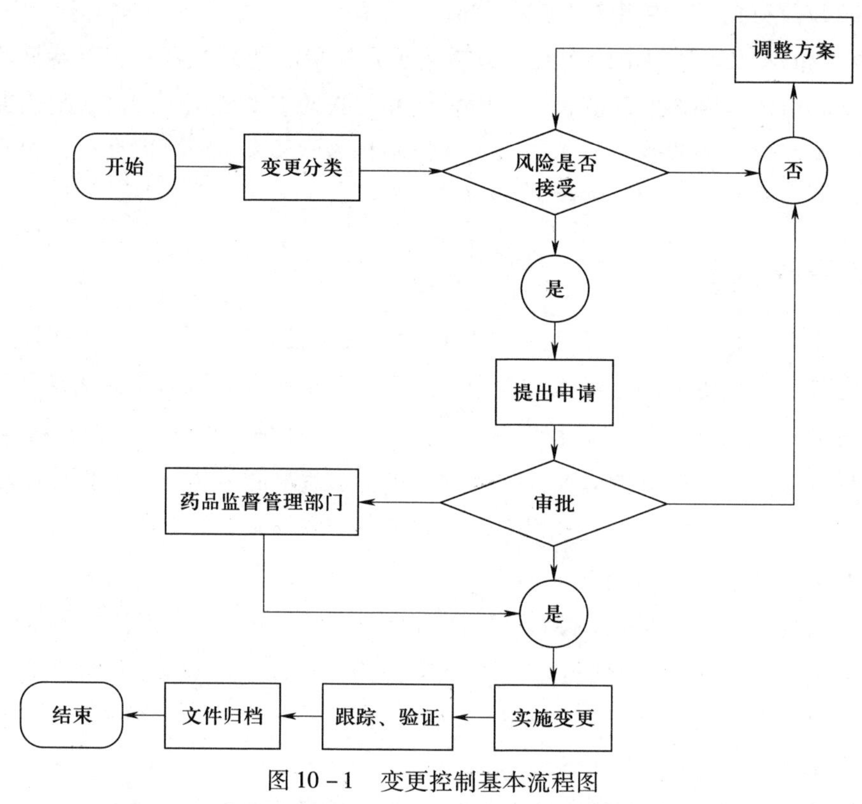


图 10－1　变更控制基本流程图

# 任务四　偏差处理

偏差处理是指对任何偏离已批准的生产工艺、质量标准、检验方法和操作规程等情况进行分析处理。

我国 GMP（2010 版）对偏差处理有如下规定。

**第二百四十七条**　各部门负责人应当确保所有人员正确执行生产工艺、质量标准、检验方法和操作规程，防止偏差的产生。

**第二百四十八条**　企业应当建立偏差处理的操作规程，规定偏差的报告、记录、调查、处理以及所采取的纠正措施，并有相应的记录。

**第二百四十九条**　任何偏差都应当评估其对产品质量的潜在影响。企业可以根据偏差的性质、范围、对产品质量潜在影响的程度将偏差分类（如重大、次要偏差），对重大偏差的评估还应当考虑是否需要对产品进行额外的检验以及对产品有效期的影响，必要时，应当对涉及重大偏差的产品进行稳定性考察。

**第二百五十条**　任何偏离生产工艺、物料平衡限度、质量标准、检验方法、操作规程等的情况均应当有记录，并立即报告主管人员及质量管理部门，应当有清楚的说明，重大偏差应当由质量管理部门会同其他部门进行彻底调查，并有调查报告。偏差调查报告应当由质量管理部门的指定人员审核并签字。

企业还应当采取预防措施有效防止类似偏差的再次发生。

**第二百五十一条**　质量管理部门应当负责偏差的分类，保存偏差调查、处理的文件和记录。

## 一、偏差的来源

1. 生产偏差

生产偏差是指由于物料平衡超出合理范围、生产过程时间控制超出工艺规定范围、生产过程工艺条件发生偏移变化、生产过程中设施和设备突发异常可能影响产品质量等原因产生的偏差。

2. 检验偏差

检验偏差是指由于质量控制实验室检验过程中的相关因素引起的检验结果偏差，如取样、仪器、试剂、检验操作、计算错误等原因引起的偏差，也称为“实验室偏差”。

3. 物料偏差

物料偏差是指由于仓库发错物料或采购部门误购物料等原因产生的偏差。

4. 介质偏差

介质偏差是指由于工艺用水质量不符合规定，洁净车间的尘粒数及微生物超标，洁净车间的温湿度超出控制范围，经调整后仍无法达到规定标准，压缩空气、蒸汽等介质的控制参数发生偏移变化等原因产生的偏差。

## 二、偏差的分类

通常根据偏差对企业产品质量的影响程度，将偏差分为重大偏差、次要偏差和一般偏差。

1. 重大偏差

重大偏差是指已经或可能对产品质量造成不可挽回的实际或潜在影响的偏差，需立即对其进行销毁处理，如混药、混批、包装材料混淆等。

2. 次要偏差

次要偏差是指已经或可能对产品质量造成不可挽回的实际或潜在影响的偏差，即在偏差出现后，已明显对产品质量产生影响，需对其重新处理或销毁处理等，如设备故障、差错、损坏、关键参数偏离，测试结果未达到质量标准或超过警戒水平，清场不合格等。

3. 一般偏差

一般偏差是指发现后可以采取措施立即予以纠正、现场整改，无须深入调查即可确认对产品质量无实际和潜在影响的偏差，如非关键部位的设备故障等。

## 三、偏差的处理程序

企业偏差处理流程图如图 10－2 所示。

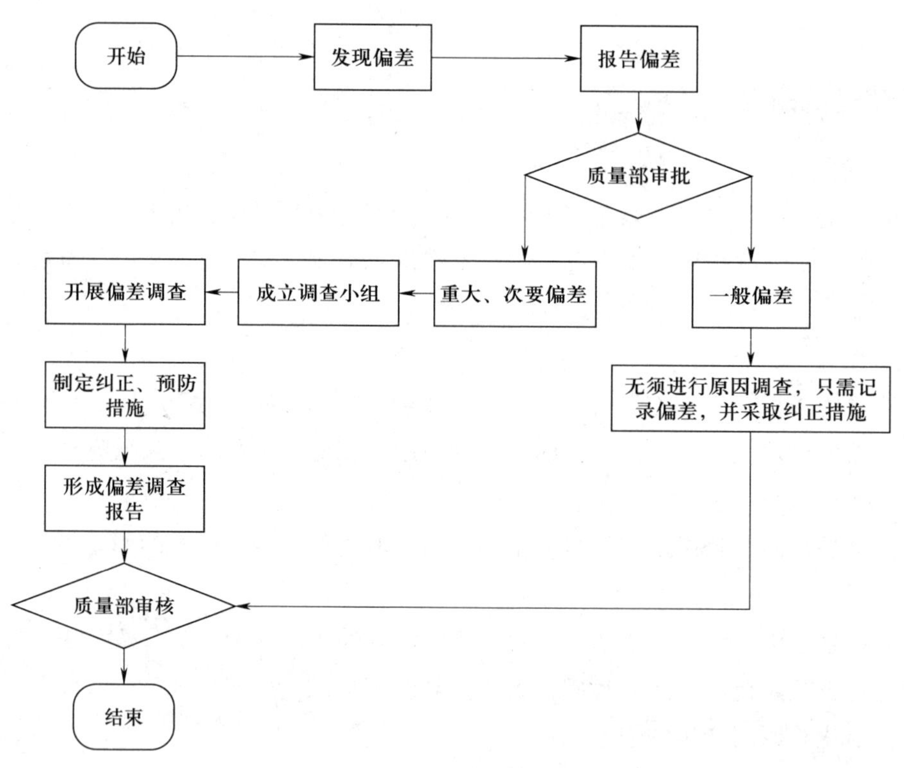


图 10－2 企业偏差处理流程图

【知识链接】

**偏差管理中常见问题**

1. 偏差未（及时）报告和记录。
2. 没有或者错误地确定了根本原因，以前已找到原因的偏差重复发生。

3. 支持判断及结论的数据不充分或不合理。

4. 调查缺乏逻辑性和系统性，未能有效记录调查过程。

5. 在进行偏差调查时未进行必要的延伸，各产品和系统之间的联系未重视。

6. 在偏差调查时，不恰当地引入新的问题或其他潜在偏差。

7. 未确定 CAPA 有效性，没有系统跟踪/评价 CAPA 的完成情况及效果。

8. “培训”作为整改及预防措施过于频繁，针对性不强且效果未经评价；未对偏差进行定期的总结和分析。

9. 临时性计划偏差的发生未被有效控制。

10. 偏差报告结束/批准的日期在涉及产品批次放行日期之后。

## 任务五　纠正措施与预防措施

纠正措施是指为消除已发现的不符合和不良原因所采取的措施，目的是防止问题再次出现。预防措施是指为消除潜在的不符合或其他隐患所采取的措施，目的是防止问题出现。

纠正与预防措施简称“CAPA”，是“纠正措施”和“预防措施”的首个英文字母缩写组合。纠正是用来防止事情的再发生，而预防是用来防止事情的发生。纠正和预防措施（CAPA）主要包括：对具体问题的补救性整改措施；通过对问题根本原因的分析，用于解决偏差发生的深层次原因，并有措施预防类似问题发生；对预防措施进行跟踪，评估实施效果。

我国 GMP（2010 版）对纠正措施与预防措施有如下要求。

**第二百五十二条**　企业应当建立纠正措施和预防措施系统，对投诉、召回、偏差、自检或外部检查结果、工艺性能和质量监测趋势等进行调查并采取纠正和预防措施。调查的深度和形式应当与风险的级别相适应。纠正措施和预防措施系统应当能够增进对产品和工艺的理解，改进产品和工艺。

**第二百五十三条**　企业应当建立实施纠正和预防措施的操作规程，内容至少包括：

（一）对投诉、召回、偏差、自检或外部检查结果、工艺性能和质量监测趋势以及其他来源的质量数据进行分析，确定已有和潜在的质量问题。必要时，应当采用适当的统计学方法。

（二）调查与产品、工艺和质量保证系统有关的原因。

（三）确定所需采取的纠正和预防措施，防止问题的再次发生。

（四）评估纠正和预防措施的合理性、有效性和充分性。

（五）对实施纠正和预防措施过程中所有发生的变更应当予以记录。

（六）确保相关信息已传递到质量受权人和预防问题再次发生的直接负责人。

（七）确保相关信息及其纠正和预防措施已通过高层管理人员的评审。

**第二百五十四条** 实施纠正和预防措施应当有文件记录，并由质量管理部门保存。

## 一、实施纠正与预防措施的意义

1. 消除偏差、缺陷、不规范或其他隐患。
2. 防止已识别的偏差以及潜在隐患再次发生，可降低因缺陷无法消除造成的风险。
3. 减少已知的偏差和事故造成的药品召回频次，确保一次合格率提高。
4. 确保生产管理和质量控制符合药品标准和监督管理法规要求。
5. 使生产管理和质量控制过程更严格、持续，提高客户满意度。

## 二、实施纠正与预防措施的职责

1. 企业所有员工

企业所有员工正确理解纠正和预防措施（CAPA）规程的要求。在不合格问题发生时，按要求采取适当的措施，并报告主管或直接领导。

2. CAPA 措施负责人

CAPA 措施负责人应根据批准的计划，在规定期限内完成相应的整改措施。定期检查计划的进展，直到所有的整改措施均已完成并最终得到质量管理人员的确认、批准。因特殊原因，整改措施计划需要进行变更或延长时，应在原计划完成日之前提出申请，并得到部门负责人、质量管理部门负责人的批准。

3. 质量部

质量部负责建立和维护纠正和预防措施（CAPA）系统；批准 CAPA 的执行；确保 CAPA 的合理性、有效性和充分性；批准 CAPA 的变更，包括完成期限的延长；跟踪 CAPA 实施进展情况。

4. 质量受权人

质量受权人负责批准涉及产品召回、药品监督管理部门检查发现的风险级别较高问题的整改措施等。

## 三、纠正和预防措施文件编制的要求

企业需采取措施，以消除不合格的原因，防止不合格问题的再次发生，纠正措施要与不合格的影响程度相适应。应将纠正措施与预防措施编制形成文件，主要包括以下内容。

1. 评审不合格（包括顾客投诉）。
2. 确定不合格的原因。
3. 评价确保不合格不再发生的措施的需求。
4. 确定和实施所需的措施。
5. 记录所采取措施的结果。
6. 评审所采取纠正措施的有效性。

企业预防与纠正措施管理流程图如图 10－3 所示。

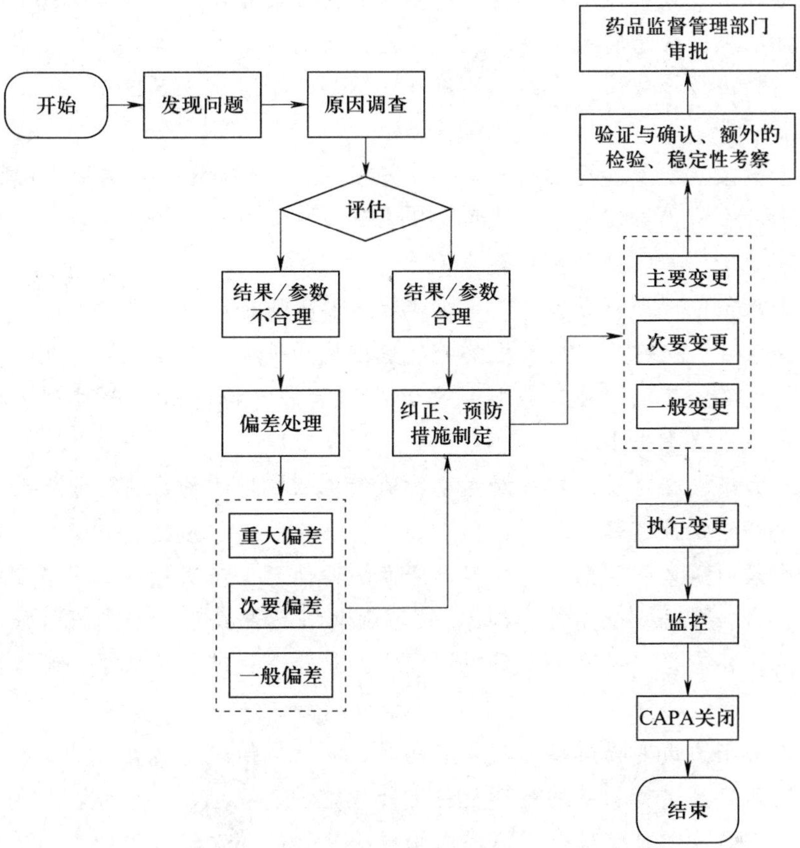

开始
发现问题
原因调查
评估
结果/参数不合理
结果/参数合理
偏差处理
纠正、预防措施制定
重大偏差
次要偏差
一般偏差
主要变更
次要变更
一般变更
执行变更
监控
CAPA关闭
结束
验证与确认、额外的检验、稳定性考察
药品监督管理部门审批

图 10－3　预防与纠正措施管理流程图

## 任务六　供应商的管理

供应商管理包括供应商的评估、质量审核、选择、批准、评审、变更及档案管理内容。我国 GMP（2010 版）对供应商的管理有如下要求。

**第二百五十五条**　质量管理部门应当对所有生产用物料的供应商进行质量评估，会同有关部门对主要物料供应商（尤其是生产商）的质量体系进行现场质量审计，并对质量评估不符合要求的供应商行使否决权。

主要物料的确定应当综合考虑企业所生产的药品质量风险、物料用量以及物料对药品质量的影响程度等因素。

企业法定代表人、企业负责人及其他部门的人员不得干扰或妨碍质量管理部门对物料供应商独立作出质量评估。

**第二百五十六条** 应当建立物料供应商评估和批准的操作规程，明确供应商的资质、选择的原则、质量评估方式、评估标准、物料供应商批准的程序。

如质量评估需采用现场质量审计方式的，还应当明确审计内容、周期、审计人员的组成及资质。需采用样品小批量试生产的，还应当明确生产批量、生产工艺、产品质量标准、稳定性考察方案。

**第二百五十七条** 质量管理部门应当指定专人负责物料供应商质量评估和现场质量审计，分发经批准的合格供应商名单。被指定的人员应当具有相关的法规和专业知识，具有足够的质量评估和现场质量审计的实践经验。

**第二百五十八条** 现场质量审计应当核实供应商资质证明文件和检验报告的真实性，核实是否具备检验条件。应当对其人员机构、厂房设施和设备、物料管理、生产工艺流程和生产管理、质量控制实验室的设备、仪器、文件管理等进行检查，以全面评估其质量保证系统。现场质量审计应当有报告。

**第二百五十九条** 必要时，应当对主要物料供应商提供的样品进行小批量试生产，并对试生产的药品进行稳定性考察。

**第二百六十条** 质量管理部门对物料供应商的评估至少应当包括：供应商的资质证明文件、质量标准、检验报告、企业对物料样品的检验数据和报告。如进行现场质量审计和样品小批量试生产的，还应当包括现场质量审计报告，以及小试产品的质量检验报告和稳定性考察报告。

**第二百六十一条** 改变物料供应商，应当对新的供应商进行质量评估；改变主要物料供应商的，还需要对产品进行相关的验证及稳定性考察。

**第二百六十二条** 质量管理部门应当向物料管理部门分发经批准的合格供应商名单，该名单内容至少包括物料名称、规格、质量标准、生产商名称和地址、经销商（如有）名称等，并及时更新。

**第二百六十三条** 质量管理部门应当与主要物料供应商签订质量协议，在协议中应当明确双方所承担的质量责任。

**第二百六十四条** 质量管理部门应当定期对物料供应商进行评估或现场质量审计，回顾分析物料质量检验结果、质量投诉和不合格处理记录。如物料出现质量问题或生产条件、工艺、质量标准和检验方法等可能影响质量的关键因素发生重大改变时，还应当尽快进行相关的现场质量审计。

**第二百六十五条** 企业应当对每家物料供应商建立质量档案，档案内容应当包括供应商的资质证明文件、质量协议、质量标准、样品检验数据和报告、供应商的检验报告、现场质量审计报告、产品稳定性考察报告、定期的质量回顾分析报告等。

## 一、供应商的评估

1. 企业资质

（1）原辅料供应商应持有《药品生产许可证》或《药品经营许可证》，生产企业或药品上市许可持有人委托生产企业应获得“药品 GMP 证书”，经营企业应有“药品经营质量管理规范认证证书”，所购原料应在经营范围内，产品应有批准文号；新的药用辅料和安全风险较高的药用辅料以外的辅料企业及产品应有批准文号并在药品监督管理部门备案。

（2）包装材料、直接接触药品的包装材料和容器供应商，已有国家标准的，企业应持有《药包材注册证》，未有国家标准的，应有国家食品包装标准，印刷包装材料企业应具有合法资质。

（3）进口原辅料供应商应有国家食品药品监督管理总局核发的注册证书。

2. 质量体系

考察供应商的质量体系内容主要包括：①厂房、设施、设备条件；②原材料来源；③质量保证体系；④人员及培训；⑤产品质量；⑥供货能力；⑦企业信誉；⑧协作态度。

## 二、供应商的质量审核

1. 审核内容

对供应商的质量审核的内容主要包括质量体系审核、产品质量审核、过程质量审核。

2. 审核组织

对供应商的审核应成立审核小组，药品上市许可持有人也应组织专家或专业人员参照执行。审核小组由供应部门、质量管理部门、物料使用部门、生产部门、科研技术部门有关人员和技术人员组成。其中，质量管理部门的人员必须协同开展质量审核工作。审核小组成立后，依据规程确定一名组长并由其对小组成员的工作内容进行具体部署。

3. 审核程序

供应商的审核程序应包括以下步骤：①材料审核；②样品检测、验证、质量标准及检测方法的确定；③实地考察；④信息反馈及跟踪审核；⑤起草审核报告；⑥批准审核结论。

## 三、供应商的批准

药品生产企业对供应商审核后，符合企业供货要求的，确定为企业供应商，经受权人核准，企业负责人批准后确定为企业的供货商。每种物料应确定 1 家现行供应商，储备 1 ~ 2 家备选供应商，1 家供应商可供应多种物料。质量管理部门应当与批准的主要物料供应商签订质量协议，在协议中应当明确双方所承担的质量责任。

## 四、供应商的审计

1. 供应商供货质量评审

企业应对供应商周期内的产品质量、供货情况及售后服务进行评审。可建立规范的供应商年度评审表，对原料的质量水平、合格率、退货率、包装情况、供货及时性、价格、特殊情况的处理、供应商物料对企业质量风险的影响及其他影响产品质量的情况等进行综合评价，按照规定量化打分，结果可以分为优、良、一般（合格）、差（不合格）四个等级。

2. 供应商评审及调整

对于评审结果评价较差的供应商，企业应分析供应商对于企业的重要程度并采取不同的措施。若该供应商只是一个普通的供应商，则可以考虑将其淘汰；若该供应商所提供的产品对于企业来说是非常重要的而且替代供应源不足，企业应考虑加强与该供应商的沟通，以便双方共同努力和加强技术合作。

## 五、供应商变更管理

变更物料供应商时，企业应当对新的供应商进行质量评估；改变主要物料供应商的，还需要对产品进行相关的验证及稳定性考察。当出现下列情况时，均按变更处理。

1. 供应商因多种原因已失去所供应物料的生产经营资格。
2. 供应商停止所供应物料的生产或停止供货。
3. 经留样考察，供应商所提供的物料不能满足企业产品的稳定性要求或其他要求。
4. 供应商所生产的物料连续出现质量问题并经现场评审不合格。

供应商的变更应执行变更处理程序，由要求变更的部门提出。

## 六、供应商档案管理

所有物料供应商都必须建立档案，供应商档案应按原料、辅料、内包装材料、外包装材料、计算机化系统进行分类编号管理，将其法定资质、基本情况调查表、现场考察报告、历次评价结果及出现的质量问题等进行汇总，由专人负责管理，新选择确定和淘汰的供应商资料应当及时收集和整理，保证各项文件及时归档。

**讨论：**

如果你是质量管理人员，对于新进的供应商应该审核其哪些资质材料呢？

# 实践实训七　原辅料的取样与留样

## 一、实训目的

熟悉原辅料的取样管理要求。

## 二、实训场地与材料

GMP 实训车间取样间。洁净工作服、一次性口罩、一次性鞋套、取样工具、取样容器、取样证等。

## 三、实训内容

1. 原辅料取样操作

（1）取样准备

1）准备清洁干燥的取样器具、样品盛容器和辅助工具（手套、取样袋、剪刀、刀子、标签、笔、取样证等）前往规定地点取样。

固体需用到刮铲、勺、取样钎等。

液体需用到各种移液管、小杯、烧杯、长勺、漏斗等。

样品盛装容器包括带盖玻璃瓶或无毒塑料瓶，自封袋。

以上用于微生物限度检查取样的器具均应灭菌，灭菌后的器具应在规定期限内使用，过期使用需重新灭菌。取样工具的清洁、灭菌及保存周期应经过相应的验证，在验证的周期内保存使用。

2）计算取样件数

$n \leqslant 3$ 时，逐件取样；

$3 < n \leqslant 300$ 时，按$\sqrt{n}+1$ 取样；

$n > 300$ 时，按$\sqrt{n}/2+1$ 取样，如遇小数时，则按四舍五入进为整数。

根据总取样量和取样件数计算每件中平均取样量。例如，取样量为 20 g，取样件数为 5 件，则从每件中取样 4 g。先取微生物检验用样，再取理化检验用样，最后取留样。

（2）取样

1）按取样原则随机抽取规定的样本件数，清洁外包装移至取样间内取样。

2）固体原辅料用取样器在包装内上、中、下采样，取出的样品放在清洁、干燥的塑料袋或玻璃瓶中，并作好标识。需要分样的，应在取样时按要求进行分样处理。液体原辅料首先要混合均匀，如容器底部有沉淀的应反复搅拌，用干净的玻璃管或其他适宜的工具插入容器取样，所取样品放入带盖玻璃瓶中，标识。需要分样的，应在取样时按要求进行分样处理。

3）给取出的样品贴上标签，内容包括样品名称、规格、批号、生产厂家、取样人、取样日期、样品贮存条件、用于何种检验等。

（3）取样结束

1）取样后，对于桶装物料，将内层塑料袋用扎带扎紧，将桶盖封好；对于袋装物料，需要将取样口用胶带贴封好，同时密封以使贮存阶段内容物产品质量受损的风险降至最小，同时在被取的包装上贴上取样证。

2）填写取样单。

3）将样品包装件送回库内待验区。

4）按规定程序清洁取样间。

2. 原辅料留样操作

取样员将取样后混合均匀的样品分成三份，取其中一份交给留样员。留样员加贴留样标签，并填写收样记录，内容包括留样接收时间、品名、规格、批号、来源、样品数量、留样编号、双方签字等。留样产品要专人专柜保管，并按品种、规格、生产时间、批号，分别排列整齐。每个留样柜内的品种、批号应有明显标识，并易于识别，以便定期进行外观检查和用户投诉时查证。超过留样期限的产品应每年集中销毁一次。由留样员填写“销毁单”，注明品名、批号、剩余量、销毁原因、销毁方法等，报质量部负责人审核、批准后销毁。销毁按规定的销毁程序进行，要求有 2 人以上现场监督销毁，并有销毁记录。

留样员应由专人担任，负责留样样品的管理工作，应具有一定的专业知识，了解样品的性质和贮存方法。所有留样样品都是极为重要的实物档案，不得随意销毁或取走。

留样样品的贮存期限一般规定如下：成品为有效期后 1 年，原料、辅料为产品放行后 2 年，如果物料的有效期较短，则留样时间可相应缩短。易挥发和危险的液体样品可以不用留样。

原料留样的包装形式应与原料到货时的市场包装相同或模拟市售包装。固体辅料的留样可密封在聚乙烯袋中并且外用铝箔袋包装。液体样品必须依据其特性保存在合适的容器中。所有存放留样的容器必须贴有规定的标签，标签内容至少应该包括产品名称、产品批号、取样日期、贮存条件、贮存期限。

3. 填写取样记录

填写原辅料取样记录表（见表 10－2）。

**表 10－2　　原辅料取样记录表**

| 取样日期 | 物料名称 | 编号 | 供货情况 | | | 取样量 | 取样人 | 送样记录 | | |
|---|---|---|---|---|---|---|---|---|---|---|
| | | | 企业名称 | 批号 | 来料件数 | | | 送样量 | | 留样量 |
| | | | | | | | | 理化 | 微生物 | |
| | | | | | | | | | | |
| | | | | | | | | | | |
| | | | | | | | | | | |
| | | | | | | | | | | |
| | | | | | | | | | | |
| | | | | | | | | | | |
| | | | | | | | | | | |

## 四、实训考核

评价包括两方面，采用百分制，总分为 100 分。其中，职业素养与操作规范占该项目总分的 20%，工作质量占该项目总分的 80%。职业素养与操作规范、工作两项均需合格，总成绩评定为合格。评分表见表 10－3。

**表 10－3　　原辅料取样操作评分表**

| 评价内容 | 分值 | 评分细则 | 评分 |
|---|---|---|---|
| 职业素养与操作规范 20 分 | 10 | 穿工作服，不披发、化妆和佩带首饰得 10 分 | |
| | 10 | 保持工作环境干净、整洁得 10 分 | |

续表

| 评价内容 | | 分值 | 评分细则 | 评分 |
|---|---|---|---|---|
| 工作80分 | 取样准备 | 25 | 正确计算取样件数得10分 | |
| | | | 正确、完整准备取样工具得10分 | |
| | | | 正确准备盛样用的器具得5分 | |
| | 取样 | 35 | 将规定件数的样本清洁外包装移至取样间内取样得10分 | |
| | | | 固体原辅料用取样器在包装内上、中、下采样，液体原辅料混合均匀后再采样得10分 | |
| | | | 取出的样品放在清洁、干燥的塑料袋或玻璃瓶中，并做好标识得5分 | |
| | | | 将取得样品混匀后均匀分成3份备用得5分 | |
| | | | 给取出的样品贴上标签，内容填写正确无误得5分 | |
| | 取样结束 | 15 | 每一个被取样的物料，将内层塑料袋用扎带扎紧，将桶盖封好得3分 | |
| | | | 在每一个被取的包装上贴上取样证得3分 | |
| | | | 正确填写取样记录得3分 | |
| | | | 将样品包装件送回库内待验区得3分 | |
| | | | 按规定程序清洁取样间得3分 | |
| | 取样记录 | 5 | 正确填写取样记录得5分 | |

## 知识回顾

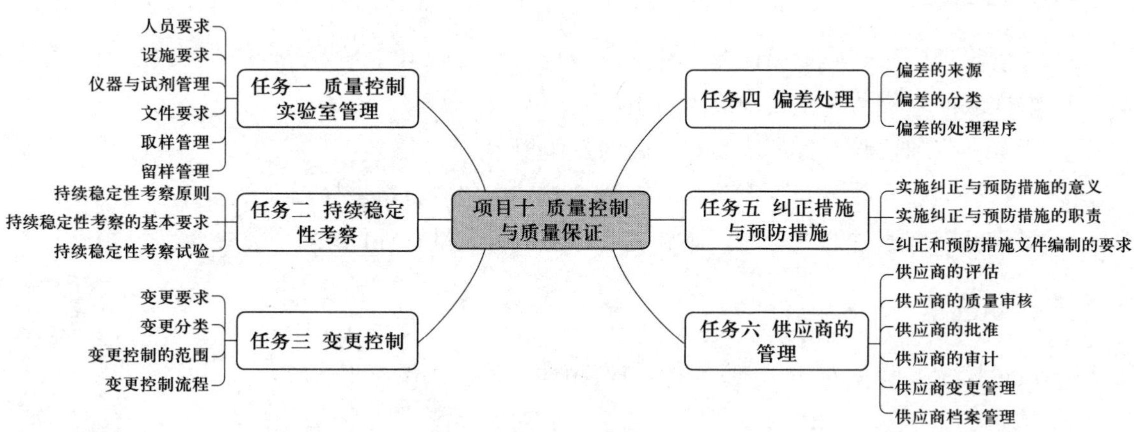

# 目标检测

## 一、单选题

1. （　　）也是质量管理体系的一部分，强调对产品质量的要求。

A. 质量控制　　B. 质量保证　　C. 质量管理　　D. GMP

2. 质量控制实验室的检验人员应具有的学历至少为（　　）。

A. 初中　　B. 高中或相关专业中专

C. 大专　　D. 本科

3. 影响因素试验不包括（　　）。

A. 高温试验　　B. 高湿试验

C. 强光照射试验　　D. 加速试验

4. 以下关于变更的说法错误的是（　　）。

A. 企业应当建立变更控制系统，对所有影响产品质量的变更进行评估和管理

B. 质量管理部门应当指定专人负责变更控制

C. 质量管理部门应当保存所有变更的文件和记录

D. 微小变更对产品关键的质量特性不产生影响

5. 负责偏差的分类，保存偏差调查、处理的文件和记录的部门是（　　）。

A. 偏差发生部门　　B. 质量管理部门

C. 生产部门　　D. 物料供应部门

## 二、判断题

1. 质量管理体系是质量保证的一部分。（　　）

2. 取样区的空气洁净度级别应当与生产要求一致。（　　）

3. 所有生产和检验设备都应当有明确的操作规程。（　　）

4. 中药材的取样数量计算方法和原辅料、成品、包装材料一样。（　　）

5. 对于已审核通过的供应商，还需定期对其进行质量管理体系评估。（　　）

## 三、多选题

1. 质量控制实验室的（　　）应当与产品性质和生产规模相适应。

A. 人员　　B. 试剂　　C. 对照品　　D. 仪器

2. 质量管理部门对物料供应商的评估至少应当包括（　　）。

A. 供应商的资质证明文件　　B. 生产商资料

C. 检验报告　　　　　　　　　　D. 质量标准

3. 实施纠正与预防措施（CAPA）的意义在于（　　）。

A. 消除偏差、缺陷、不规范或其他隐患

B. 防止已识别的偏差以及潜在隐患再次发生

C. 减少已知的偏差和事故造成的药品召回频次，确保一次合格率提高

D. 使生产管理和质量控制过程更严格、持续，提高客户满意度

4. 供应商档案包括（　　）。

A. 供应商的资质证明文件　　　　B. 质量协议

C. 供应商对产品的检验报告　　　D. 现场质量审计报告

5. 质量保证管理的工作内容包括（　　）。

A. 变更控制　　　　　　　　　　B. 偏差管理

C. 预防与纠正措施　　　　　　　D. 供应商管理

# 项目十一

# 委托生产与委托检验

## 学习目标

**知识目标：**

1. 掌握委托生产的概念，委托生产与委托检验的原则。
2. 熟悉委托方的责任，受托方应具备的条件，合同应具备的内容。
3. 了解委托生产与委托检验的流程及管理。

**技能目标：**

能正确阐述委托生产与委托检验相关内容。

**【案例导入】**

2011 年，广西某药业有限公司委托广东某制药有限公司加工生产维 C 银翘片干浸膏。2013 年，经媒体曝光，广东某制药有限公司进行委托加工生产过程中涉嫌存在违规行为。在生产维 C 银翘片过程中，没有对每一批所用干膏进行生产全过程的质量监控和技术指导，违反《药品生产质量管理规范》（GMP）的规定。广西壮族自治区食品药品监督管理局于 2014 年 4 月 10 日收回广西某药业有限公司片剂 GMP 认证证书，证书编号为桂 K0339。

**讨论：**

1. 本案例中委托生产药品的委托方与受托方各自存在哪些违规违法之处？
2. 受托方应具备什么资质？委托生产合同应具备些什么内容？

委托生产起源于美国，首先在电子信息行业和轻工业中迅速发展，之后应用到医药行业领域。1999 年国家药品监督管理局发布《关于药品异地生产和委托生产有关规定的通知》，首次界定符合规定的药品委托生产不属于违规生产；2005 年年底，国家食品药品监督管理局出台了《接受境外制药厂商委托加工药品备案管理规定》，制定了详细的可操作性的实施细则，进一步简化了委托生产的审批程序，同时允许境外厂商在中国进行药品委托加工。

# 任务一　委托方管理

生产力的迅速发展使得药品生产企业对共享生产资源、进一步降低生产成本及提高产品质量的要求越来越迫切，因此，药品的委托生产与委托检验就随之得到了迅猛发展。但由于药品的特殊性，从而使得药品委托生产与委托检验的全过程需要制定极其严格的控制和规范。

我国 GMP（2010 版）对委托生产的委托方有如下规定。

**第二百七十八条**　为确保委托生产产品的质量和委托检验的准确性和可靠性，委托方和受托方必须签订书面合同，明确规定各方责任、委托生产或委托检验的内容及相关的技术事项。

**第二百七十九条**　委托生产或委托检验的所有活动，包括在技术或其他方面拟采取的任何变更，均应当符合药品生产许可和注册的有关要求。

**第二百八十条**　委托方应当对受托方进行评估，对受托方的条件、技术水平、质量管理情况进行现场考核，确认其具有完成受托工作的能力，并能保证符合本规范的要求。

**第二百八十一条**　委托方应当向受托方提供所有必要的资料，以使受托方能够按照药品注册和其他法定要求正确实施所委托的操作。

委托方应当使受托方充分了解与产品或操作相关的各种问题，包括产品或操作对受托方的环境、厂房、设备、人员及其他物料或产品可能造成的危害。

**第二百八十二条**　委托方应当对受托生产或检验的全过程进行监督。

**第二百八十三条**　委托方应当确保物料和产品符合相应的质量标准。

## 一、委托生产与委托检验概述

1. 委托生产

药品委托生产是指药品生产企业在因技术改造暂不具备生产条件和能力或产能不足暂不能保障市场供应的情况下，将其持有药品批准文号的药品委托其他药品生产企业全部生产的行为（不包括部分工序的委托加工）。委托生产药品的批准文号仍属委托方所有，接受委托生产药品的企业只负责按照委托方的要求生产药品，涉及该药品生产的外部责任仍由委托方承担，如无特殊约定，委托生产的药品由委托方负责销售。

麻醉药品、精神药品、药品类易制毒化学品及其复方制剂，医疗用毒性药品，生物制品，多组分生化药品，中药注射剂和原料药不得委托生产。放射性药品的委托生产按照有关法律法规规定办理。国家食品药品监督管理部门可以根据监督管理工作需要调整不得委托生产的药品。

2. 委托检验

委托检验是指质量检验机构接受其他企业的委托，按照委托方的要求和药品质量标准以及国家法律法规等依据，以标准规定的检验方法，在规定的环境条件下对药品的样品质量进行检验，并出具合法有效的检验报告的质量检验活动。

3. 委托生产存在的风险

委托生产存在的风险主要包括：委托方不能将产品工艺资料真实地交给受托方；受托方未按照委托方生产工艺进行生产；受托方未准确记录生产过程中的偏差，未进行调查和对产品进行考察，向委托方隐瞒情况；受托方向委托方提供虚假生产记录；受托方接受其他委托生产时未评估现有清洁方法是否造成交叉污染等。

4. 委托生产的类型

药品委托生产在一些发达国家非常盛行，尤其是一些以药品研发为主的企业，它们通过委托生产加快产品的后期回报，以便能有更多的资金投入新产品的开发。委托生产的类型主要有以下四类。

（1）横向委托生产：同类企业的相互委托生产。

（2）纵向委托生产：沿药品生产经营产业链，委托上下游企业进行生产。

（3）国际委托生产：许多欧美制药企业纷纷把新药开发中的非核心部分抽离出来，委托给发展中国家。

（4）医院制剂的委托生产：根据《医疗机构制剂配制监督管理办法》规定，医疗机构可以委托符合规定的药品生产企业为其配制制剂。

5. 委托生产申请

申请药品委托生产，由委托方向所在地省、自治区、直辖市食品药品监督管理局提出申请，并填写《药品委托生产申请表》。委托方和受托方不在同一省、自治区、直辖市的，委托方应当首先将《药品委托生产申请表》连同申请材料报受托方所在地省、自治区、直辖市食品药品监督管理局审查；经审查同意后，方可按照规定进行申报。

申请药品委托生产，需提交以下申请材料。

（1）《药品委托生产申请表》。委托方和受托方不在同一省、自治区、直辖市的，委托方向所在地省、自治区、直辖市食品药品监督管理局提出申请时，应同时提交受托方所在地省、自治区、直辖市食品药品监督管理局的审查意见。

（2）委托方和受托方持有的《药品生产许可证》和《营业执照》复印件。

（3）委托方和受托方持有的与拟委托生产药品相适应的《药品生产质量管理规范》认证证书复印件。

（4）委托方拟委托生产药品的批准证明文件及附件的复印件，包括与拟委托生产药品相关的各种批准文件，如药品注册批件，补充申请批件，药品标准颁布件、修订件等。附件指上述批件的附件，如药品标准、说明书、标签样稿等。拟委托生产大容量注射剂，且包装容器为塑料袋或塑料瓶的，还应提交相关药包材批准证明文件。

（5）委托方拟委托生产药品的包装、标签和使用说明书实样，委托生产药品拟采用的包装、标签和使用说明书式样及色标。

（6）委托方对受托方的生产条件、技术水平和质量管理情况的考核报告。报告应至少包括以下内容：

1）受托方的技术人员，厂房、设施、设备等生产条件和能力，以及质检机构、检测设备等质量保证体系能否满足拟委托生产药品的需要。

2）委托双方关键生产步骤的设备名称、型号、技术参数和产能以及委托生产前后批量变化情况的对比分析。

3）详细说明拟委托生产药品的处方、生产工艺与委托方的一致性，并同时提供委托方的处方、生产工艺、工艺参数和生产规模等资料。对拟委托生产药品的原料药来源、直接接触药品的包装材料和容器等与委托方一致性也应进行说明并提供相关资料。

4）如受托方负责对原辅料、包装材料、中间产品、待包装产品和成品进行检验，应提交受托方对委托方已批准的质量标准中的检验方法进行验证或确认的资料。

5）质量对比研究资料。对受托方生产的三批药品的质量进行研究，并与委托方生产的药品进行比较。质量标准中有溶出度或释放度检查项目的口服固体制剂，必须提供溶出度、释放度研究数据。

6）如拟委托生产药品在受托方的生产与其他产品需共线生产，应提交共线生产的产品情况和风险评估报告。

（7）委托生产合同。合同应包括质量协议，要按照我国 GMP（2010 版）的相关要求，明确规定双方在药品委托生产管理、质量控制等方面的质量责任及相关的技术事项，特别是要明确原辅料、包装材料的采购、检验和放行以及产品检验、放行中委托双方各自的权利和义务。

（8）委托方应对受托方生产的连续三批药品进行抽样并送委托方或受托方所在地省级药品检验机构检验，提交检验报告书原件。

6. 委托生产的流程

（1）现场考核

委托方对受托方进行全面、深入的审核，包括厂房、设备、设施、人员、生产材料等方面的现场审计，文件及培训资料的检查，生产工艺的控制以及对供应商的管理方法，投诉及产品召回记录，偏差及变更的管理，受托方现生产产品的生产过程对委托生产产品是否有不良影响等。此外，委托方还应对受托方进行 GMP 及委托生产产品的生产和检验所涉及的所有方面进行全面评估，若其生产管理水平符合委托方及相关法律法规要求，则可进行下一项。

（2）试制样品

现场考察满意后，在受托方的生产车间试制三批样品。

（3）抽样检查

根据药品管理归属，向省食品药品监督管理局或地市食品药品监督管理局申请现场抽样检查。

(4) 委托生产审批

接到试制的三批样品的合格检验报告后，委托方向食品药品监督管理局提交资料进行申报、审批。

(5) 生产监督及产品留样管理

受托方在委托生产过程中，委托生产评估小组将负责对其生产过程进行监督。委托生产评估小组每季度对受托方本季度生产的产品及用于生产的物料进行抽检，对生产记录和检验记录进行审核。委托生产的药品须留样至其产品有效期后 1 年，中药提取物须留样至制剂最后一批产品放行完成以后 2 年。所有与委托生产相关的文件由质量管理部门负责保管，所有文件应当永久保存。

## 二、委托方管理要求

委托方是指在药品委托生产中，因技术改造暂不具备生产条件和能力或产能不足暂不能保障市场供应的情况下，将其持有药品批准文号的药品委托其他药品生产企业生产的一方。

药品委托生产的委托方应当是取得该药品批准文号的药品生产企业，且由委托方负责委托生产药品的质量和销售。在签订委托生产合同前，委托方应当对受托方的生产条件、生产技术水平和质量管理状况进行详细考查。在委托生产之前，委托方应向受托方提供委托生产过程中所有必要的资料，以使受托方能够按药品注册标准和其他法定要求，正确实施所委托的操作。具体资料包括相关生产工艺规程、产品质量标准、批生产记录以及各类操作规程和记录等。此外，委托方必须保证，受托方充分了解与产品或操作相关的各种问题，包括产品或操作有可能对受托方的厂房、设备、人员及其他物料或产品造成的危害。委托方可以向受托方派驻专人监督整个委托生产过程，确保整个委托生产过程符合生产工艺规程和 GMP 标准。委托方必须对委托生产的全过程进行指导和监督，并确保受托方所有已生产的产品均符合相应的质量标准。

委托方是产品质量的第一责任人，因此委托方应与受托方建立类似供应商评估一样的评估程序，监督受托方按照双方合同履行受托职责，降低委托生产存在的风险。

# 任务二　受托方管理

委托生产和委托检验对于委托企业来说也是其生产与质量管理环节的一部分，只有严格控制好委托生产和委托检验的各个细节，才能确保药品质量。而这些细节的控制，最终还是要通过受托方来实现。因此，对于委托生产和委托检验来说，受托方的管理是一个十分重要的问题。

受托方是指在药品委托生产中，接受其他药品生产企业委托，对其持有药品批准文号的药品按照相关要求进行生产的一方。

我国 GMP（2010 版）对委托生产的受托方有如下规定。

**第二百八十四条**　受托方必须具备足够的厂房、设备、知识和经验以及人员，满足委托方所委托的生产或检验工作的要求。

**第二百八十五条**　受托方应当确保所收到委托方提供的物料、中间产品和待包装产品适用于预定用途。

**第二百八十六条**　受托方不得从事对委托生产或检验的产品质量有不利影响的活动。

## 一、受托方应具备的条件

药品委托生产中的受托方，首先必须是具有《药品生产许可证》且持有与其受托生产的药品相适应的 GMP 认证证书的药品生产企业。

其次还应该具备以下条件。

1. 有与药品生产相适应的厂房、设施、设备和卫生环境及保障设施。
2. 有能对所生产药品进行质量管理和质量检验的机构、人员。
3. 有能对所生产药品进行质量管理和质量检验的各类仪器设备。
4. 有能对所生产药品的质量进行保证且符合药品生产质量管理规范要求的规章制度。

## 二、受托方管理要求

委托生产合同签订前，委托方应当对受托方进行评估，对受托方的各项关键要素进行考核，确认其具有完成受托工作的能力，并能保证符合 GMP 的要求。考核的要素包括厂房、设备、工艺、质量管理、组织机构、实验室管理等，此外，还需要基于这些因素进行产品验证，从而确定受托方是否具备生产符合委托方质量标准产品的能力。当然，考核工作也可以委托具备相应质量审计资质的第三方进行。

委托生产开始前，受托方应确保用于生产的设施设备符合委托生产合同的规定且已按 GMP 要求进行清洁、维修和保养，并适用于预定用途。委托生产过程中，受托方应确保所有收到的物料、中间产品和待包装产品适用于预定用途，生产完成后应完整地退还所有多余物料。此外，受托方不得从事任何可能对委托生产的产品质量有不利影响的活动，应严格按照委托方提供的生产流程和 GMP 的要求进行生产和质量控制，并按规定及时、真实、准确地记录生产过程中的各项数据，及时向委托方提供符合 GMP 要求的批生产记录。

# 任务三　合同管理

《药品生产监督管理办法》中，要求委托生产药品的双方应签署合同，并规定了双方在药品委托生产技术、质量控制等方面的权利与义务。而 GMP 中也强调了委托生产与委托检验的各项活动，应在订立书面合同的基础上进行。

我国 GMP（2010 版）对委托生产合同有如下规定。

**第二百八十七条** 委托方与受托方之间签订的合同应当详细规定各自的产品生产和控制职责，其中的技术性条款应当由具有制药技术、检验专业知识和熟悉本规范的主管人员拟订。委托生产及检验的各项工作必须符合药品生产许可和药品注册的有关要求并经双方同意。

**第二百八十八条** 合同应当详细规定质量受权人批准放行每批药品的程序，确保每批产品都已按照药品注册的要求完成生产和检验。

**第二百八十九条** 合同应当规定何方负责物料的采购、检验、放行、生产和质量控制（包括中间控制），还应当规定何方负责取样和检验。

在委托检验的情况下，合同应当规定受托方是否在委托方的厂房内取样。

**第二百九十条** 合同应当规定由受托方保存的生产、检验和发运记录及样品，委托方应当能够随时调阅或检查；出现投诉、怀疑产品有质量缺陷或召回时，委托方应当能够方便地查阅所有与评价产品质量相关的记录。

**第二百九十一条** 合同应当明确规定委托方可以对受托方进行检查或现场质量审计。

**第二百九十二条** 委托检验合同应当明确受托方有义务接受药品监督管理部门检查。

## 一、合同概述

1. 合同的含义

合同语出《周礼·秋官·朝士》“凡有责者，有判书以治则听”，指两人或几人之间、两方或多方当事人之间在办理某事时，为了确定各自的权利和义务而订立的各自遵守的条文。

《中华人民共和国民法典》中合同的定义为：合同是民事主体之间设立、变更、终止民事法律关系的协议。

2. 合同订立的原则

（1）合同当事人的法律地位平等，一方不得将自己的意志强加给另一方。

（2）当事人依法享有自愿订立合同的权利，任何单位和个人不得非法干预。

（3）当事人应当遵循公平原则确定各方的权利和义务。

（4）当事人行使权利、履行义务应当遵循诚实守信的原则。

（5）当事人订立、履行合同，应当遵循法律、行政法规，尊重社会公德，不得干扰社会经济秩序，损害社会公共利益。

3. 合同的条款

合同的条款可分为基本条款和普通条款，又称必要条款和一般条款。当事人对必要条款达成协议的，合同即为成立；反之，合同不能成立。确定合同必要条款的根据有三种。一是根据法律规定确定。凡是法律对合同的必要条款有明文规定，应根据法律规定。二是根据合同的性质确定。法律对合同的必要条款没有明文规定的，可以根据合同的性质确定。三是根据当事人的意愿确定。除法律规定和根据合同的性质确定的必要条款以外，当事人一方要求必须规定的条款，也是必要条款。合同条款除必要条款之外，还有其他条款，即一般条款。一般条款在合同中是否加以规定，不会影响合同的成立。

## 二、合同应具备的内容

《中华人民共和国民法典》规定，合同的内容由当事人约定，一般包括下列条款：①当事人的姓名或者名称和住所；②标的；③数量；④质量；⑤价款或者报酬；⑥履行期限、地点和方式；⑦违约责任；⑧解决争议的方法。

鉴于药品的特殊性，在药品委托生产与委托检验的合同中，除常规的条款外，至少还应明确以下几项内容。

1. 各项工作必须符合药品生产许可和药品注册的有关要求。

2. 各自的产品生产和控制职责，其中的技术性条款应当由具有制药技术、检验专业知识和熟悉《药品生产质量管理规范》的主管人员拟订。

3. 每批药品批准放行的程序。

4. 由哪一方负责物料的采购、检验、放行、生产和质量控制，由哪一方负责生产各环节的取样和检验（若是委托检验，合同还应当规定受托方是否在委托方的厂房内取样）。

5. 受托方保存的生产、检验和发运记录及样品，委托方应当能够随时调阅或检查；出现投诉、怀疑产品有质量缺陷或召回时，委托方能及时查阅到所有与评价产品质量相关的记录。

6. 委托方可以对受托方进行检查或现场质量审计。

7. 受托方有义务接受药品监督管理部门检查。

## 三、合同管理要求

合同管理就是指对与合同相关事项的管理，即由合同洽谈、草拟、签订、生效开始直至合同失效为止全过程的管理。合同管理要注意系统性和动态性。系统性就是凡涉及合同条款内容的各部门都要一起参与管理，动态性就是注重履约过程中的情况变化，及时对合同进行修改、变更、补充或终止。

合同管理的内容主要有以下四个方面。一是合同签订管理，主要是对意向合作伙伴的背景调查及对可能存在和产生的风险进行分析预判，然后进行合同谈判和合同签署。二是合同履行管理，主要是对合同执行过程中出现的问题，根据客观情况，按照互利共赢的原则尽快解决。若出现了纠纷，则首先要对纠纷性质进行全面客观的评价，对于能补救的，要积极采取应对措施；对于缺乏诚信的欺诈，要尽快收集资料进入法定程序以维护权利。三是合同变更管理，主要是对由于合同双方现实情况和相关条件的变化，引起合同变更的情况，根据合同的相关条款分析实际情况后，适当地加以处理。四是合同档案管理，主要是对合同文件的管理，一般使用合同档案管理系统对合同文件和记录进行管理。

## 知识回顾

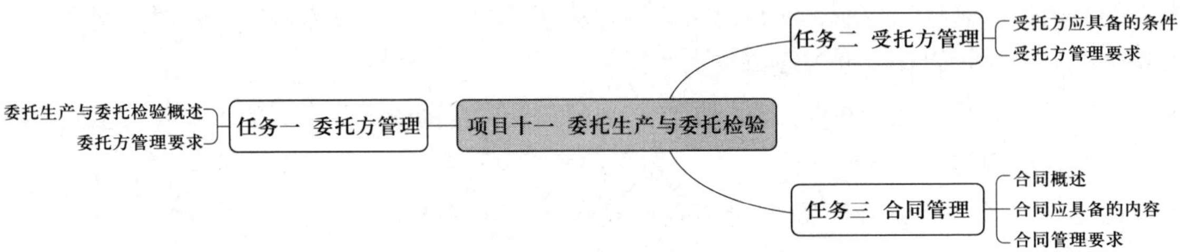


## 目标检测

### 一、单选题

1. 产品质量的第一责任人是（　　）。

A. 委托方　　B. 受托方

C. 食品药品监督管理局　　D. 以上都是

2.《药品委托生产批件》有效期不得超过（　　）。

A. 一年　　B. 二年

C. 三年　　D. 五年

3. 受托方不得从事（　　）。

A. 物料、中间产品和待包装产品的采购活动

B. 质量管理相关文件的制定活动

C. 任何可能对委托生产的产品质量有不利影响的活动

D. 质量管理和质量检验人员的培训活动

4. 合同应当明确规定委托方可以对受托方进行（　　）。

A. 投诉　　B. 检查或现场质量审计

C. 变更　　D. 终止生产或更换物料

5. 合同管理要注意（　　）。

A. 系统性和动态性　　B. 灵活性和规范性

C. 系统性和规范性　　D. 系统性和灵活性

## 二、配伍选择题

A. 委托生产　　B. 委托检验　　C. 委托方　　D. 受托方

1. 需要严格按照提供的生产流程和 GMP 的要求进行生产和质量控制，并应按规定及时、真实、准确地记录生产过程中各项数据的是（　　）。

2. 接受其他企业的委托，按照委托方的要求和药品质量标准以及国家法律法规等依据，以标准规定的检验方法，在规定的环境条件下对药品的样品质量进行检验，并出具合法有效的检验报告的质量检验活动是（　　）。

3. 有义务接受药品监督管理部门检查的是（　　）。

4. 药品生产企业在因技术改造暂不具备生产条件和能力或产能不足暂不能保障市场供应的情况下，将其持有药品批准文号的药品委托其他药品生产企业全部生产的行为是（　　）。

5. 取得药品批准文号，且负责委托生产药品的质量和销售的是（　　）。

## 三、多选题

1. 以下药品不得委托生产的有（　　）。

A. 麻醉药品　　B. 化学品及其复方制剂

C. 医疗用毒性药品　　D. 中药注射剂和原料药

2. 委托方对受托方的生产条件、技术水平和质量管理情况的考核报告至少应包括（　　）。

A. 委托双方关键生产步骤的设备名称、型号、技术参数和产能以及委托生产前后批量变化情况的对比分析

B. 质量对比研究资料

C. 共线生产的产品情况和风险评估报告

D. 受托方的技术人员，厂房、设施、设备等生产条件和能力，以及质检机构、检测设备等质量保证体系能否满足拟委托生产药品的需要

3. 受托方应具备的条件有（　　）。

A. 具有《药品生产许可证》

B. 持有与其受托生产的药品相适应的 GMP 认证证书

C. 有能对所生产药品进行质量管理和质量检验的机构、人员

D. 能负责委托生产药品的质量和销售

4. 合同订立的原则有（　　）。

A. 合同当事人的法律地位平等，一方不得将自己的意志强加给另一方

B. 当事人应当遵循公平原则确定各方的权利和义务

C. 当事人订立、履行合同，应当遵循法律、行政法规，尊重社会公德，不得干扰社会经济秩序，损害社会公共利益

D. 当事人依法享有自愿订立合同的权利，任何单位和个人不得非法干预

5. 药品委托生产与委托检验的合同中应具备的内容有（　　）。

A. 每批药品批准放行的程序

B. 委托方可以对受托方进行检查或现场质量审计

C. 各自的产品生产和控制职责

D. 由哪一方负责物料的采购、检验、放行、生产和质量控制

# 项目十二

# 产品发运与召回

## 学习目标

**知识目标：**

1. 掌握产品发运与召回的概念，产品发运与召回的原则。
2. 熟悉产品发运与召回的各项要求。
3. 了解产品发运与召回的相关基础知识。

**技能目标：**

能正确阐述产品发运与召回相关内容。

**【案例导入】**

**缬沙坦原料药召回事件**

2018 年 7 月 6 日，A 药业企业向国家药监局报告在用于出口的缬沙坦原料药中检出微量 N-亚硝基二甲胺（NDMA）杂质的情况，按照有关规定和要求，主动向社会披露了相关信息。该企业在检出该杂质后，立即暂停了所有缬沙坦原料药国内外市场放行和发货，并启动了主动召回的措施。截至 7 月 23 日，已完成国内所有原料药召回工作。

国内涉及使用 A 药业企业缬沙坦原料药的共有 6 家制剂生产企业，其中 1 家尚未出厂，其他 5 家生产企业的上市产品中 NDMA 超出限值，上述 5 家制剂生产企业已停止使用 A 药业企业缬沙坦原料药，按规定召回相关药品。

**讨论：**

1. 药品生产企业发现药品质量问题应如何做？
2. 案例中提到的药品召回的流程是什么样的？

药品质量直接关系到人的生命安全，而药品的流通则在很大程度上影响着药品的质量，因此各个国家都制定了相当严格的法律法规和行业规范来引导药品的生产和经营行为。药品的发运与召回作为药品流通中的重要环节，是药品生产企业 GMP 管理中不可或缺的重要组成部分。

《中华人民共和国药品管理法》第四十七条规定，药品生产企业应当对药品进行质量检验。不符合国家药品标准的，不得出厂。药品生产企业应当建立药品出厂放行规程，明确出厂放行的标准、条件。

药品生产企业作为药品质量的源头环节，有责任全程保证药品质量，在药品发运过程中按照要求做好各项记录，药品上市后一旦出现质量问题或者药害事件，要在第一时间把所有问题药品召回，避免发生新的危害。

# 任务一　药品发运管理

在 GMP 中，药品销售发运是与药品质量密不可分的一项重要内容，因此，GMP 对药品上市后质量的持续监控方面也有较多的关注，在销售环节对药品发运和药品召回进行了规定。

我国 GMP（2010 版）对产品发运与召回原则有如下规定。

**第二百九十三条**　企业应当建立产品召回系统，必要时可迅速、有效地从市场召回任何一批存在安全隐患的产品。

**第二百九十四条**　因质量原因退货和召回的产品，均应当按照规定监督销毁，有证据证明退货产品质量未受影响的除外。

**第二百九十五条**　每批产品均应当有发运记录。根据发运记录，应当能够追查每批产品的销售情况，必要时应当能够及时全部追回，发运记录内容应当包括：产品名称、规格、批号、数量、收货单位和地址、联系方式、发货日期、运输方式等。

**第二百九十六条**　药品发运的零头包装只限两个批号为一个合箱，合箱外应当标明全部批号，并建立合箱记录。

**第二百九十七条**　发运记录应当至少保存至药品有效期后一年。

## 一、产品发运概述

产品发运是指企业将产品发送到经销商或用户的一系列操作，包括配货、运输等。药品生产企业的产品发运是指药品的配货、运输等相关流程，鉴于药品的特殊性，药品发运较之其他行业产品的发运要求更为严格。

药品生产企业的产品发运工作主要以销售环节的产品发运为主。药品生产企业销售药品必须遵守《中华人民共和国药品管理法》《药品流通监督管理办法》以及《中华人民共和国药品管理法实施条例》等的规定。

《中华人民共和国药品管理法》规定，从事药品研制、生产、经营、使用活动，应当遵守法律、法规、规章、标准和规范，保证全过程信息真实、准确、完整和可追溯。发运中药材应当有包装，在每件包装上，应当注明品名、产地、日期、供货单位，并附有质量合格的标志。国务院药品监督管理部门对首次在中国境内销售的药品以及国务院药品监督管理部门规定的生物制品和其他药品在销售前或者进口时，应当指定药品检验机构进行检验，未经检验或者检验不合格的，不得销售或者进口。已被注销药品注册证书的药品，不得生产或者进口、销售和使用。

《药品流通监督管理办法》规定，药品生产企业、药品批发企业销售药品时，应当提供下列资料：①加盖本企业原印章的《药品生产许可证》或《药品经营许可证》和营业执照的复印件；②加盖本企业原印章的所销售药品的批准证明文件复印件；③销售进口药品的，按照国家有关规定提供相关证明文件。药品生产企业、药品批发企业派出销售人员销售药品的，除本条前款规定的资料外，还应当提供加盖本企业原印章的授权书复印件。授权书原件应当载明授权销售的品种、地域、期限，注明销售人员的身份证号码，并加盖本企业原印章和企业法定代表人印章（或者签名）。销售人员应当出示授权书原件及本人身份证原件，供药品采购方核实。药品生产企业、药品批发企业销售药品时，应当开具标明供货单位名称、药品名称、生产厂商、批号、数量、价格等内容的销售凭证。

## 二、产品发运管理

产品发运是药品销售的重要一环，因其不仅关系到药品的质量，更关系到药品使用者的生命安全，所以在药品发运时，有一些事项需要特别注意；且 GMP 规定药品生产企业要全程保证药品质量，故而也对药品发运做了相关规定。

产品发运管理，归根结底是对产品销售过程中发运相关要素的管理。药品生产企业产品发运涉及的要素主要包括发运人员、发货单、货物发运及退货管理。

1. 发运人员

药品发运人员必须为发运企业员工，应具有高中以上学历，在法律上无不良品行记录，须参加过药品相关的法律、法规和专业知识培训，且考核合格后才能从事药品发运工作。

2. 发货单

发货单是提货、出门、运输、验收等过程依据的票务单据，也是体现该企业销售额的一个重要依据。药品生产企业的销售部门根据销售合同副本及发货申请单开具发货单。发货单应包括发货编号、开票日期、收货单位名称及地址、产品名称、剂型、规格、批号、数量、单价和总额、付款形式、联系方式、运输方式等。如为两个批号的药品合箱时，应在发货单上注明两个批号，合箱外应当标明全部批号，建立合箱记录，药品发运的零散包装只限两个批号为一个合箱。

3. 货物发运

发货人员根据发货通知单对所发运药品的名称、规格、剂型、包装、数量、批号等进行复查，发现任何不一致的地方，都要及时处理。货物装好后，转送至发货区域，发货人员按发货通知单对照检查集中发运的药品是否正确，填写成品发运记录，并告知运输人员发运注意事项，尤其是有温度、湿度和避光要求的药品。药品发运过程中遇到问题，要及时沟通协调、调查处理。发运完成后，相关记录至少应当保存至药品有效期后一年。

4. 退货管理

药品销售中要尽可能避免出现退货。一旦出现退货，首先要明确退货原因，退货原因一般可分为以下两个方面。

（1）因质量问题产生的退货

主要包括品名、规格出错，出现不良反应，包装、标签或批号有误或模糊不可辨认，内在质量经检验与法定标准不符，药品被污染等。办理退货前，应由质量管理部门、销售部门共同对提出退货的成品进行取样复查，并与留样比对无误后，销售部门管理人员填写“成品退货申请单”。销售部门负责人、质量管理部门负责人签署意见，企业负责人批准后，由销售部门负责限期处理。

（2）因非质量问题产生的退货

主要包括中止合作、与合作方发生经济纠纷或符合双方所签订合同中退货规定等。办理退货时，由销售人员提出退货申请，填写“成品退货申请单”，经销售部门负责人批准后方可执行。若是药品批发企业申请退货，则除须填写退货申请外，同时须附该企业退货证明（加盖公章）原件，由销售部门负责人审查同意，批准执行。成品退回成品库，由销售部门管理人员负责办理与成品仓库交接手续。“成品退货申请单”内容应包括品名、规格、批号、数量、退货原因、退货人、退货时间及退货单位等。

所有退回的药品，应由验收人员凭销售部门开具的退货凭证收货，并将退货药品存放于退货药品区，挂黄牌标识。对退回的药品，验收人员应严格按照原发货记录，按购进药品的验收程序逐批验收，并做出明确的质量结论，确认无质量问题，且内外包装完好、无污染的药品，方可入合格品库；判定为不合格的药品，应报质量管理部门进行确认后，将药品移入不合格药品区存放，挂不合格标识，并按不合格药品程序进行处理。

## 任务二　药品召回管理

我国 GMP（2010 版）对产品召回的规定如下。

**第二百九十八条**　应当制定召回操作规程，确保召回工作的有效性。

**第二百九十九条**　应当指定专人负责组织协调召回工作，并配备足够数量的人员。产品召回负责人应当独立于销售和市场部门；如产品召回负责人不是质量受权人，则应当向质量受权人通报召回处理情况。

**第三百条**　召回应当能够随时启动，并迅速实施。

**第三百零一条**　因产品存在安全隐患决定从市场召回的，应当立即向当地药品监督管理部门报告。

**第三百零二条**　产品召回负责人应当能够迅速查阅到药品发运记录。

**第三百零三条**　已召回的产品应当有标识，并单独、妥善贮存，等待最终处理决定。

**第三百零四条**　召回的进展过程应当有记录，并有最终报告。产品发运数量、已召回数量以及数量平衡情况应当在报告中予以说明。

**第三百零五条**　应当定期对产品召回系统的有效性进行评估。

## 一、产品召回概述

产品召回是指生产商将已经送到批发商、零售商或最终用户手上的产品收回。产品召回的典型原因是所售出的产品被发现存在缺陷。对于药品生产企业来说，产品召回就是对企业所生产且销售的药品的召回。

药品召回是指药品上市许可持有人按照规定的程序收回已上市的存在质量问题或者其他安全隐患的药品，并采取相应措施，及时控制风险、消除隐患的活动。安全隐患是指由于研发、生产等原因可能使药品具有危及人体健康和生命安全的不合理危险。已经确认为假药、劣药的，不适用召回程序。

《中华人民共和国药品管理法》第八十二条规定，药品存在质量问题或者其他安全隐患的，药品上市许可持有人应当立即停止销售，告知相关药品经营企业和医疗机构停止销售和使用，召回已销售的药品，及时公开召回信息，必要时应当立即停止生产，并将药品召回和处理情况向省、自治区、直辖市人民政府药品监督管理部门和卫生健康主管部门报告。药品生产企业、药品经营企业和医疗机构应当配合。药品上市许可持有人依法应当召回药品而未召回的，省、自治区、直辖市人民政府药品监督管理部门应当责令其召回。此外，GMP 也对产品召回做了很多规定。

药品召回的实施，不仅可以最大限度地减少可能对消费者造成的伤害，同时还可以促进药品生产企业不断提高管理水平，有利于药品生产企业质量意识的不断强化，因此，产品召回管理也是药品生产企业一项重要的工作。

## 二、产品召回管理

药品生产企业产品召回管理主要根据《中华人民共和国药品管理法》《药品召回管理办法》以及《药品生产质量管理规范》的相关规定进行。

1. 药品安全隐患调查

药品上市许可持有人应当主动收集、记录药品的质量问题或者安全隐患、药品不良反应信息，对收集的信息进行分析，对可能存在的缺陷进行调查和评估。

（1）药品安全隐患调查的内容

药品安全隐患调查的内容应当根据实际情况确定，一般可以包括：

1）已发生药品不良反应/事件的种类、范围及原因；

2）药品处方、生产工艺等是否符合相应药品标准、核准的生产工艺要求；

3）药品生产过程是否符合药品生产质量管理规范，生产过程中的变更是否符合药品注册管理和相关变更技术指导原则等规定；

4）药品贮存、运输等是否符合药品经营质量管理规范；

5）药品使用是否符合药品临床应用指导原则、临床诊疗指南和药品说明书、标签规定等；

6）药品主要使用人群的构成及比例；

7）可能存在质量问题或者其他安全隐患的药品批次、数量及流通区域和范围；

8）其他可能影响药品质量和安全的因素。

（2）药品安全隐患评估的内容

1）该药品引发危害的可能性，以及是否已经对人体健康造成了危害；

2）对主要使用人群的危害影响；

3）对特殊人群，尤其是高危人群的危害影响，如老年、儿童、孕妇、肝肾功能不全者、外科病人等；

4）危害的严重与紧急程度；

5）危害导致的后果。

（3）调查评估报告的内容

1）召回药品的具体情况，包括名称、规格、批次等基本信息；

2）实施召回的原因；

3）调查评估结果；

4）召回分级。

2. 召回依据

（1）药品留样观察中发现质量不合格情况。

（2）用户（患者、医生、客商）来信、来人投诉药品质量情况，经调查属实。

（3）药品质量监督管理部门抽检通报有质量问题的药品。

（4）用户反映有未知的药品不良反应。

（5）国家已通报淘汰的药品。

（6）其他认为需要召回的药品。

（7）药品包装标签说明书内容或者设计印制存在缺陷，影响用药安全的。

（8）执行政府相关的药品召回决定。

3. 召回的分类

产品召回根据药品安全隐患严重程度和召回主体的不同，可分为不同类型。

（1）按药品安全隐患严重程度分类

一级召回：使用该药品可能或者已经引起严重健康危害的。

二级召回：使用该药品可能或者已经引起暂时或者可逆的健康危害的。

三级召回：使用该药品一般不会引起健康危害，但由于其他原因需要收回的。

启动召回后，一级召回在 1 日内、二级召回在 3 日内、三级召回在 7 日内发出召回通知。召回通知应当包括：①召回药品的具体情况，包括名称、规格、批次等基本信息；②召回的原因；③召回等级；④召回要求，如立即暂停生产、放行、销售、使用，转发召回通知等；⑤召回处理措施，如召回药品外包装标识、隔离存放措施、储运条件、监督销毁等。

（2）按召回主体分类

1）主动召回。药品上市许可持有人经调查评估后，确定药品存在质量问题或者其他安全隐患的，应当立即决定并实施召回，同时通过企业官方网站或者药品相关行业媒体向社会发布召回信息。召回信息应当包括药品名称、规格、批次、持有人、药品生产企业、召回原因、召回等级等。

药品上市许可持有人作出药品召回决定的，一级召回在 1 日内、二级召回在 3 日内、三级召回在 7 日内发出召回通知，通知到药品生产企业、药品经营企业、药品使用单位等，同时向所在地省、自治区、直辖市人民政府药品监督管理部门备案调查评估报告、召回计划和召回通知。在实施召回过程中，一级召回每日、二级召回每 3 日、三级召回每 7 日，向所在地省、自治区、直辖市人民政府药品监督管理部门报告药品召回进展情况。召回过程中，持有人应当及时评估召回效果，发现召回不彻底的，应当变更召回计划，扩大召回范围或者重新召回。召回完成后 10 个工作日内，将药品召回和处理情况向所在地省、自治区、直辖市人民政府药品监督管理部门和卫生健康主管部门报告。药品上市许可持有人应当在药品年度报告中说明报告期内药品召回情况。

境外生产药品涉及在境内实施召回的，境外持有人指定的在中国境内履行持有人义务的企业法人应当组织实施召回，并向其所在地省、自治区、直辖市人民政府药品监督管理部门和卫生健康主管部门报告药品召回和处理情况。

2）责令召回。药品监督管理部门经过调查评估，认为药品上市许可持有人应当召回药品而未召回的；药品监督管理部门经对药品上市许可持有人主动召回结果审查，认为药品上市许可持有人召回药品不彻底的，责令召回药品。

省、自治区、直辖市人民政府药品监督管理部门作出责令召回决定，应当将责令召回通知书送达药品上市许可持有人。责令召回通知书应当包括：召回药品的具体情况，包括名称、规格、批次等基本信息；实施召回的原因；审查评价和/或调查评估结果；召回等级；召回要求，包括范围和时限等。药品上市许可持有人在实施召回过程中，应当按照《药品召回管理办法》第十七条相关要求向所在地省、自治区、直辖市人民政府药品监督管理部门报告药品召回进展情况，并按照第十八条、第十九条规定做好后续处理和记录，在完成召回和处理后 10 个工作日内向所在地省、自治区、直辖市人民政府药品监督管理部门和卫生健康主管部门提交药品召回的总结报告。

4. 召回计划的内容

（1）药品生产销售情况及拟召回的数量。

（2）召回措施的具体内容，包括实施的组织、范围和时限等。

（3）召回信息的公布途径和范围。

（4）召回的预期效果。

（5）药品召回后的处理措施。

（6）联系人的姓名及联系方式。

5. 召回流程

（1）药品生产企业发现药品存在安全隐患的应当决定召回。

（2）对决定召回药品，制订召回计划并在规定的时间内通知有关药品经营企业、使用单位停止销售和使用，同时对召回效果进行评价，并将调查评估报告和召回计划提交给所在省、自治区、直辖市药品监督管理部门备案。省、自治区、直辖市药品监督管理部门应当将收到一级药品召回的调查评估报告和召回计划报告国家食品药品监督管理局。

（3）省、自治区、直辖市药品监督管理部门对报告进行审查，并对召回效果进行评价，必要时组织专家进行审查和评价。审查和评价结论应当以书面形式通知药品生产企业。对召回不彻底或者需要采取更为有效措施的，药品监督管理部门应当要求药品生产企业重新召回或者扩大召回范围。

6. 召回药品的处理

召回药品的外包装标识、隔离存放措施等，应当与正常药品明显区别，防止差错、混淆。对需要特殊贮存条件的，在其贮存和转运过程中，应当保证贮存条件符合规定。召回药品需要销毁的，应当在持有人、药品生产企业或者贮存召回药品所在地县级以上人民政府药品监督管理部门或者公证机构监督下销毁。

对通过更换标签、修改并完善说明书、重新外包装等方式能够消除隐患的，或者对不符合药品标准但尚不影响安全性、有效性的中药饮片，且能够通过返工等方式解决该问题的，可以适当处理后再上市。相关处理操作应当符合相应药品质量管理规范等要求，不得延长药品有效期或者保质期。

药品上市许可持有人对召回药品的处理应当有详细的记录，记录应当保存 5 年且不得少于药品有效期后 1 年。

## 知识回顾

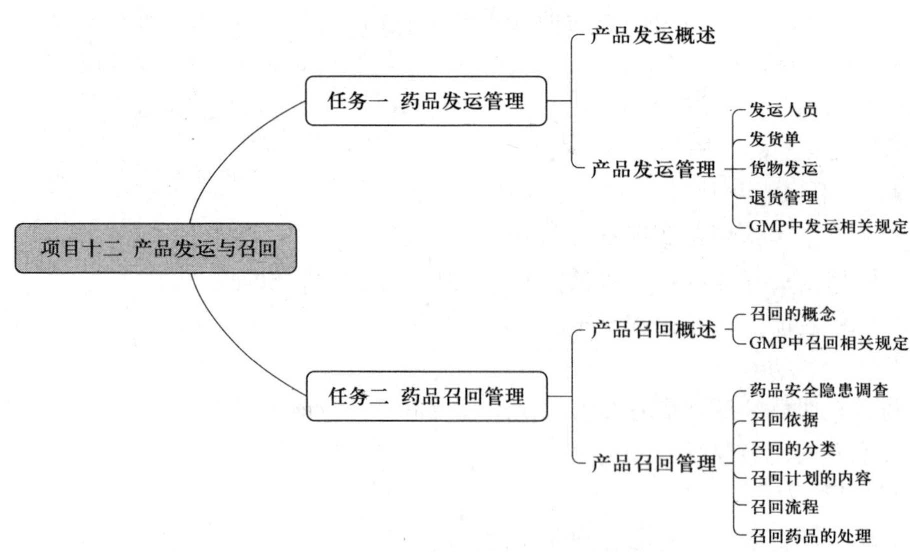

# 目标检测

## 一、单选题

1. 药品发运记录应当至少保存（　　）。

A. 三年　　B. 四年

C. 药品有效期后一年　　D. 该产品销售完毕

2. 药品合箱记录应（　　）。

A. 在生产过程中填写

B. 在药品包装过程中填写

C. 在药品发运过程中填写

D. 在药品送达到药品经销商手中时填写

3. 药品召回的主体是（　　）。

A. 药品生产企业　　B. 药品经营企业

C. 药品使用单位　　D. 药品上市许可持有人

4. 因产品存在安全隐患决定从市场召回的，应当立即向（　　）报告。

A. 国家药品监督管理部门　　B. 当地药品监督管理部门

C. 省级药品监督管理部门　　D. 当地人民政府

5. 药品召回工作完成后，该药品（　　）。

A. 可继续销售　　B. 监督销毁　　C. 可赠送　　D. 可自行销毁

## 二、配伍选择题

A. 一级召回　　B. 二级召回　　C. 三级召回　　D. 主动召回

1. 使用该药品一般不会引起健康危害，但由于其他原因需要收回的应该进行（　　）。

2. 需 72 小时内通知到有关药品经营企业、使用单位停止销售和使用，同时向所在地省、自治区、直辖市药品监督管理部门报告的是（　　）。

3. 使用该药品可能引起严重健康危害的应该进行（　　）。

4. 需每日向所在地省、自治区、直辖市药品监督管理部门报告药品召回进展情况的是（　　）。

5. 使用该药品可能引起暂时或者可逆的健康危害的应该进行（　　）。

## 三、多选题

1. 药品安全隐患调查的内容，应当根据实际情况制定，可以包括（　　）。

A. 已发生药品不良反应事件的种类、范用及原因
B. 药品质量是否符合国家质量标准
C. 药品生产过程是否符合 GMP 规定
D. 生产工艺是否与注册申报一致
2. 高危人群包括（　　）。
A. 老人及儿童　　　　B. 传染病病人
C. 孕妇　　　　D. 肝肾功能不全者
3. 对召回的描述正确的有（　　）。
A. 召回应当能够随时启动，并迅速实施
B. 应当定期对产品召回系统的有效性进行评估
C. 产品存在安全隐患决定从市场召回的，企业自行召回即可
D. 已召回的产品应当有标识，并单独、妥善贮存，等待最终处理决定
4. 对发运的描述正确的有（　　）。
A. 每批产品均应当有发运记录
B. 发运记录应当至少保存至药品有效期后两年
C. 药品发运的零头包装只限两个批号为一个合箱
D. 发运记录内容应当包括产品名称、规格、批号、数量、收货单位和地址、联系方式、发货日期、运输方式等
5. 导致质量问题退货的原因有（　　）。
A. 品名、规格出错　　　　B. 包装、标签有误或模糊不可辨认
C. 药品被污染　　　　D. 出现不良反应

# 项目十三

# 自　检

## 学习目标

**知识目标：**

1. 掌握自检的范围及程序。
2. 熟悉自检的依据，自检人员的任职资格条件。
3. 了解自检的概念、目的及意义。

**技能目标：**

能编制自检计划。

**【案例导入】**

背景资料：

检查员查厂房验证记录，其中有表格记录洁净厂房若干房间的温度、湿度、压差情况，一般规定每间隔一段时间观察一次。

检查员：厂房验证中温、湿度是怎么记录的？

陪检人员：我按时到每个观察点去记录温度计、湿度计显示数值。

检查员：你们有多少个点需要观察？

陪检人员：大概40个。

检查员：那你是在这些房间中飞来飞去吗？怎么从第一个房间到最后一个房间都是8:30记录的？

**讨论：**

针对上述问题，企业是否能在自检中发现并解决，从而规避此类现象？

自检作为《药品生产质量管理规范》中规定的内容之一，是企业内部管理的一种重要管理手段，自检的目的是企业自我检查和评价其在生产和质量管理的方面是否符合《药品生产质量管理规范》的要求，查明企业执行《药品生产质量管理规范》的实施效果，是否达到规范的要求，以便及时发现存在的问题，组织力量采取纠正措施，使生产质量管理体系有效运行，使企业的生产质量管理持续地保持有效性，并不断改进，不断完善。

# 任务一 自检管理

在企业生产质量管理工作中遇到的最多的 GMP 检查就是自检，药品生产企业依据《药品生产质量管理规范》的要求，需定期进行 GMP 自检。在 ISO 9001 中被称为“内部审核”“内部审计”。

我国 GMP（2010 版）对自检有如下规定。

**第三百零六条** 质量管理部门应当定期组织对企业进行自检，监控本规范的实施情况，评估企业是否符合规范要求，并提出必要的纠正和预防措施。

**第三百零七条** 自检应当有计划，对机构与人员、厂房与设施、设备、物料与产品、确认与验证、文件管理、生产管理、质量控制与质量保证、委托生产与委托检验、产品发运与召回等项目定期进行检查。

**第三百零八条** 应当由企业指定人员进行独立、系统、全面的自检，也可由外部人员或专家进行独立的质量审计。

**第三百零九条** 自检应当有记录。自检完成后应当有自检报告，内容至少包括自检过程中观察到的所有情况、评价的结论以及提出纠正和预防措施的建议。自检情况应当报告企业高层管理人员。

## 一、自检的概念

自检是一项自我检查纠正的活动，是指药品生产企业根据规定的方案和程序，定期对机构与人员、厂房与设施、设备、物料与产品、确认与验证、文件管理、生产管理、质量控制与质量保证、委托生产与委托检验、产品发运与召回等项目定期进行检查，来考察与 GMP 的一致性，实质上也是企业完善生产质量管理体系的自我检查。

## 二、自检的目的与意义

1. 自检的目的

自检是指药品生产企业内部对药品生产实施 GMP 的检查，是企业执行 GMP 中一项重要的活动。自检作为一种重要的管理手段和自我改进的机制，药品生产企业可以及时发现管理中存在的问题，组织企业管理力量加以纠正和预防。

2. 自检的意义

企业实施 GMP 自检的现实意义主要体现在以下几个方面。

（1）评估药品生产企业对 GMP 符合性的执行情况。

（2）指出药品存在的生产质量风险，减少退货客户投诉的可能，帮助分析存在问题的根本原因。

（3）反映改进的趋势，指出生产质量管理改进的可行性，加快新产品批准的周期。

（4）通过自检发现缺陷和识别新的潜在质量风险，采取纠正和预防措施。

（5）减少质量事故，避免返工，改进产品质量和工艺；获取公正、客观的质量管理信息，为企业管理层的决策提供事实依据。

（6）增加质量管理部门与其他相关部门及人员的沟通，适当评价员工的工作业绩，并可协助公司有关部门人员进行 GMP 培训。

# 任务二　自检内容

自检必须是一项系统化、文件化的正式活动，依照正式特定的要求进行。

## 一、自检的依据

1. 国家法律、法规，如《药品生产质量管理规范》、GB/T 19001—2000 等。
2. 公司现行的生产质量管理文件，包括程序文件及其他管理文件。
3. 国家有关的标准和其他要求。

## 二、自检人员的资格与条件

自检工作必须由经过公司自检员培训，持有自检资格并经聘任的人员执行，执行自检的人员必须与被检查对象无直接责任关系。

自检人员的资格与条件归纳如下。

1. 专业能力：熟知、理解法律或相关法规的要求。
2. 培训经历：经常参加公司、行业组织的相关培训。
3. 基本能力：具有良好的沟通能力。
4. 个人素质：具有系统的分析能力、依据事实进行客观判断的能力。
5. 其他：教育程度、工作经历等。

## 三、自检人员的职责

自检人员应经过培训和资格认可，并与受自检对象无直接责任关系，从而确保自检过程的公正性和客观性。自检人员的职责归纳如下。

1. 自检前做好充分的准备，如提前了解分工范围内所需检查的重点内容等。
2. 服从自检小组组长的领导，支持自检小组组长开展工作。
3. 在自检小组组长指导下分工编制自检工作文件。
4. 完成分工范围内的现场自检任务，做好自检记录。
5. 收集、分析有关自检证据，进行组内交流。
6. 编写不符合项报告，参与编制自检报告。
7. 参加纠正整改措施的跟踪验证。
8. 管理有关的各种文件、记录。

## 四、自检的范围

企业在每次自检活动之前，需要建立检查明细，为自检提供检查依据。检查明细的制定可以参考 GMP 检查细则或其他的法律法规，也可以依据本企业标准操作规程。GMP 对自检的要求是不断动态发展变化的，药品监督管理部门也通过各种形式（如审计模板）发布其对审计的最新期望，企业应持续关注监管部门不断更新的审计要求，并根据企业具体实施。自检的范围归纳如下。

1. 人员

按照 GMP 的要求审核人员的情况，包括企业负责人、质量管理和生产管理负责人、质量受权人、部门负责人和检验、生产操作等人员的数量、学历、职位、职务变动情况、培训情况和记录、考核情况等是否符合 GMP 要求。

2. 厂房和设施

按照 GMP 的规定审核厂房设施的情况，包括厂区划分与保持，洁净室的洁净级别、温湿度和压差的记录和维持，空气净化设施的效率和维护，防尘捕尘设施效率及维护，建筑物及设施的维护以及实验动物房的设置等内容。

3. 设备

按照 GMP 的规定审查设备安装、运行、维护及维修情况，包括不合格设备和问题设备的处理情况。

4. 物料

按照 GMP 的规定审查原料、辅料、包装材料、制剂半成品和成品的购入、贮存、发放和使用情况；物料、成品、半成品和包装材料的标准，中药材购入是否符合条件；待验、合格、不合格物料的贮存及处理；特殊物料的贮存条件及处理；物料的保存期限；药品包装、说明书、标签的管理是否符合规定。

5. 环境和卫生

按照 GMP 的要求审核检查卫生管理制度，车间、岗位操作规程是否健全，生产区卫生情况；更衣室、浴室、厕所的卫生情况；工作服的卫生情况；洁净室人员操作及进入的管理情况；洁净室消毒措施；生产人员健康档案情况等内容。

6. 验证及再验证程序

按照 GMP 的要求审核检查验证情况，包括厂房、设施、设备安装及运行确认，性能确认和产品验证记录，再验证记录，验证负责人审核批准程序和签名等内容。

7. 文件

按照 GMP 的要求审核检查药品生产管理和质量管理的各项制度和记录、药品的生产管理和质量管理文件、SOP 的完备性、建立文件的程序、文件的合法性等内容。

8. 生产管理

按照 GMP 要求审核生产工艺规程、岗位操作法和 SOP 的执行情况，以及批生产记录、批包装记录、批检验记录、清场记录的记录方法。

9. 质量管理

按照 GMP 的要求检查质量管理部门职责的落实情况，包括实验室管理持续稳定性考察、变更控制、偏差处理、纠正和预防措施、供应商的评估和批准、产品质量回顾分析和处理投诉的记录等内容。

10. 产品发运与召回

按照 GMP 的要求主要检查销售记录，产品退货收回和处理程序。

11. 投诉与不良反应报告

按照 GMP 要求检查药品不良反应报告程序和处理投诉的记录报告等内容。

12. 上次自检提出的质量改进建议的执行情况

检查上次自检发现问题的改进、纠正和落实情况，避免类似情况再次发生，并做相应记录。

## 五、自检的程序

自检程序一般分为四个阶段，即自检启动、自检准备、自检实施和自检报告。

1. 自检启动

（1）确定自检的目的和范围

自检的目的是确定药品 GMP 管理体系或其一部分与自检准则的符合程度；评价该体系满足法律法规和合同要求的能力以及实现规定目标的有效性；识别其潜在的改进方面。

自检范围是指一次自检的区域和界限，通常包括实际位置、组织单元（如职能部门、车间、仓库等）、活动和过程及所覆盖的时期。

（2）指定自检组长和组成自检组

自检组长应是经企业授权的经过培训的自检员；熟悉自检过程、部门情况；具有较多的自检经验；具备组织管理协调整个自检工作的能力。根据需要组成自检组，自检组成员应独立于自检活动并避免利益冲突。

（3）与受检部门建立初步联系

自检组长应将与自检有关的事宜与受检部门建立初步联系。与受检方进行初步联系的方式可以是正式的（如下达书面的文件等），也可以是非正式的（如电话口头沟通等）。通过建立初步联系可以达到如下目的：与受检方的代表建立沟通渠道，以便及时沟通有关的自检信息；确认自检组实施自检的权限，包括自检组收集自检证据时需要查阅的文件和记录，进入和观察的现场、活动和过程，以及与有关人员的面谈沟通等；与受检部门沟通自检时间安排和自检组成员的信息，征求受检方的意见和建议，以便确定自检的安排。

2. 自检准备

（1）编制自检计划

自检组长负责编制自检计划，明确自检的具体内容和要求，为自检的实施提供预先的安排和参照，也使受检部门了解自检活动的内容和安排，以便提前做好有关的准备。自检计划应提交给受检部门确认，如受检部门提出异议，可以对自检计划进行适当调整和修改。

（2）对项目工作小组进行工作分配。

（3）准备自检记录表格，包括检查表、自检抽样计划表、支持性证据记录表、自检发现记录表、会议记录表等。

（4）准备自检所需要的资源。

3. 自检实施

（1）举行首次会议

首次会议的目的是确认所有相关方对自检计划的安排达成一致，介绍自检小组成员，确保自检活动的实施。应与受检方负责人及部门负责人一起召开首次会议，会议期间应提供询问的机会，并可进行简捷的沟通和对自检性质的解释。

首次会议属正式会议，应有会议纪要并保存。会议应由自检小组负责人主持，首次会议应包括：确认自检范围、目的和自检计划；简要介绍自检中使用的自检方法和程序，建立自检组与受检查部门的正式联系；提出落实自检的有关要求；确认自检小组所需要的资源；确认末次会议的时间和地点；促进受检查部门的积极参与。

（2）现场检查与信息收集

首次会议结束后，应立即转入现场检查阶段，自检小组按自检计划与方案对受检方的机构与人员职责履行情况、硬件、过程、标准和记录进行观察、查询、评价。根据自检目标、范围和准则，采用规定方式收集有关职能、活动和过程相关信息进行确认。该阶段是整个自检过程最重要的环节。

（3）自检发现与汇总

自检所述的缺陷项目是指“为满足规定要求”，有些企业也称为“不符合”或“不合格”。缺陷应按照预先制定的分类标准进行分类，一般可分为严重缺陷、主要缺陷、一般缺陷。凡是发现的缺陷事实，均应形成缺陷项目的检查发现，即形成不符合项报告。自检小组根据检查发现问题结果，依据自检目标、标准和方案，得出自检结论。

（4）举行末次会议

现场检查以末次会议结束，末次会议是自检小组、受检查部门负责人和有关职能部门业务人员参加的会议。主要作用是：①向受检查部门介绍自检情况，以便他们能够清楚地理解自检的结果，并予以确认；②报告自检发现和自检结论；③提出后续工作要求；④结束现场检查。

4. 自检报告

自检报告是自检组结束现场自检工作后必须编制的一份文件。自检报告通常由自检组长或自检组的其他自检人员编制，自检组长应对自检报告的内容负责。自检报告经审批后，分发给相关受检部门。自检报告的格式没有统一的规定和要求，其内容应完整、准确、简明和清晰。

## 知识回顾

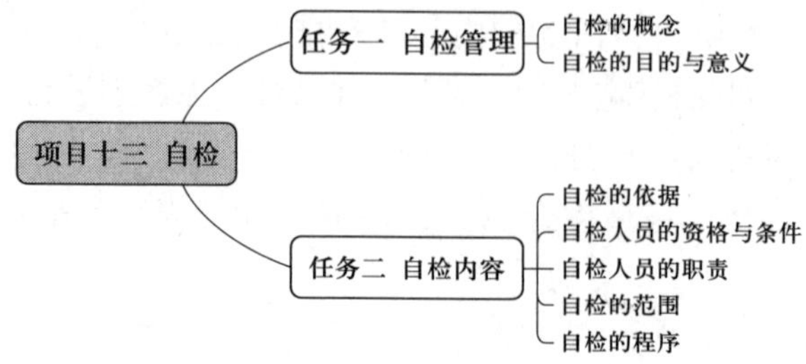

# 目标检测

## 一、单选题

1. 自检在ISO 9001中被称为（　　）。

A. 突击检查　　B. 飞检　　C. 内部审计　　D. 定期检查

2. （　　）应当定期组织对企业进行自检。

A. 生产管理部门　　B. 行政部门

C. 质量管理部门　　D. 车间

3. 企业实施自检的目的是检查和评价企业在生产和质量管理方面是否符合（　　）的要求。

A. 药品生产质量管理规范　　B. 药品经营质量管理规范

C. A+B　　D. 公司内部标准

## 二、多选题

1. 企业应当组织指定人员进行（　　）的自检，也可由外部或专家进行独立的质量审计。

A. 独立　　B. 系统　　C. 全面　　D. 完整

2. GMP自检必须是一项系统化、文件化的正式活动，依照正式特定的要求进行，下列可作为自检的依据的有（　　）。

A.《中国药典》

B.《药品生产质量管理规范》

C. 公司现行的生产质量管理文件

D.《中国生物制品规程》

## 三、综合题

请结合所学知识编制一份自检计划。

# 项目十四

# 药品生产行政检查

## 学习目标

**知识目标：**

1. 掌握药品生产行政检查类型，缺陷的分类。
2. 熟悉药品生产行政检查基本流程。
3. 了解缺陷项目分类。

**技能目标：**

能编制药品生产行政检查基本流程图。

**【案例导入】**

云南某检测技术有限公司以实验室数据造假的方式，伪造虚假药品检验报告书 119 份，涉案金额 22.670 9 万元。曲靖市市场监督管理局依照《中华人民共和国药品管理法》规定，责令当事公司改正违法行为，给予警告，并处罚款 100 万元；对直接负责的主管人员和其他直接责任人员依法分别给予 4 万元的行政处罚。

**讨论：**药品生产行政检查包括哪些类型？

药品生产行政检查是药品监管部门依法对药品生产企业进行监督检查的一种手段，是督促企业严格遵守药品监督管理的法律法规、技术规范，加强药品生产管理和质量控制的科学方法，也是检查企业是否做到合规性、真实性、一致性、完整性和可靠性的确认。

## 任务一　药品生产行政检查类型

药品生产行政检查是指药品监督管理部门对药品生产环节中生产企业遵守法律法规，执行药品生产质量管理规范和技术标准等情况进行检查，调查取证处置等行政行为。

## 一、常规检查

常规检查是指药品监督管理部门根据其制订的年度检查计划，对药品上市许可持有人、药品生产企业遵守有关法律、法规、规章，执行相关质量管理规范以及有关标准情况开展的监督检查。常规检查可采取不预先告知的检查方式，可以对某一环节或者依据检查方案规定的内容进行检查，必要时开展全面检查，其中包括一定比例的 GMP 符合性检查和日常监督检查。

日常监督检查一般包括许可检查、日常检查、有因检查等形式。

1. 许可检查

许可检查包括核发、变更“许可证”，GMP 认证检查和其他行政许可事项的相关检查。

2. 日常检查

日常检查是指按计划对药品生产企业和制剂室实施的监督检查，包括药品 GMP 跟踪检查、专项检查等，可根据具体情况进行全面检查或简化检查。

3. 有因检查

有因检查是指对药品生产企业和制剂室实施的有侧重、有原因的监督检查等。

## 二、跟踪检查

《中华人民共和国药品管理法》规定，药品监督管理部门应当按照规定，依据《药品生产质量管理规范》对经其认证合格的药品生产企业进行认证后的跟踪检查。其最大的目的是加强对药品 GMP 认证企业监督检查力度，核查药品生产企业日常管理最真实的情况。

## 三、特殊检查

特殊检查是指特殊时期或特殊情况下组织的针对性很强的不同形式的监督检查，如延伸检查、药品出现不良反应或召回的特殊情况时。延伸检查是指药品监督管理部门针对受检企业以外的与药品质量相关单位的检查。

# 任务二　药品生产行政检查基本流程及评定标准

## 一、药品生产行政检查基本流程

药品检查机构或药品监督部门选派的检查组一般由 2 名以上检查员组成，实行组长负责制。检查组中执法人员不足 2 名的，由负责该受检企业的药品监督管理部门派出 2 名以上执法人员参与检查工作。

1. 检查组到达受检企业后，出示执法证明文件或授权证明文件并告知受检企业的权利和义务。许可现场检查开始时，检查组召开首次会议，确认检查范围，告知检查纪律、注意事项以及受检企业享有陈述申辩的权利和应履行的义务。

2. 如检查中发现严重缺陷，存在安全风险的，应尽快进行评估并采取风险控制措施，提出处理建议，以书面形式告知受检企业。

3. 检查过程中需要抽样的，应当按照药品抽验有关规定执行，向受检企业支付购买费用。

4. 检查中发现受检企业涉嫌违法的，执法人员立即开展相关调查、取证工作，立即向派出单位通报违法线索和处理建议。案件查办过程中发现受检企业涉嫌犯罪的，按照相关规定，依法及时移送或通报公安机关。

5. 现场检查结束后，检查组对发现的缺陷进行分级，提出处理建议，以书面形式体现并通报受检企业，有异议的可以陈述申辩。检查组应当如实记录，结合陈述申辩内容确定缺陷项目。经检查组成员和受检企业负责人签字确认，由双方各执一份。

6. 检查后召开末次会议，向受检企业通报现场检查情况。不预先告知的检查方式中，没有首次会议和末次会议。

7. 检查结束后，检查组应当及时撰写现场检查报告，检查结论分为符合要求、基本符合要求和不符合要求。

## 二、评定标准

药品生产行政检查是依据现场检查风险评定指导原则进行现场检查并做出评定。在现场检查中，如发现不符合要求的项目统称为“缺陷项目”，检查缺陷的风险评定须综合考虑产品类别、缺陷的性质和出现的次数。缺陷分为严重缺陷、主要缺陷和一般缺陷，其风险等级依次降低。

1. 符合要求

未发现缺陷或者缺陷质量安全风险轻微、质量管理体系比较健全的，检查结论为符合要求。

2. 严重缺陷

发现的缺陷为严重质量安全风险，质量体系不能有效运行，检查结论为不符合要求。属于下列情形之一的为严重缺陷：

（1）对使用者造成危害或存在健康风险；

（2）与药品 GMP 要求有严重偏离，易造成产品不合格；

（3）文件、数据、记录等不真实；

（4）存在多项主要缺陷，经综合分析表明质量管理体系中某一系统未能有效运行。

3. 主要缺陷

发现缺陷有一定质量安全风险，但质量体系基本健全，检查结论为基本符合要求。属于下列情形之一的为主要缺陷：

（1）与药品 GMP 要求有较大偏离；

（2）不能按要求放行产品，或质量受权人不能履行其放行职责；

（3）存在多项一般缺陷，经综合分析表明质量管理体系中某一系统不完善。

4. 一般缺陷

不属于严重缺陷和主要缺陷，但偏离药品 GMP 要求的为一般缺陷。

部分缺陷项目举例见表 14－1。

**表 14－1　缺陷项目分类举例**

| 序号 | 缺陷分类 | 具体缺陷项目 | 检查范围 |
|---|---|---|---|
| 1 | 严重缺陷 | 高风险产品生产企业的质量管理或生产管理负责人无药学或相关专业本科学历（或中级专业技术职称或执业药师资格），且对其负责的工作缺乏足够的实践经验 | 人员 |
| 2 | 主要缺陷 | 与生产、质量管理有关的人员培训不足，导致发生相关的 GMP 偏差 | |
| 3 | 严重缺陷 | 质量管理部门不是明确的独立机构，缺乏真正的决定权，有证据表明质量管理部门的决定常被生产部门或管理层否决 | 质量管理 |
| 4 | 主要缺陷 | 无物料取样、检查和检验的 SOP 或相关 SOP 未经批准 | |
| 5 | 严重缺陷 | 伪造或篡改检验结果/伪造检验报告 | 成品检验 |
| 6 | 主要缺陷 | 检验项目不全 | |
| 7 | 一般缺陷 | 生产区内从事与生产无关的活动 | 厂房 |
| 8 | 一般缺陷 | 设备与墙距的间距太小而无法清洁 | 设备 |
| 9 | 一般缺陷 | 记录和凭证的保存时间不够 | 文件记录 |

## 知识回顾

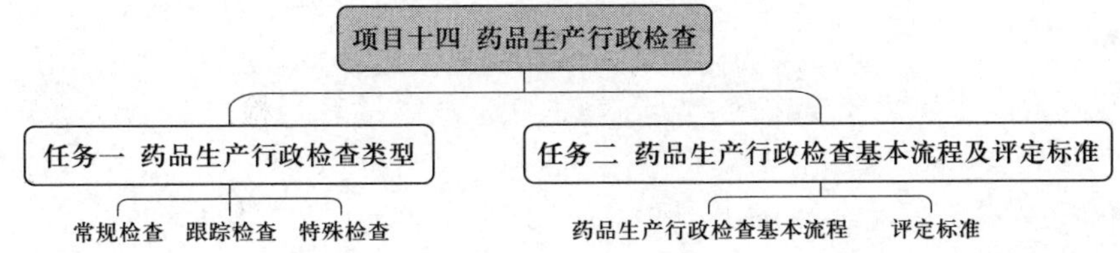


## 目标检测

### 一、单选题

1. 药品检查机构或药品监督部门选派的检查组一般由（　　）以上检查员组成，实行组长负责制。

A. 1 名　　B. 2 名　　C. 3 名　　D. 4 名

2. 日常监督检查不包括（　　）。

A. 许可检查　　B. 日常检查　　C. 有因检查　　D. 飞行检查

3. 对使用者造成危害或存在健康风险属于（　　）。

A. 符合要求　　B. 严重缺陷　　C. 主要缺陷　　D. 一般缺陷

4. 质量受权人不能履行其放行职责属于（　　）。

A. 符合要求　　B. 严重缺陷　　C. 主要缺陷　　D. 一般缺陷

5. 文件、数据、记录等不真实属于（　　）。

A. 符合要求　　B. 严重缺陷　　C. 主要缺陷　　D. 一般缺陷

## 二、判断题

1. 药品生产行政检查中的飞行检查属于特殊检查。（　　）

2. 严重缺陷指的是发现缺陷有一定质量安全风险，但质量体系基本健全，检查结论为基本符合要求。（　　）

3. 记录和凭证的保存时间不够属于严重缺陷。（　　）

4. 生产区内从事与生产无关的活动属于一般缺陷。（　　）

5. 如检查中发现严重缺陷，存在安全风险的，应尽快进行评估并采取风险控制措施，提出处理建议，以口头形式告知受检企业。（　　）